U0105087

古典文獻研究輯刊

三八編

潘美月・杜潔祥 主編

第44冊

《文選集釋》點校（第一冊）

〔清〕朱珔 撰
李翔翥 點校

國家圖書館出版品預行編目資料

《文選集釋》點校（第一冊）／李翔翥　點校 -- 初版 -- 新北市：
花木蘭文化事業有限公司，2024〔民 113〕
目 66+168 面；19×26 公分
（古典文獻研究輯刊　三八編；第 44 冊）
ISBN 978-626-344-747-9（精裝）
1.CST：（清）朱珔　2.CST：文選集釋　3.CST：研究考訂
011.08　　112022609

古典文獻研究輯刊
三八編　第四四冊　　ISBN：978-626-344-747-9

《文選集釋》點校（第一冊）

作　　者　李翔翥（點校）
主　　編　潘美月、杜潔祥
總 編 輯　杜潔祥
副總編輯　楊嘉樂
編輯主任　許郁翎
編　　輯　潘玟靜、蔡正宣　美術編輯　陳逸婷
出　　版　花木蘭文化事業有限公司
發 行 人　高小娟
聯絡地址　235 新北市中和區中安街七二號十三樓
　　　　　電話：02-2923-1455／傳真：02-2923-1452
網　　址　http://www.huamulan.tw 信箱 service@huamulans.com
印　　刷　普羅文化出版廣告事業
初　　版　2024 年 3 月
定　　價　三八編 60 冊（精裝）新台幣 156,000 元　

《文選集釋》點校（第一冊）

李翔翥　點校

點校者簡介

李翔翥，男，1970 年生，河南省固始縣人。2007 年畢業於湖北大學文學院古籍整理與研究所。主要從事古典文獻學、《文選》學研究。在《語言研究》《湖北大學學報》《邯鄲職業技術學院學報》《楚天學術》《華中師範大學研究生學報》《尋根》《語文學習》《語文教學與研究》《華夏文化》《中學語文》《語文月刊》《學語文》等刊物發表論文數十篇。出版專著《孟浩然詩全集》（彙校彙註彙評）。

提　　要

《文選集釋》二十四卷，清涇縣朱珔撰。《清史稿》《續清朝文獻通考》有著錄。

清嘉慶、道光兩朝是「選學」發展之巔峰期，朱珔堪稱同期內眾多「選學」名家之翹楚。他學問廣通，研治《文選》超軼時賢，開「選學」研究蹊徑，啟推來者之處甚夥。

朱氏晚年辭官家中，以教授著述為務，主正誼書院期間，成《集釋》一書。該書《自序》謂「李氏當日有初注、復注、三注、四注，至絕筆之本乃愈詳，其不自域可知。」故《集釋》亦屢有增刪，蓋以李氏為法。今觀此書一千七百六十七條，按照《文選》選文篇次排列，徵引眾說，兼存互析，後下己意，頗似讀書劄記。為朱氏窮日孜孜，左右採獲，錙銖積累以成是書。

朱氏通經博學，時人以為與桐城姚鼐、陽湖李兆洛鼎足而三之大儒。《集釋》一書重徵實之學，於地理、名物考訂綦詳，此為該書有功於「選學」尤其突出之處。

《自序》言《文選》一書「自象緯、輿圖，暨夫宮室、車服、器用之制，草木、鳥獸、蟲魚之名，訓詁之通借，音韻之淆別，罔弗賅具。」朱氏則旁徵博引、薈萃群言、追本溯源、精心考訂，並引伸推闡，暢宣其旨，足補李氏所未逮。故此可見朱氏在文字、音韻、訓詁、語法、版本、校勘、天文、曆法、歷史、地理、名物、人名、地名、典制諸方面之詳案。

清代治「選學」者眾，且大都有論著校勘。《集注》一書既有援引曩哲，又兼及時賢之說，更有不乏對其商榷訂正之處，此亦是該書大有裨於「選學」者。如汪師韓《文選理學權輿》、余蕭客《文選音義》、段玉裁《說文解字注》、孫志祖《文選李注補正》、王念孫《讀書雜志》、張雲璈《選學膠言》、胡克家《文選考異》、梁章鉅《文選旁證》、胡紹煐《文選箋證》等諸書之失，皆有考辨。

該書博大精深，閱讀不易，故此筆者不揆檮昧，罄竭綿力，予以繁體校點。朱氏所徵引文獻，悉查核原書，點斷引用文獻之起迄，同時亦校證剞劂之訛。

目次

第一冊
點校說明
《文選集釋》自序……1
《新刻〈文選集釋〉序》……3
《文選集釋》卷一……5
兩都賦序　班孟堅……5
1. 內設金馬石渠之署……5
2. 或以抒下情而通諷諭……5
3. 奚斯頌魯……6
西都賦　班孟堅……7
4. 左據函谷二崤之阻……7
5. 右界褒斜隴首之險……8
6. 眾流之隈，汧涌其西……8
7. 則天地之隩區焉……9
8. 是故橫被六合……9
9. 仰悟東井之精……9
10. 俯協河圖之靈……10
11. 睎秦嶺……11
12. 睋北阜……11
13. 挾灃灞……12
14. 據龍首……12
15. 建金城而萬雉……13
16. 立十二之通門……13
17. 街衢洞達……14
18. 九市開場……15
19. 七相五公……15
20. 五都之貨殖……16
21. 商洛緣其隈……16
22. 冠以九嵕……16
23. 陪以甘泉……17
24. 提封五萬……17
25. 原隰龍鱗……18

26. 桑麻鋪棻……18
27. 東郊則有通溝大漕，潰渭洞河……19
28. 汎舟山東，控引淮湖，與海通波……19
29. 踰崑崙……20
30. 列棼橑以布翼……21
31. 裁金璧以飾璫……21
32. 乘茵步輦……22
33. 絡以綸連……22
34. 金釭銜璧……23
35. 釦砌……23
36. 碝磩綵緻……24
37. 珊瑚碧樹，周阿而生……24
38. 後宮之號，十有四位……25
39. 命夫惇誨故老……25
40. 周以鉤陳之位……25
41. 輦路經營，修除飛閣……26
42. 自未央而連桂宮，北彌明光而亘長樂……26
43. 焜建章而連外屬，設璧門之鳳闕……27
44. 上觚稜……27
45. 經駘盪而出馺娑，洞枍詣以與天梁……28
46. 虹霓迴帶於棼楣……28
47. 步甬道以縈紆……28
48. 又杳篠而不見陽……29
49. 前唐中……29
50. 巖峻崷崒……30
51. 庶松喬之羣類……30
52. 奮泰武乎上囿……30
53. 備法駕，帥羣臣。披飛廉，入苑門……31
54. 遂繞酆鄗……31
55. 期門佽飛……31
56. 猨狖失木……32
57. 拖熊螭……33
58. 乃登屬玉之館……33

59. 曄曄猗猗……33
60. 鵁……34
61. 鶬鴰……34
62. 鴇……34
63. 鵙……34
64. 乘輚輅……35
65. 招白鷳……35
66. 撫鴻罿……36
《文選集釋》卷二……37
東都賦　班孟堅……37
1. 功有橫而當天，討有逆而順民……37
2. 憑怒雷震……37
3. 立號高邑……37
4. 遷都改邑，有殷宗中興之則焉……38
5. 正雅樂……39
6. 制同乎梁鄒……39
7. 鳳蓋棽麗……39
8. 寢威盛容……40
9. 焱焱炎炎……40
10. 勒三軍……40
11. 范氏施御……41
12. 弦不睼禽，轡不詭遇……41
13. 南燿朱垠……42
14. 遂綏哀牢，開永昌……42
15. 食舉雍徹……42
16. 僸佅兜離……42
17. 降烟熅，調元氣……43
18. 登降飫宴之禮既畢……44
19.《辟雍詩》「皤皤國老」……44
20.《靈臺詩》「祁祁甘雨」……45
21. 百穀溱溱……45
22.《白雉詩》「獲白雉兮效素烏」……45
23. 嘉祥阜兮集皇都……46

西京賦　張平子……46
24. 桃林之塞……46
25. 巨靈贔屓……46
26. 高掌遠蹠……47
27. 於前則終南太一……47
28. 抱杜含鄠……48
29. 蔕倒茄於藻井……49
30. 玉碣……49
31. 繡栭……49
32. 鏤檻文棍……50
33. 丹墀……50
34. 設切厓隒……50
35. 坻崿……51
36. 棧齴……51
37. 仰福帝居……51
38. 猛虡趪趪……51
39. 重以虎威章溝，嚴更之署……52
40. 衛尉八屯……52
41. 植鎩懸戭……53
42. 門衛供帳……53
43. 獲林光於秦餘……53
44. 通天訬以竦峙……53
45. 翔鶤仰而不逮……54
46. 圜闕竦以造天，若雙碣之相望……54
47. 鳳騫翥於甍標，咸遡風而欲翔……54
48. 狀亭亭以苕苕……55
49. 跱游極於浮柱……55
50. 察雲師之所憑……55
51. 非都盧之輕趫，孰能超而究升……56
52. 旗不脫扃……56
53. 結駟方蘄……56
54. 甍宇齊平……57
55. 武庫禁兵，設在蘭錡……58

56. 如虎如貙 …… 58
57. 商旅聯槅 …… 58
58. 東至鼎湖 …… 59
59. 邪界細柳 …… 60
60. 繞黃山而欵牛首 …… 60
61. 羣獸駓騃 …… 61
《文選集釋》卷三 …… 63
《西京賦》下　張平子 …… 63
1. 欆 …… 63
2. 枏 …… 63
3. 棫 …… 64
4. 楩 …… 64
5. 葴 …… 64
6. 莎 …… 65
7. 茐芫 …… 65
8. 王芻 …… 66
9. 莔 …… 66
10. 臺 …… 66
11. 戎葵 …… 67
12. 懷羊 …… 67
13. 樹以柳杞 …… 67
14. 鱣鯉 …… 68
15. 鱮 …… 69
16. 鮦 …… 69
17. 鯊 …… 70
18. 鸛鶃 …… 70
19. 奮隼歸鳧 …… 70
20. 前後無有垠鍔 …… 70
21. 柞木翦棘 …… 71
22. 麀鹿麌麌 …… 71
23. 六駿駮 …… 71
24. 倚金較 …… 72
25. 璿弁玉纓 …… 73

26. 建玄弋，樹招搖 ……………………………………73
27. 屬車之簉 ……………………………………………74
28. 寔侯寔儲 ……………………………………………75
29. 徒搏之所撞抋 ………………………………………75
30. 朱鬟 …………………………………………………75
31. 鬣髽 …………………………………………………76
32. 圈巨狿 ………………………………………………76
33. 摣狒猬 ………………………………………………76
34. 批窳狻 ………………………………………………77
35. 陵重巘，獵昆駼 ……………………………………77
36. 杪木末，擭獑猢 ……………………………………78
37. 收禽舉胔 ……………………………………………78
38. 五軍 …………………………………………………78
39. 聯飛龍 ………………………………………………79
40. 釣魴鯉 ………………………………………………79
41. 鰋 ……………………………………………………80
42. 鮋 ……………………………………………………80
43. 罼潛牛 ………………………………………………81
44. 蘧藕拔 ………………………………………………81
45. 跳丸劍之揮霍 ………………………………………81
46. 洪涯立而指麾 ………………………………………81
47. 複陸重閣 ……………………………………………82
48. 眳藐流眄 ……………………………………………82
49. 此何與於殷人屢遷，前八而後五。居相圮耿，不常厥土 ……………………………………82
50. 方今聖上同天號於帝皇 ……………………………84
《文選集釋》卷四 ……………………………………85
東京賦　張平子 ………………………………………85
1. 始於宮鄰，卒於金虎 ………………………………85
2. 楚築章華於前 ………………………………………86
3. 趙建叢臺於後 ………………………………………87
4. 湯武誰革而用師哉 …………………………………87
5. 西阻九阿 ……………………………………………87

6. 東門于旋 ……88
7. 盟津達其後 ……88
8. 太谷通其前 ……89
9. 迴行道乎伊闕 ……89
10. 邪徑捷乎轘轅 ……89
11. 太室作鎮 ……90
12. 揭以熊耳 ……90
13. 厎柱輟流 ……91
14. 鐔以大岯 ……92
15. 溫液湯泉 ……93
16. 黑丹石緇 ……93
17. 王鮪岫居 ……94
18. 能鼈三趾 ……94
19. 乃龍飛白水 ……95
20. 欃槍 ……95
21. 旬始 ……96
22. 昭仁惠於崇賢，抗義聲於金商 ……96
23. 濯龍芳林，九谷八溪 ……96
24. 淵游龜蠵 ……97
25. 鶤鷗秋棲 ……97
26. 鶻鵃春鳴 ……98
27. 鵙鳩 ……99
28. 麗黃 ……99
29. 謻門曲榭 ……100
30. 其西則有平樂都場，示遠之觀 ……100
31. 龍雀蟠蜿，天馬半漢 ……101
32. 八達九房 ……101
33. 規天矩地 ……102
34. 授時順鄉 ……102
35. 次席紛純 ……102
36. 發京倉，散禁財 ……103
37. 華轙 ……103
38. 金鍐 ……104

39. 左纛……104
40. 鑾聲噦噦，和鈴鉠鉠……105
41. 重輪貳轄……105
42. 羽蓋威蕤……105
43. 葩瑵曲莖……106
44. 立戈迤戛……106
45. 璀弩……107
46. 通帛縓旆……107
47. 雲罕九斿……107
48. 髶髦……108
49. 虎夫戴鶡……108
50. 戎士介而揚揮……108
51. 雷鼓鼝鼝……109
52. 冠華秉翟……110
53. 致高煙乎太一……110
54. 供禘郊之粢盛……110
55. 決拾既次……110
56. 彫弓斯彀……111
57. 日月會于龍狣……111
58. 中畋四牡……112
59. 次和樹表……112
60. 升獻六禽……113
61. 薄狩于敖……113
62. 剛癉必斃……114
63. 斮獝狂……114
64. 腦方良……114
65. 囚耕父於清泠……114
66. 溺女魃於神潢……115
67. 殘夔魖與罔象……115
68. 殪野仲而殲游光……116
69. 魃蜮……116
70. 畢方……116
71. 度朔作梗……117

72. 齊急舒於寒燠 …… 118
73. 左瞰暘谷 …… 118
74. 圉林氏之騶虞 …… 118
75. 擾澤馬與騰黃 …… 119
76. 鳴女牀之鸞鳥 …… 119
77. 舞丹穴之鳳皇 …… 120
78. 黈纊塞耳 …… 120
79. 卻走馬以糞車 …… 121
80. 仰不睹炎帝帝魁之美 …… 122
81. 則大庭氏何以尚茲 …… 122
《文選集釋》卷五 …… 123
南都賦　張平子 …… 123
1. 武闕關其西 …… 123
2. 桐栢揭其東 …… 123
3. 湯谷涌其後 …… 124
4. 淯水盪其胷 …… 124
5. 推淮引湍 …… 125
6. 赭堊 …… 125
7. 紫英 …… 125
8. 青雘 …… 126
9. 丹粟 …… 126
10. 太一餘糧 …… 126
11. 中黃瑴玉 …… 127
12. 松子神陂 …… 127
13. 游女弄珠於漢皐之曲 …… 127
14. 巃嵸 …… 128
15. 鞠巍巍其隱天 …… 128
16. 天封大狐 …… 128
17. 玉膏滵溢流其隅 …… 129
18. 樫 …… 129
19. 楔 …… 130
20. 樱 …… 130
21. 槾 …… 130

22. 杻 ……131
23. 橿 ……131
24. 櫨 ……131
25. 櫪 ……132
26. 帝女之桑……133
27. 楈枒……133
28. 柍 ……133
29. 穀 ……133
30. 玃 ……134
31. 猱 ……134
32. 狿 ……134
33. 騰猨……134
34. 飛蠝……135
35. 箽 ……135
36. 篾 ……135
37. 篺 ……136
38. 箛箑……136
39. 湍 ……136
40. 澧 ……137
41. 濼 ……138
42. 濜 ……139
43. 鰅 ……139
44. 鱅 ……140
45. 鮫 ……140
46. 於其陂澤，則有鉗盧玉池……140
47. 赭陽東陂……141
48. 藨 ……142
49. 苧 ……142
50. 蘋 ……143
51. 莞 ……143
52. 蔣 ……144
53. 茆 ……144
54. 鷞鴖 ……145

55. 鶤鶬……145
56. 夏檷……145
57. 葴……145
58. 蘘荷……146
59. 藷蔗……147
60. 䕭……147
61. 葥蘴……147
62. 侯桃……147
63. 梬棗……148
64. 薜荔……148
65. 蓑……148
66. 重秬……149
67. 香杭……149
68. 鳴鶵……149
69. 以為芍藥……150
70. 秋韭冬菁……150
71. 蘇……151
72. 巾構鮮明……151
73. 寡婦悲吟……151
74. 憚夔龍怖蛟螭……151
75. 詠南音以顧懷……152
76. 方今天地之睢剌，帝亂其政，豺虎肆虐，
真人革命之秋也……152
77. 覘人用遷……153

第二冊

《文選集釋》卷六……155
蜀都賦　左太沖……155
1. 夫蜀都者，蓋兆基於上世……155
2. 廓靈關以為門……156
3. 包玉壘而為宇……157
4. 帶二江之雙流……158
5. 岡巒糺紛……159

6. 鬱薿蒀以翠微 ……159
7. 龍池瀥瀑濆其隈 ……159
8. 漏江伏流潰其阿……160
9. 邛竹緣嶺 ……160
10. 菌桂臨崖……160
11. 金馬騁光而絕景，碧雞儵忽而曜儀……161
12. 火井沈熒於幽泉 ……161
13. 高爓飛煽於天垂 ……161
14. 其間則有虎珀 ……162
15. 丹青……162
16. 江珠瑕英……162
17. 金沙銀礫……163
18. 符采彪炳……163
19. 郤背華容……164
20. 緣以劒閣……165
21. 阻以石門……165
22. 流漢湯湯，驚浪雷奔。望之天迴，即之雲昬 ……165
23. 或隱碧玉……166
24. 嘉魚出於丙穴 ……166
25. 其樹則有木蘭 ……167
26. 梫桂……167
27. 櫹 ……167
28. 椅 ……168
29. 於東則左緜巴中，百濮所充 ……168
30. 外負銅梁於宕渠 ……168
31. 靈壽……169
32. 濱以鹽池……169
33. 蜲蛦山棲 ……169
34. 黿龜水處……170
35. 潛龍蟠於沮澤，應鳴鼓而興雨 ……170
36. 右挾岷山，涌瀆發川……170
37. 交讓所植……170

38. 蹲鴟所伏……171
39. 青珠黃環……171
40. 演以潛沫……172
41. 浸以緜雒……175
42. 灑滮池而為陸澤……176
43. 家有鹽泉之井……176
44. 楟……176
45. 百果甲宅……177
46. 樼栗罅發……177
47. 蒟蒻……177
48. 雜以蘊藻……178
49. 總莖柅柅……178
50. 鷰鷺……178
51. 鵜鶘……178
52. 白黿命鼈……179
53. 鱒……179
54. 鮷……179
55. 闢二九之通門……180
56. 亞以少城，接乎其西……180
57. 布有橦華……180
58. 麪有桄榔……181
59. 鉅㨯兼呈……181
60. 西踰金隄……181
61. 東越玉津……182
62. 翦旄麈……182
63. 出彭門之闕……182
64. 馳九折之坂……183
65. 經三峽之崢嶸……183
66. 躡五屼之蹇滻……184
67. 感鱏魚……185
68. 景福肸蠁而興作……185
《文選集釋》卷七……187
吳都賦　左太沖……187

1. 矜巴漢之阻 …… 187
2. 則以為世濟陽九 …… 187
3. 蓋端委之所彰 …… 188
4. 包括干越 …… 189
5. 目龍川而帶坰 …… 189
6. 爾其山澤 …… 189
7. 修鯢吐浪 …… 190
8. 鯸鮐 …… 190
9. 鯽 …… 190
10. 鱕鯌 …… 191
11. 烏賊 …… 191
12. 鼊鼊 …… 192
13. 鯖 …… 192
14. 鰐 …… 192
15. 鸀鳿 …… 192
16. 鶢鶋避風 …… 193
17. 鸂鶒 …… 193
18. 鷫鸘 …… 194
19. 鵁鶄 …… 194
20. 鵝 …… 194
21. 魚鳥聱耴 …… 194
22. 珊瑚幽茂而玲瓏 …… 195
23. 異荂蓲蘛 …… 195
24. 藿蒳 …… 195
25. 薑彙非一 …… 196
26. 海苔之類 …… 196
27. 綸組 …… 197
28. 食葛 …… 197
29. 香茅 …… 198
30. 石帆水松 …… 198
31. 東風 …… 198
32. 夤緣山嶽之岊 …… 199
33. 櫲樟 …… 199

34. 杬 ……199
35. 杶 ……200
36. 欀 ……200
37. 楨 ……201
38. 桾櫏……201
39. 楠榴之木……201
40. 相思之樹……202
41. 堷壂鱗接……202
42. 猨子長嘯……202
43. 狖鼯……203
44. 鸎狼……203
45. 桂箭……203
46. 射筒……204
47. 柚梧有篁……204
48. 篻簩有叢……205
49. 蓊茸蕭瑟……205
50. 槺榴禦霜……205
51. 結根比景之陰……206
52. 隱賑崴𥜽，雜插幽屏。精曜潛穎，硩陊山谷……206
53. 硩陊山谷……207
54. 陵鯉若獸……207
55. 片則王餘……207
56. 開北戶以向日……208
57. 畛畷無數，膏腴兼倍。原隰殊品，窊隆異等。象耕鳥耘，此之自與。穱秀菰穗，於是乎在……208
58. 採山鑄錢……209
59. 國稅再熟之稻，鄉貢八蠶之綿……209
60. 佩長洲之茂苑……210
61. 橫塘查下……210
62. 珂珬……211
63. 緤貼紛紜……211

64. 蕉葛升越，弱於羅紈 ······211
65. 儸譶 ······213
66. 藏鍦於人 ······213
67. 建祀姑 ······214
68. 將校獵乎具區 ······214
69. 鸓䶂鼯鼠 ······214
70. 俞騎騁路，指南司方 ······215
71. 長殺短兵 ······215
72. 虓䲶䲵 ······215
73. 緰麋麖 ······216
74. 封豨蔻 ······216
75. 覽將帥之拳勇 ······217
76. 雖有石林之岝崿 ······217
77. 仰攀鵕鸃 ······217
78. 俯蹴豺獏 ······218
79. 翳薈無麢鷚 ······219
80. 宏舸連舳，巨檻接艫 ······219
81. 稽鷦鵬 ······219
82. 鉤餌縱橫 ······220
83. 筌鮔鱕 ······220
84. 鱺鰽魦 ······220
85. 罩兩魪 ······220
86. 罺鰝鰕 ······221
87. 罼㰍僚束 ······222
88. 徽鯨輩出於羣犗 ······222
89. 精衛銜石而遇繳 ······222
90. 文鰩夜飛而觸綸 ······222
91. 䰻賁錦繢 ······223
92. 飛輕軒而酌綠酃 ······223
93. 繞霤未足言其固 ······224
94. 檮木 ······224
95. 龍燭 ······224
96. 孟浪之遺言 ······225

《文選集釋》卷八……227
魏都賦　左太沖……227
1. 謀蹐駮於王義……227
2. 造沐猴於棘刺……227
3. 眈眈帝宇……228
4. 變為煨燼……228
5. 北臨漳滏，則冬夏異沼……228
6. 神鉦迢遞於高巒……229
7. 溫泉毖涌而自浪……229
8. 墨井……230
9. 鹽池……230
10. 嘉祥徽顯而豫作……231
11. 古公草創而高門有閌……231
12. 欒櫨疊施……231
13. 暉鑒柍桭今本二字俱誤从手……232
14. 中朝有赩……232
15. 鏘鏘濟濟……233
16. 蘭渚莓莓……233
17. 三臺列峙以崢嶸……233
18. 長途牟首……234
19. 豪徼互經……234
20. 藐藐標危……234
21. 菀以玄武……235
22. 蒹葭贙……235
23. 綠芰泛濤而浸潭……235
24. 若咆渤澥與姑餘……236
25. 西門溉其前，史起灌其後……236
26. 墱流十二，同源異口……236
27. 石杠飛梁，出控漳渠。疏通溝以濱路，羅青槐以蔭塗……237
28. 肅肅階闢……237
29. 都護之堂，殿居綺牕……237
30. 瑋豐樓之閈閎……238

31. 弓珧解檠……239
32. 振旅輷輷……239
33. 武人歸獸而去戰……239
34. 鑢耳之傑……240
35. 二嬴之所曾聆……240
36. 餘糧棲畝而弗收……241
37. 優賢著於揚歷……241
38. 雖自以為道洪化以為隆……242
39. 鴛鴦交谷……242
40. 虎澗……242
41. 龍山……243
42. 掘鯉之淀……243
43. 蓋節之淵……243
44. 邯鄲躧步，趙之鳴瑟……244
45. 醇酎中山，流湎千日……244
46. 淇洹之筍……245
47. 緜纊房子……245
48. 縑緫清河……245
49. 職競弗羅……246
50. 嗛嗛同軒……246
51. 秦餘徙帑……247
52. 或明發而嬥歌……247
53. 風俗以韰倮為嫿……247
54. 可作謠於吳會……248
55. 矎焉相顧……249
56. 瞭焉失所……249
57. 神惢形茹……250
《文選集釋》卷九……251
甘泉賦　楊子雲……251
1. 詔招搖與太陰兮……251
2. 八神奔而警蹕兮……252
3. 霧集而蒙合兮……252
4. 六素虯……253

5. 流星旄以電爥兮……253
6. 列新雉於林薄……254
7. 攢并閭與茇葀兮……254
8. 據軨軒而周流兮……254
9. 翠玉樹之青葱兮……255
10. 璧馬犀之瞵瑞……255
11. 象泰壹之威神……256
12. 閌閬閬其寥廓兮……256
13. 猴桂椒而鬱移楊……256
14. 薌呹肸以掍批兮……257
15. 帷弸環其拂汨兮……257
16. 冠倫魁能……258
17. 陳眾車於東阬兮……258
18. 肆玉軑而下馳……258
19. 漂龍淵而還九垠兮……259
20. 躡不周之逶蛇……259
21. 皐搖泰壹……260
22. 登長平兮雷鼓磕……260
23. 上天之縡……261
藉田賦　潘安仁……261
24. 正月丁未……261
25. 藉于千畝之甸……262
26. 紺轅綴於黛耜……262
27. 儼儲駕於廛左兮……262
28. 接游車之轔轔……263
29. 中黃暈以發揮……263
30. 瓊鈒入蘂，雲罕晻藹……263
31. 三推而舍，庶人終畝。貴賤以班，或五或九……264
32. 思樂甸畿，薄采其茅。大君戾止，言藉其農……264
子虛賦　司馬長卿……265
33. 畋於海濱……265

34. 射麋腳麟……266
35. 割鮮染輪……267
36. 名曰雲夢……267
37. 衡蘭芷若……268
38. 茳蘺蘪蕪……268
39. 其高燥則生葴菥苞荔……269
40. 薛……270
41. 其埤溼則生藏莨……270
42. 東蘠……271
43. 觚盧……271
44. 菴閭……271
45. 軒于……271
46. 其北則有陰林，其樹楩枏豫章……272
47. 檗……272
48. 離……272
49. 樝……273
50. 騰遠……273
51. 射干……273
52. 蟃蜒貙犴……274
53. 建干將之雄戟……274
54. 左烏號之雕弓……275
55. 陽子驂乘，孅阿為御……276
56. 蹵蛩蛩，轔距虛……276
57. 軼野馬，轊陶駼……277
58. 射游騏……277
59. 儵敜受詘……277
60. 被阿緆……278
61. 襞積褰縐……278
62. 蜚襳垂髾……278
63. 扶輿猗靡……279
64. 翕呷萃蔡……279
65. 繆繞玉綏……279
66. 搚翡翠……279

67. 連駕鵝……280
68. 於是楚王乃登雲陽之臺……280
69. 南有琅邪……280
70. 觀乎成山……281
71. 射乎之罘……281
72. 游孟諸……282
73. 邪與肅慎為鄰……282
74. 秋田乎青邱……283
《文選集釋》卷十……285
上林賦　司馬長卿……285
1. 左蒼梧……285
2. 丹水更其南……285
3. 紫淵徑其北……286
4. 終始灞滻……286
5. 潦……286
6. 潏……287
7. 東注太湖……287
8. 漸離……288
9. 鰬……288
10. 魠……289
11. 禺禺……289
12. 魼……289
13. 鰨……290
14. 水玉磊砢……290
15. 旋目……291
16. 煩鶩……291
17. 箴疵鵁盧……291
18. 九嵕巀嶭……292
19. 陂池貏豸……292
20. 雜以畱夷……292
21. 布結縷……293
22. 攢戾莎……293
23. 揭車……294

24. 稾本 …… 294
25. 射干 …… 294
26. 葴持 …… 295
27. 鮮支黃礫 …… 295
28. 獱 …… 295
29. 窮奇 …… 296
30. 角端 …… 296
31. 駃騠 …… 296
32. 巖窔洞房 …… 297
33. 仰𠂢橑而捫天 …… 297
34. 象輿婉僤於西清 …… 297
35. 偓佺之倫暴於南榮 …… 298
36. 晁采 …… 299
37. 盧橘夏熟 …… 299
38. 榛 …… 300
39. 橪 …… 300
40. 荅遝 …… 301
41. 櫧 …… 301
42. 華 …… 301
43. 枰 …… 302
44. 坑衡閜砢 …… 302
45. 垂條扶疏 …… 302
46. 紛溶箾蔘，猗狔從風 …… 303
47. 蛭蜩 …… 303
48. 蠼猱 …… 303
49. 縠 …… 304
50. 蛫 …… 304
51. 前皮軒，後道游 …… 304
52. 孫叔奉轡，衛公參乘 …… 305
53. 黿從橫行，出乎四校之中 …… 305
54. 足壄羊 …… 306
55. 蒙鶡蘇 …… 306
56. 陵三嵕之危 …… 306

57. 越壑厲水……307
58. 羂騕褭……308
59. 櫟蜚遽……308
60. 拂翳鳥……309
61. 濯鷁牛首……309
62. 巴渝……309
63. 于遮……310
64. 顛歌……310
65. 柔橈嫚嫚……310
66. 嫵媚孅弱……310
67. 曳獨繭之褕袣……311
68. 便姍嫳屑……311
69. 弋玄鶴……311
70. 悲伐檀……312
71. 茻然興道而遷義……312
《文選集釋》卷十一……313
羽獵賦　楊子雲……313
1. 序云　故甘露零其庭，醴泉流其唐……313
2. 序內　御宿……313
3. 濱渭而東……314
4. 雖頗割其三垂以贍齊民……314
5. 西馳閶闔……314
6. 虎路三嵕……315
7. 青雲為紛，紅蜺為繯……315
8. 熒惑司命……316
9. 天弧發射……316
10. 徽車輕武……316
11. 蒙公先驅……317
12. 霹靂列缺，吐火施鞭……317
13. 獲夷之徒……317
14. 遙噱乎紘中……318
15. 窮冘闕與……318
16. 徒角搶題注……319

17. 蹈獱獺……319
18. 椎夜光之流離……319
19. 後陳盧山……320
20. 烝民乎農桑……320
長楊賦　楊子雲……320
21. 序言　輸長楊射熊館……320
22. 拖豪豬……321
23. 所過麾城擳邑……321
24. 頭蓬不暇梳……322
25. 鞮鍪生蟣蝨……322
26. 東夷橫畔……322
27. 羌戎睚眦……323
28. 碎轒轀……323
29. 破穹廬……323
30. 腦沙幕……324
31. 髓余吾……324
32. 燒熐蠡……324
33. 哓鋋瘢耆金鏃淫夷者數十萬人……325
34. 扶服蛾伏……325
35. 拮隔鳴球……326
射雉賦　潘安仁……326
36. 徐爰序注云：晉邦過江，斯藝乃廢。歷代迄今，寡能厥事……326
37. 天泱泱以垂雲……326
38. 雉鷕鷕而朝雊……327
39. 瞵悍目以旁睞……327
40. 鸎綺翼而經撾……327
41. 思長鳴以效能……328
42. 恐吾游之晏起……328
43. 丹臆蘭綷……328
44. 飛鳴薄廩……329
45. 無見自鷩……329
46. 筭分銖，商遠邇。揆懸刀，騁絕技……329

北征賦　班叔皮……330
47. 夕宿瓠谷之玄宮……330
48. 歷雲門而反顧……330
49. 息郇邠之邑鄉……330
50. 慕公劉之遺德，及行葦之不傷……331
51. 登赤須之長坂，入義渠之舊城……332
52. 忿戎王之淫狡，穢宣后之失貞。嘉秦昭之討賊，赫斯怒以北征……332
53. 騑遲遲以歷茲……332
54. 過泥陽而太息兮……333
55. 釋余馬於彭陽兮……333
56. 登障隧而遙望兮……333
57. 谷水灌以揚波……334
東征賦　曹大家……334
58. 諒不登櫟而椓蠡兮……334
59. 歷七邑而觀覽兮……335
60. 遭鞏縣之多艱……335
61. 歷滎陽而過卷……335
62. 涉封邱而踐路兮……336
63. 遂進道而少前兮，得平邱之北邊。入匡郭而追遠兮，念夫子之厄勤……336
64. 蘧氏在城之東南兮，民亦尚其邱墳……336
65. 吳札稱多君子兮……336
66. 貴賤貧富，不可求兮。正身履道，以俟時兮……337
西征賦　潘安仁……337
67. 思纆緜於墳塋……337
68. 過街郵……337
69. 秣馬皐門……337
70. 豈時王之無僻，賴先哲以長懋……338
71. 咨景悼以迄丏……338
72. 澡孝水而濯纓，嘉美名之在茲……338
73. 亭有千秋之號，子無七旬之期……339

74. 登崤坂之威夷 ……339
75. 殆肆叔於朝市 ……339
76. 憇乎曹陽之墟 ……340
77. 升曲沃而惆悵，惜兆亂而兄替 ……340
78. 長傲賓於柏谷，妻覩貌而獻餐 ……340
79. 紛吾既邁此全節 ……341
80. 愬黃巷以濟潼 ……341
81. 蘭池周曲 ……342
82. 軍敗戲水之上，身死驪山之北 ……342
83. 爆鱗骼於漫沙，隕明月以雙墜 ……342
84. 若循環之無賜 ……342
85. 衛鬒髮以光鑒 ……343
86. 率軍禮以長撎 ……343
87. 窺秦墟於渭城，冀闕緬其堙盡 ……343
88. 國滅亡以斷後，身刑轘以啟前 ……344
89. 感市閭之菆井 ……344
90. 人百身以納贖 ……344
91. 成七國之稱亂，翻助逆以誅錯。恨過聽而無討，茲沮善而勸惡 ……345
92. 鶩橫橋而旋軫 ……345
93. 驅吁嗟而妖臨 ……345
94. 青蕃蔚乎翠瀲 ……346
95. 紅鮮紛其初載，賓旅竦而遲御 ……346
《文選集釋》卷十二 ……347
登樓賦　王仲宣 ……347
1. 挾清漳之通浦兮 ……347
2. 倚曲沮之長洲 ……347
3. 川既漾而濟深 ……348
4. 氣交憤於匈臆 ……348
遊天台山賦　孫興公 ……349
5. 序云　所以不列於五嶽 ……349
6. 序又云　方解纓絡 ……349
7. 濟楢溪而直進 ……350

8. 雙闕雲竦以夾路，瓊臺中天而懸居……………350
9. 八桂森挺以凌霜……………………………………350
10. 建木滅景於千尋 ……………………………………351
11. 琪樹璀璨而垂珠……………………………………351
12. 肆覲天宗 ……………………………………………351
蕪城賦　鮑明遠……………………………………………352
13. 柂以漕渠 ……………………………………………352
14. 軸以崑岡 ……………………………………………352
15. 袤廣三墳 ……………………………………………352
16. 澤葵依井 ……………………………………………353
17. 寒鴟嚇雛 ……………………………………………353
魯靈光殿賦　王文考 ……………………………………353
18. 序曰 遂因魯僖基兆而營焉 ……………………353
19. 盜賊奔突……………………………………………353
20. 乃立靈光之秘殿 …………………………………354
21. 屹山峙以紆鬱 ……………………………………354
22. 西廂踟蹰以閑宴 …………………………………354
23. 屹鏗瞑以勿罔 ……………………………………354
24. 上憲鮨陬……………………………………………355
25. 揭蘧蘧而騰湊 ……………………………………355
26. 枝掌杈枒而斜據 …………………………………355
27. 圓淵方井，反植荷蕖 …………………………356
28. 綠房紫菂……………………………………………356
29. 窋咤垂珠……………………………………………356
30. 頷若動而躨跜 ……………………………………356
31. 騰蛇蟉虯而遶榱 …………………………………357
32. 玄熊蚺錟以齗齗 …………………………………357
33. 徒眽眽而狋狋 ……………………………………357
34. 鵰顤顟而睽睢 ……………………………………357
35. 陽榭外望……………………………………………358
36. 蘭芝阿那於東西 …………………………………358
景福殿賦　何平叔…………………………………………359
37. 就海孽之賄賂 ……………………………………359

38. 羅疏柱之汩越 ……359
39. 參旗九旒……360
40. 桁梧複疊……360
41. 厥庸孔多……360
42. 爰有禁楄……360
43. 承以陽馬……361
44. 飛枊鳥踊……361
45. 丹綺離婁……361
46. 蘭栭積重，窶數矩設 ……362
47. 命共工使作繢，明五采之彰施 ……362
48. 其祜伊何，宜爾孫子二字，今本誤倒。克明克哲，克聰克敏。永錫難老，兆民賴止 ··362
海賦　木玄虛……363
49. 大明摭轡於金樞之穴……363
50. 磊匒匌而相豗 ……363
51. 葩華踧沑……363
52. 矆睒無度……364
53. 瀖泋濩渭……364
54. 北灑天墟……364
55. 陰火潛然……365
56. 熺炭重燔……365
57. 顱骨成嶽……365
江賦　郭景純……366
58. 聿經始於洛沬 ……366
59. 躋江津而起漲 ……366
60. 摠括漢泗，兼包淮湘 ……367
61. 並吞沅澧……367
62. 源二分於崌崍 ……368
63. 流九派乎潯陽 ……369
64. 注五湖以漫漭 ……370
65. 灌三江而漰沛 ……371
66. 出信陽而長邁 ……372
67. 壁立赮駮……373

68. 虎牙嵥豎以屹崒，荊門闕竦而磐礴 ……373
69. 潛演之所汩淈 ……373
70. 瀇滉囦泫 ……374

第三冊

《文選集釋》卷十三 ……375
江賦下　郭景純 ……375
1. 鯖 ……375
2. 鰊 ……375
3. 鰧 ……376
4. 鯊 ……376
5. 魚牛 ……376
6. 虎蛟 ……376
7. 鉤蛇 ……377
8. 蜦 ……377
9. 蜅 ……377
10. 鱟 ……377
11. 鼂鼉 ……378
12. 璅蛣腹蟹 ……378
13. 水母目蝦 ……378
14. 紫蚢如渠 ……379
15. 洪蚶專車 ……379
16. 石蚨應節而揚葩 ……379
17. 龍鯉一角 ……380
18. 奇鶬九頭 ……380
19. 頳鳖肺躍而吐璣 ……380
20. 文魮磬鳴以孕璆 ……381
21. 偹蟰拂翼而掣耀 ……381
22. 騂馬騰波以噓蹀 ……381
23. 瑊玏 ……381
24. 鳴石列於陽渚 ……382
25. 鷩 ……382
26. 鴃 ……382

27. 橉杞稹薄於潯涘 …………383
28. 楈樜森嶺而羅峯 …………383
29. 欆以蘭紅 …………383
30. 鯪鮭踦踊於垠隒 …………384
31. 猸獺睒瞲乎㕍空 …………384
32. 夔牯䎗䟫於夕陽 …………385
33. 磴之以瀿瀷 …………385
34. 雷池 …………386
35. 青草 …………387
36. 朱滻丹漅 …………387
37. 爰有包山洞庭，巴陵地道。潛逵傍通，
幽岫窈窕 …………388
38. 冰夷倚浪以傲睨 …………389
39. 爾乃蜬雰祲於清旭 …………389
40. 覘五兩之動靜 …………390
41. 廣莫颸而氣整 …………390
42. 食惟蔬鱻 …………390
43. 栫澱為涔 …………390
44. 奇相得道而宅神，乃協靈爽於湘娥 …………391
風賦　宋玉 …………391
45. 枳句來巢 …………391
46. 空穴來風 …………392
47. 迴穴錯迕 …………392
48. 邸華葉而振氣 …………393
49. 離秦衡 …………393
50. 被荑楊 …………393
51. 直憯悽惏慄，清涼增欷 …………393
52. 得目為蔑 …………394
53. 啗齰嗽獲 …………394
秋興賦　潘安仁 …………395
54. 覽花蒔之時育兮 …………395
55. 熠燿粲於階闥兮 …………395
56. 斑鬢彭以承弁兮 …………396

雪賦　謝惠連……396
57. 梁王不悅，遊於兔園……396
58. 岐昌發詠於來思……396
59. 林挺瓊樹……397
60. 縱心皓然……397
月賦　謝希逸……398
61. 朒朓警闕，朏魄示沖……398
62. 愬皓月而長歌……398
63. 獻壽羞璧……398
鵩鳥賦　賈誼……399
64. 序云　鵩似鴞，不祥鳥也……399
65. 單閼之歲兮，四月孟夏……399
66. 庚子日斜兮……401
67. 異物來萃兮……401
68. 變化而嬗……402
69. 何異糾纆……402
70. 大鈞播物兮……402
71. 何足控摶……403
72. 品庶每生……403
73. 怵迫之徒兮，或趨西東二字今本誤倒……403
74. 窘若囚拘……403
75. 好惡積億……404
76. 細故蔕芥……404
鸚鵡賦　禰正平……405
77. 體金精之妙質兮……405
78. 踰岷越障……405
79. 何今日之兩絕……405
80. 閉戶牖以踟蹰……406
鷦鷯賦　張茂先……406
81. 序云　鷦鷯，小鳥也……406
82. 鷲鶚……407
83. 戀鍾岱之林野……407
赭白馬賦　顏延年……407

84. 軍馱趫迅……407
85. 騰光吐圖……408
86. 鏤章霞布……408
87. 進迫遮迾……408
88. 覲王母於崑墟……409
舞鶴賦　鮑明遠……409
89. 歲峥嵘而愁暮……409
90. 燕姬色沮……409
《文選集釋》卷十四……411
幽通賦　班孟堅……411
1. 巨滔天而泯夏兮，考遘愍以行謠。終保己而貽則兮，里上仁之所廬……411
2. 違世業之可懷……411
3. 盍孟晉以迨羣兮……411
4. 上聖迕而後拔兮……412
5. 變化故而相詭兮……412
6. 聿中和為庶幾兮……412
7. 安慆慆而不萉兮……413
8. 柯葉彙而零茂……413
9. 羌未得其云已……413
10. 嬴取威於伯儀兮……413
11. 姜本支乎三趾……414
12. 伯徂歸於龍虎……414
13. 巽羽化于宣宮兮，彌五辟而成災……415
14. 旦算祀于挈龜……415
15. 周賈盪而貢憤兮……415
16. 信畏犧而忌鵩……416
17. 木偃息以蕃魏……416
18. 晧頤志而弗傾……417
19. 謨先聖之大猷兮……417
20. 養流睇而猨號兮……417
21. 登孔昊而上下兮，緯羣龍之所經……418
22. 天造草昧，立性命兮。復心宏道，惟聖賢

兮。渾元運物，流不處兮。保身遺名，
民之表兮 ……………………………………………418
思玄賦　張平子……………………………………………418
23. 匪仁里其焉宅兮 ……………………………………418
24. 志摶摶以應懸兮 ……………………………………418
25. 纗幽蘭之秋華兮 ……………………………………419
26. 旦獲讟於羣弟兮 ……………………………………420
27. 辮貞亮以為鞶兮 ……………………………………421
28. 利飛遯以保名 ………………………………………421
29. 鑽東龜以觀禎 ………………………………………422
30. 遊塵外而瞥天兮，據冥翳而哀鳴 ……………422
31. 漱飛泉之瀝液兮 ……………………………………423
32. 翾鳥舉而魚躍兮 ……………………………………423
33. 發昔夢於木禾兮，穀崑崙之高岡 ……………424
34. 哀二妃之未從兮，翩繽處彼湘濱 ……………424
35. 溫風翕其增熱兮 ……………………………………425
36. 顝羈旅而無友兮 ……………………………………425
37. 惆河林之蓁蓁兮 ……………………………………426
38. 桑末寄夫根生兮 ……………………………………426
39. 望寒門之絕垠兮 ……………………………………426
40. 迅焱潚其媵我兮 ……………………………………427
41. 出石密之闇野兮 ……………………………………427
42. 瞰瑤谿之赤岸兮，弔祖江之見劉 ……………427
43. 戴勝慭其既歡兮 ……………………………………427
44. 百芔含葩 ……………………………………………428
45. 登閬風之層城兮，搆不死而為牀 ……………428
46. 滋令德於正中兮，含嘉秀以為敷。既
垂穎而顧本兮，亦要思乎故居 ………………429
47. 姑純懿之所廬 ………………………………………430
48. 撫軨軹而還睨兮 ……………………………………430
49. 考治亂於律均兮 ……………………………………430
50. 偃蹇夭矯娩以連卷兮……………………………431
51. 飄遙神舉逞所欲 ……………………………………431

歸田賦　張平子……432
52. 王雎鼓翼，鶬鶊哀鳴。交頸頡頏，關關嚶嚶……432
53. 懸淵沈之魦鰡……432
閑居賦　潘安仁……433
54. 序內　非至聖無軌……433
55. 傲墳素之場圃……433
56. 陪京泝伊……434
57. 浮梁黝以徑度……434
58. 異綦同機……434
59. 礮石雷駭……435
60. 服振振以齊玄……435
61. 張公大谷之梨……436
62. 梁侯烏椑之柿……436
63. 房陵朱仲之李……437
64. 二柰曜丹白之色……437
長門賦　司馬長卿……437
65. 心慊移而不省故兮……437
66. 芳酷烈之誾誾……438
67. 委參差以槺梁……439
68. 蹝履起而彷徨……439
69. 遂穨思而就牀……440
思舊賦　向子期……440
70. 經山陽之舊居……440
71. 悲麥秀於殷墟……441
歎逝賦　陸士衡……441
72. 譬日及之在條……441
懷舊賦　潘安仁……442
73. 前瞻太室，傍眺嵩邱……442
寡婦賦　潘安仁……443
74. 水溓溓以微凝……443
75. 容貌儡以頓顇兮……443
恨賦　江文通……443

76. 方架黿鼉以為梁 ……443
77. 心留鴈門 ……443
78. 明妃去時，仰天太息 ……444
79. 代雲寡色 ……444
別賦　江文通 ……445
80. 遼水無極 ……445
81. 上宮陳娥 ……445
82. 辯有雕龍之聲 ……445
文賦　陸士衡 ……446
83. 或岨峿而不安 ……446
84. 眇眾慮而為言 ……446
85. 謬玄黃之袟敘 ……447
86. 乃一篇之警策 ……447
87. 意徘徊而不能揥 ……447
88. 彼榛楛之勿翦 ……447
89. 寤防露與桑間 ……448
90. 彼瓊敷與玉藻，若中原之有菽 ……448
91. 故踸踔於短垣 ……448
92. 及其六情底滯 ……449
《文選集釋》卷十五 ……451
洞簫賦　王子淵 ……451
1. 標題下引《漢書音義》如淳曰：「洞者，通也。簫之無底者，故曰洞簫。」……451
2. 原夫簫幹之所生兮，于江南之邱墟 ……452
3. 密漠泊以獭猭 ……452
4. 夔妃准法 ……452
5. 鎪鏤離灑 ……452
6. 挹抐擫㩶 ……453
7. 憤伊鬱而酷䀇 ……453
8. 瞋㖃㘈以紆鬱 ……453
9. 嚐霵曄踕 ……454
10. 行鍖銋以龢囉 ……454
11. 清靜厭瘱 ……455

12. 佚豫以沸愲……455
13. 或拔撥以奮棄……455
14. 擎涕抆淚……456
15. 憚漫衍凱……456
16. 蚸蠖……456
17. 蝘蜒……457
18. 狀若捷武……457
19. 頹唐遂往，長辭遠逝，漂不還兮……458
舞賦　傅武仲……458
20. 鋪首炳以焜煌……458
21. 貌嫽妙以妖蠱兮……458
22. 眄般鼓則騰清眸……459
23. 擊不致筴，蹈不頓趾……459
24. 黎收而拜，曲度究畢……459
長笛賦　馬季長……460
25. 標題下引《說文》曰：「笛七孔，長一尺四寸，今人長笛是也。」……460
26. 序云　獨臥郿平陽鄔中……460
27. 獨聆風於極危……461
28. 重巘增石……461
29. 兀嶁狋觺……461
30. 嶰壑澮帨……461
31. 閒介無蹊……462
32. 號鍾高調……462
33. 掐膺擗摽……463
34. 鏓硐隤墜……463
35. 中息更裝……463
36. 箟笏抑隱……464
37. 聽簉弄者，遙思於古昔……464
38. 昔庖羲作琴，神農造瑟……464
39. 纂辛為塤……465
40. 叔之離磬……465
41. 丸挻彫琢……465

42. 裁以當簻便易持……466
琴賦　嵇叔夜……467
43. 蒸靈液以播雲……467
44. 徽以鍾山之玉……467
45. 華容灼爚……468
46. 觸攙如志……468
47. 或怨𡟯而躊躇……468
48. 曲引所宜，則廣陵止息……469
49. 鵾雞遊絃……469
50. 間遼故音庳，絃長故徽鳴……469
51. 狄牙喪味……470
笙賦　潘安仁……470
52. 標題下引《周禮》笙師注：「鄭眾曰：『笙十三簧。』」又《爾雅》曰：「大笙謂之巢今本巢，誤作簧。」……470
53. 裁熟簧……470
54. 先嘔噦以理氣……471
55. 哇咬嘲喢……471
56. 況齊瑟與秦箏……471
嘯賦　成公子安……472
57. 冽飄眇而清昶……472
58. 發徵則隆冬熙蒸……472
59. 甯子檢手而歎息……473
高唐賦　宋玉……473
60. 妾巫山之女也……473
61. 㵵兮若松榯……473
62. 潰淡淡而並入……474
63. 若浮海而望碣石……474
64. 巨石溺溺之瀺灂兮……475
65. 飛揚伏竄……475
66. 榛林鬱盛……475
67. 五變四會……476
68. 肅何千千……476

69. 窒寥窈冥……476
70. 縰縰莘莘……477
71. 楚鳩……477
72. 當年遨遊……478
73. 上成鬱林，公樂聚穀……478
74. 醮諸神……479
75. 馳苹苹……479
76. 九竅通鬱，精神察滯……479
神女賦　宋玉……480
77. 其夜王寢，果夢與神女遇，其狀甚麗。王異之，明日以白玉。玉曰：「其夢若何」，王曰：「晡夕之後」云云……480
78. 嫷被服……480
79. 俔薄裝……481
80. 既姽嫿於幽靜兮……481
81. 頩薄怒以自持兮……481
登徒子好色賦　宋玉……482
82. 惑陽城，迷下蔡……482
洛神賦　曹子建……482
83. 陵景山……482
84. 屏翳收風……483
85. 悵神宵而蔽光……483
《文選集釋》卷十六……485
補亡詩　束廣微……485
1. 南陔……485
2. 彼居之子……486
3. 粲粲門子……486
4. 如磨如錯……486
5. 輯輯和風……487
6. 由庚……487
述祖德詩　謝靈運……487
7. 弦高犒晉師……487
8. 龕暴資神理……488

諷諫詩　韋孟……………………………………………………………488
　　9. 肅肅我祖，國自豕韋………………………………………488
　　10. 殆其茲怙………………………………………………………489
勵志詩　張茂先………………………………………………………490
　　11. 暉光日新………………………………………………………490
上責躬應詔詩表　曹子建……………………………………………490
　　12. 則犯詩人胡顏之譏……………………………………………490
關中詩　潘安仁………………………………………………………490
　　13. 威彼好畤………………………………………………………490
　　14. 虛皛滴德………………………………………………………491
　　15. 謬彰甲吉………………………………………………………491
　　16. 如熙春陽………………………………………………………491
大將軍讌會被命作詩　陸士龍………………………………………492
　　17. 于河之沂………………………………………………………492
晉武帝華林園集詩　應吉甫…………………………………………492
　　18. 嘉禾重穎………………………………………………………492
　　19. 發彼五的………………………………………………………492
　　20. 示武懼荒，過亦為失…………………………………………493
樂游應詔詩　范蔚宗…………………………………………………493
　　21. 探已謝丹巘，感事懷長林……………………………………493
九日從宋公戲馬臺集送孔令詩　謝靈運……………………………493
　　22. 淒淒陽卉腓……………………………………………………493
應詔讌曲水作詩　顏延年……………………………………………494
　　23. 輦賁踰障………………………………………………………494
　　24. 每惟洛宴………………………………………………………494
皇太子釋奠會作詩　顏延年…………………………………………495
　　25. 巾卷充街………………………………………………………495
侍讌樂遊苑送張徐州應詔詩　丘希範………………………………495
　　26. 標題下注引　劉璠《梁典》曰：「張謖，
　　字公喬，齊明帝時為北徐州刺史。」……495
應詔樂遊苑餞呂僧珍詩　沈休文……………………………………496
　　27. 嶢武稍披襟……………………………………………………496
　　28. 伐罪芒山曲……………………………………………………497

征西官屬送於陟陽候作詩　孫子荊……497
29. 三命皆有極……497
金谷集作詩　潘安仁……498
30. 標題下注引《水經注》曰：「金谷水出河南太白原，東南流，歷金谷，謂之金谷水。東南流，經石崇故居。」……498
新亭渚別范零陵詩　謝玄暉……498
31. 標題下注引《十洲記》曰：「丹陽郡新亭在中興里，吳舊亭也。」……498
三良詩　曹子建……499
32. 秦穆先下世，三臣皆自殘。生時等榮樂，既沒同憂患……499
詠史　左太沖……500
33. 七葉珥漢貂……500
34. 峩峩高門內……500
張子房詩　謝宣遠……500
35. 苛慝暴三殤……500
36. 明兩燭河陰，慶霄薄汾陽……501
詠霍將軍北伐　虞子陽……501
37. 飛狐白日晚……501
38. 瀚海愁雲生……502
遊仙詩　郭景純……502
39. 未若託蓬萊……502
40. 靈谿可潛盤……502
41. 青谿千餘仞，中有一道士……503
南州桓公九井作　殷仲文……503
42. 標題下注引《水經注》曰：「淮南郡之于湖縣南，所謂姑孰，即南州矣。」……503
泛湖歸出樓中翫月　謝惠連……504
43. 悲猨響山椒……504
遊赤石進帆海　謝靈運……504
44. 揚帆采石華，挂席拾海月……504
於南山往北山經湖中瞻眺　謝靈運……504

45. 新蒲含紫茸……504
46. 天雞弄和風……505
從斤竹澗越嶺溪行　謝靈運……505
47. 苕遞陟陘峴……505
鍾山詩應西陽王教　沈休文……506
48. 氣與三山壯……506
宿東園　沈休文……507
49. 驚麏去不息……507
古意詶到長史溉登琅邪城詩　徐敬業……507
50. 甘泉警烽候，上谷拒樓蘭……507
詠懷詩　阮嗣宗……507
51. 蘇子狹三河……507
52. 趙李相經過……508
53. 昔聞東陵瓜，近在青門外。連軫距阡陌，子母相拘帶……508
54. 步出上東門……509
55. 北望首陽岑……509
56. 徘徊蓬池上，還顧望大梁……510
57. 周周尚銜羽……511
幽憤詩　嵇叔夜……512
58. 怛若創痏……512
悼亡詩　潘安仁……512
59. 獨無李氏靈，髣髴覩爾容……512
同謝諮議銅雀臺詩　謝玄暉……513
60. 繐帷飄井幹……513
出郡傳舍哭范僕射　任彥昇……513
61. 夫子值狂生……513
贈士孫文始　王仲宣……514
62. 悠悠澹澧，鬱彼唐林……514
贈五官中郎將　劉公幹……515
63. 竄身清漳濱……515
又贈丁儀王粲　曹子建……516
64. 從軍度函谷，驅馬過西京……516

贈秀才入軍　嵇叔夜……516
65. 微風動袿……516
贈馮文羆遷斥邱令　陸士衡……517
66. 標題下注引　闞駰《十三州記》曰：「斥邱縣在魏郡東八十里。」……517
於承明作與士龍　陸士衡……517
67. 婉孌居人思……517
答張士然　陸士衡……518
68. 駕言巡明祀……518
為賈謐作贈陸機　潘安仁……518
69. 神農更王，軒轅承紀……518
70. 在南稱甘，度北則橙……518
贈何劭王濟　傅長虞……519
71. 二離揚清暉……519
為顧彥先贈婦　陸士龍……520
72. 總章饒清彈……520
73. 問此玄龍煥……520
答盧諶詩　劉越石……520
74. 二族偕覆，三孽並根……520
贈劉琨　盧子諒……521
75. 三台摛朗……521
西陵遇風獻康樂　謝惠連……521
76. 昨發浦陽汭，今宿浙江湄……521
還舊園作見顏范二中書　謝靈運……522
77. 久欲還東山……522
78. 閩中安可處……522
登臨海嶠初發疆中作與從弟惠連　謝靈運……522
79. 顧望脰未悁……522
暫使下都夜發新林至京邑贈西府同僚　謝玄暉……523
80. 驅車鼎門外……523
《文選集釋》卷十七……525
河陽縣作　潘安仁……525
1. 熲如槁石火……525

迎大駕　潘正叔……525
2. 狐貍夾兩轅，豺狼當路立……525
赴洛　陸士衡……526
3. 撫劒遵銅輦……526
辛丑歲七月赴假還江陵夜行塗口　陶淵明……526
4. 標題下注引《宋書》曰：「潛自以曾祖晉世宰輔，恥復屈身後代，自高祖王業漸隆，不復肯仕。所著文章，皆題年月。義熙以前，則書晉氏年號；自永初以來，惟云甲子而已。」……526
5. 標題下注又引《江圖》曰：「自沙陽縣下流一百一十里，至赤圻，赤圻二十里，至塗口。」……528
6. 不為好爵縈……528
富春渚　謝靈運……529
7. 定山緬雲霧，赤亭無淹薄……529
登江中孤嶼　謝靈運……529
8. 孤嶼媚中川……529
初去郡　謝靈運……530
9. 獲我擊壤聲……530
入彭蠡湖口　謝靈運……530
10. 攀崖照石鏡，牽葉入松門……530
始安郡還都與張湘州登巴陵城樓作　顏延年……531
11. 清氛霽岳陽……531
還都道中作　鮑明遠……531
12. 昨夜宿南陵，今旦入蘆洲……531
望荊山　江文通……532
13. 荊山……532
14. 始知楚塞長……532
從軍詩　王仲宣……533
15. 標題下　注云：《魏志》：「建安二十年三月，公西征張魯。十二月，至自南鄭。侍中王粲作詩以美其事。」……533
16. 朝發鄴都橋，暮濟白馬津……533

17. 許歷為完士 ……534
飲馬長城窟行　古辭 ……534
18. 標題下注引　酈善長《水經》曰：「余至長城，其下往往有泉窟，可飲馬。古詩《飲馬長城窟行》，信不虛也。」 ……534
短歌行　魏武帝 ……535
19. 唯有杜康 ……535
苦寒行　魏武帝 ……535
20. 北上太行山，艱哉何巍巍。羊腸坂詰屈，車輪為之摧 ……535
箜篌引　曹子建 ……536
21. 標題下注引《漢書》曰：「塞南越，禱祠太一、后土，作坎侯。坎，聲也。」應劭曰：「使樂人侯調作之，取其坎坎應節也，因以其姓號名曰坎侯。」蘇林曰：「作箜篌。」 ……536
名都篇　曹子建 ……537
22. 膾鯉臇胎鰕 ……537
齊謳行　陸士衡 ……538
23. 崇山入高冥 ……538
吳趨行　陸士衡 ……538
24. 泠泠祥風過 ……538
苦熱行　鮑明遠 ……539
25. 菵露夜沾衣 ……539
26. 戈船榮既薄 ……539
27. 伏波賞亦微 ……540
放歌行　鮑明遠 ……540
28. 將起黃金臺 ……540
升天行　鮑明遠 ……541
29. 解玉飲椒庭 ……541
挽歌詩　陸士衡 ……541
30. 前挽歌標題下注引　譙周《法訓》曰：「挽歌者，高帝召田橫，至尸鄉自殺，從者不敢哭，而不勝哀，故為此歌，以寄哀音。」

……………………………………………………541
31. 龍幰被廣栭 ……………………………………542
32. 舍爵兩楹位 ……………………………………542
荊軻歌 ……………………………………………542
33. 序云　高漸離擊筑，荊軻歌，宋如意
和之，曰：…………………………………542
扶風歌　劉越石 …………………………………543
34. 朝發廣莫門，莫宿丹水山 ……………………543
古詩十九首 ………………………………………544
35. 盈盈樓上女 ……………………………………544
36. 誰能為此曲，無乃杞梁妻 ……………………544
37. 玉衡指孟冬 ……………………………………545
38. 兔絲附女蘿 ……………………………………546
39. 迢迢牽牛星 ……………………………………546
40. 脉脉不得語 ……………………………………547
41. 驅車上東門，遙望郭北墓 ……………………547
42. 何能待來茲 ……………………………………548
43. 文綵雙鴛鴦，裁為合歡被。著以長相思，
緣以結不解 ……………………………………548
與蘇武　李少卿 …………………………………548
44. 悢悢不得辭 ……………………………………548
四愁詩　張平子 …………………………………549
45. 我所思兮在太山，欲往從之梁父艱 ………549
46. 美人贈我金錯刀 ………………………………549
47. 路遠莫致倚逍遙 ………………………………550
48. 我所思兮在桂林，欲往從之湘水深 ………550
49. 路遠莫致倚惆悵，何為懷憂心煩傷 ………551
50. 我所思兮在漢陽，欲往從之隴阪長 ………551
51. 美人贈我錦繡段 ………………………………552
52. 何以報之青玉案 ………………………………552
雜詩二首　魏文帝 ………………………………553
53. 標題下注引《集》云：「首篇枹中作，
下篇於黎陽作。」 ……………………………553

朔風詩　曹子建……554
54. 君不垂眷，豈云其誠……554
雜詩六首　曹子建……554
55. 標題下　注云：此別京已後，在郢城思鄉而作……554
思友人詩　曹顏遠……555
56. 清陽未可俟……555
雜詩一首　張季鷹……555
57. 黃花如散金……555
雜詩十首　張景陽……555
58. 歐駱從祝髮……555
時興　盧子諒……556
59. 恬然存玄漠……556
擣衣　謝惠連……556
60. 肅肅莎雞羽……556
始出尚書省　謝玄暉……557
61. 青精翼紫軑，黃旗映朱邸……557
直中書省　謝玄暉……558
62. 風動萬年枝……558
觀朝雨　謝玄暉……559
63. 歧路多徘徊……559
郡內登望　謝玄暉……559
64. 山積陵陽阻……559
和伏武昌登孫權故城　謝玄暉……560
65. 孫權故城……560
66. 衮冕類禋郊……560
67. 釣臺臨講閱，樊山開廣讌……560
和王著作八公山　謝玄暉……561
68. 東限琅邪臺，西距孟諸陸……561
三月三日率爾成篇　沈休文……562
69. 東出千金堰……562
擬魏太子鄴中集劉楨詩　謝靈運……562
70. 南登紀郢城……562

又擬應瑒　謝靈運……563
71. 官度厠一卒……563
72. 烏林預艱阻……564
又擬阮瑀　謝靈運……564
73. 自從食蓱來……564
和琅邪王依古　王僧達……565
74. 聊訊興亡言……565
擬古　鮑明遠……565
75. 兩說窮舌端，五車摧筆鋒……565
雜體詩潘黃門悼亡　江文通……566
76. 永懷寧夢寐……566
又謝法曹贈別　江文通……566
77. 今行嶀嵊外……566
《文選集釋》卷十八……567
離騷經　屈平……567
1. 攝提貞于孟陬兮……567
2. 扈江離與辟芷兮……568
3. 朝搴阰之木蘭兮……568
4. 夕攬洲之宿莽……569
5. 忽奔走以先後兮……569
6. 荃不察余之忠情兮……569
7. 指九天以為正兮……570
8. 曰黃昏以為期兮，羌中道而改路……571
9. 余既滋蘭之九畹兮，又樹蕙之百畝。畦畱夷與揭車兮……572
10. 夕飡秋菊之落英……573
11. 長顑頷亦何傷……573
12. 索胡繩之纚纚……574
13. 謇吾法夫前修兮……574
14. 長太息以掩涕兮，哀人生之多艱。余雖好脩姱以鞿羈兮，謇此謇亦宜與上同朝誶而夕替《說文》作暜……574
15. 女嬃之嬋媛兮……575

16. 薋菉葹以盈室兮 ……………………………576
17. 啟《九辯》與《九歌》兮 ……………………578
18. 夏康娛以自縱 …………………………………578
19. 脩繩墨而不陂 …………………………………580
20. 攬茹蕙以掩涕兮 ………………………………580
21. 夕余至乎縣圃 …………………………………581
22. 吾令羲和弭節兮 ………………………………581
23. 望崦嵫而勿迫 …………………………………582
24. 飲余馬於咸池兮 ………………………………582
25. 折若木以拂日兮 ………………………………583
26. 朝吾將濟於白水兮……………………………584
27. 求宓妃之所在 …………………………………584
28. 吾令蹇脩以為理 ………………………………585
29. 忽緯繣其難遷 …………………………………586
30. 朝濯髮乎洧槃 …………………………………586
31. 望瑤臺之偃蹇兮，見有娀之佚女 …………586
32. 索瓊茅以筳篿兮 ………………………………587
33. 巫咸將夕降兮 …………………………………588
34. 百神翳其備降兮，九疑繽其竝迎。皇
剡剡其揚靈兮，告余以吉故 ………………588
35. 曰勉升降以上下兮，求矩矱之所同。
湯禹儼而求合兮，摯咎繇而能調 …………588
36. 說操築於傅巖兮 ………………………………590
37. 恐鷤鴂之先鳴兮，使百草為之不芳 ………590
38. 余以蘭為可恃兮 ………………………………591
39. 樧又欲充其佩幃 ………………………………591
40. 折瓊枝以為羞兮，精瓊爢以為粻 …………592
41. 邅吾道夫崑崙兮 ………………………………592
42. 遵赤水而容與 …………………………………592
43. 指西海以為期 …………………………………593
44. 奏九歌而舞韶兮 ………………………………594
45. 吾將從彭咸之所居……………………………594

第四冊

《文選集釋》卷十九……595
九歌 東皇太一　屈平……595
1. 標題下無注……595
2. 吉日兮辰良……595
3. 瑤席兮玉瑱……596
4. 蕙肴蒸兮蘭藉……596
5. 靈偃蹇兮姣服……596
又　雲中君……597
6. 浴蘭湯兮沐芳……597
7. 華采衣兮若英……597
8. 蹇將憺兮壽宮……598
9. 聊翺游兮周章……598
又　湘君……599
10. 邅吾道兮洞庭……599
11. 望涔陽兮極浦……599
12. 石瀨兮淺淺……599
13. 夕弭節兮北渚……600
又　湘夫人……600
14. 荃壁兮紫壇……600
15. 播芳椒兮成堂……600
16. 辛夷楣兮藥房……601
17. 疏石蘭以為芳……601
18. 捐余袂兮江中，遺余褋兮澧浦……602
又　少司命……602
19. 與汝游兮九河，衝飆起兮水揚波……602
又　山鬼……603
20. 怨公子兮悵忘歸……603
九章　涉江　屈平……603
21. 欸秋冬之緒風……603
22. 朝發枉渚兮，夕宿辰陽……604
23. 入溆浦餘儃佪兮……604

24. 哀我生之無樂兮，幽獨處乎山中。吾不能變心而從俗兮，固將愁苦而終窮。接輿髡首兮，桑扈臝行 ……604
卜居　屈平 ……605
25. 將突梯滑稽，如脂如韋，以絜楹乎？……605
漁父　屈平 ……606
26. 寧赴湘流，葬於江魚腹中 ……606
27. 安能以晧晧之白，蒙世俗之塵埃乎 ……606
九辯　宋玉 ……606
28. 惆悵兮而私自憐 ……606
29. 倚結軨兮太息，涕潺湲兮霑軾 ……607
30. 白露既下降百草兮，奄離披此梧楸 ……607
招魂　宋玉 ……607
31. 帝告巫陽 ……607
32. 若必筮予之，恐後謝之茶陵本如是，今作「之謝」，非，不能復用巫陽焉，乃下招曰 ……608
33. 去君之恒幹 ……608
34. 長人千仞 ……609
35. 十日代出，流金鑠石些 ……609
36. 雕題黑齒 ……610
37. 蝮蛇蓁蓁 ……610
38. 雄虺九首，往來倏忽 ……611
39. 西方之害，流沙千里 ……611
40. 旋入雷淵 ……612
41. 赤蟻若象，玄蠭若壺 ……612
42. 其土爛人，求水無所得些 ……612
43. 虎豹九關，啄害下人些。一夫九首，拔木九千些 ……612
44. 往來侁侁 ……613
45. 土伯九約 ……613
46. 敦脄血拇 ……614
47. 秦篝齊縷，鄭緜絡些 ……614
48. 網戶朱綴 ……614

49. 冬有突夏……615
50. 砥室翠翹……615
51. 絓曲瓊些……616
52. 蒻阿拂壁……616
53. 九侯淑女……616
54. 盛鬋不同制……616
55. 雜芰荷些……617
56. 紫莖屏風……617
57. 軒輬既低……618
58. 大苦鹹酸……618
59. 肥牛之腱，臑若芳些……619
60. 粔籹蜜餌……619
61. 有餦餭些……620
62. 瑤漿蜜勺……620
63. 挫糟凍飲……620
64.《涉江》《采菱》，發《揚荷》些……621
65. 娭光眇視，目曾波些……621
66. 激楚之結……621
67. 菎蔽象棊，有六簙些……622
68. 成梟而牟，呼五白些……623
69. 晉制犀比……623
70. 路貫廬江兮，左長薄……623
71. 與王趨夢兮，課後先。君王親發兮，憚青兕……625
招隱士　劉安……625
72. 樹輪相糾兮，林木茷骫……625
《文選集釋》卷二十……627
七發　枚叔……627
1. 中若結轖……627
2. 臥不得瞑……627
3. 命曰蹷痿之機……628
4. 雖令扁鵲治內……628
5. 使琴摯斫斬以為琴……629

6. 師堂操暢……629
7. 犓牛之腴……630
8. 冒以山膚……630
9. 薄耆之炙……630
10. 蟃龍德牧……631
11. 溆漻薵蓼……631
12. 蔓草芳苓……632
13. 杜連理音……633
14. 乘牡駿之乘……633
15. 幾滿大宅……633
16. 徼墨廣博……634
17. 純粹全犧，獻之公門……634
18. 袒裼身薄……634
19. 竝往觀乎廣陵之曲江……635
20. 附從太白……638
21. 初發乎或圍之津涯，荄軫谷分……638
22. 便蜎詹何之倫……639
七啟　曹子建……639
23. 精粺……639
24. 霜蓄……640
25. 露葵……640
26. 珠翠之珍……641
27. 捷忘歸之矢……641
28. 班輸無所措其斧斤……641
29. 御文軒，臨洞庭……642
七命　張景陽……643
30. 采奇律於歸昌……643
31. 啟中黃之少宮……643
32. 浮三翼……643
33. 駕紅陽之飛燕……644
34. 布飛羉，張脩罠……644
35. 鋸牙捭……645
36. 邪溪之鋌，赤山之精……645

37. 銷踰羊頭，鏷越鍛成 ……646
38. 鶱髀……646
39. 髦殘象白……646
40. 萊黃之鮐……647
41. 荊南烏程……647
42. 單醪投川，可使三軍告捷……648
43. 言有怒之，而齊王之疾痊……648
賢良詔　漢武帝……648
44. 昔在唐虞，畫象而民不犯……648
45. 北發……649
冊魏公九錫文　潘元茂……650
46. 蕲陽之役，橋蕤授首……650
47. 箄于白屋……650
宣德皇后令　任彥昇……650
48. 不改參辰而九星仰止……650
49. 推轂樊鄧……651
50. 五老游河，飛星入昴……652
為宋公修張良廟教　傅季友……652
51. 游九京者，亦流連於隨會……652
永明九年策秀才文　王元長……653
52. 清暒泠風……653
53. 若爰井開制，懼驚擾愚民……653
54. 四支重罰，爰創前古……654
55. 文條炳於鄒說……654
56. 其驪翰改色……655
永明十一年策秀才文　王元長……655
57. 淮汴崩離……655
58.「加以納欵通和」數語……656
天監三年策秀才文　任彥昇……656
59. 輜軿青紫……656
薦禰衡表　孔文舉……657
60. 激楚陽阿，至妙之容，掌技者之所貪……657

出師表　諸葛孔明……657
61. 五月度瀘，深入不毛……657
求自試表　曹子建……658
62. 臣昔從先武皇帝，南極赤岸，東臨滄海，西望玉門，北出玄塞……658
求通親親表　曹子建……658
63. 昔周公弔管蔡之不咸……658
64. 隕霜……659
讓開府表　羊叔子……660
65. 有隱才於屠釣之間……660
勸進表　劉越石……660
66. 撫軍大將軍冀州刺史左賢王渤海公臣磾……660
67. 符瑞之表，天人有徵，中興之兆，圖讖垂典……660
為吳令謝詢求為諸孫置守冢人表　張士然……660
68. 成湯革夏而封杞，武王入殷而建宋……660
為宋公求加贈劉前軍表　傅季友……662
69. 外虞既殷，內難亦荐……662
為齊明帝讓宣城郡公第一表　任彥昇……663
70. 驃騎上將之元勳……663
71. 尚書古稱司會……663
72. 中書實管王言……664
為蕭揚州薦士表　任彥昇……664
73. 豈直鼮鼠有必對之辨……664
《文選集釋》卷二十一……667
上書秦始皇　李斯……667
1. 迎蹇叔於宋，來邳豹公孫支於晉……667
2. 惠王用張儀之計，拔三川之地……667
3. 西并巴蜀……668
4. 北收上郡……668
5. 南取漢中……668
上書吳王　鄒陽……669
6. 越水長沙，還舟青陽……669

7. 壤子王梁代 ……………………………………669
獄中上書自明　鄒陽 ……………………………………670
8. 是以申徒狄蹈雍之河 ……………………………670
9. 宋信子冉之計囚墨翟 ……………………………671
10. 封比干之後，修孕婦之墓 ………………………671
11. 荊軻湛七族 ……………………………………671
上書諫獵　司馬長卿 ……………………………………672
12. 猶時有銜橛之變 …………………………………672
上書諫吳王　枚叔 ……………………………………673
13. 殫極之紌斷幹 ……………………………………673
14. 十圍之木，始生而蘖，足可搔而絕，手
可擢而抓 ……………………………………………673
上書重諫吳王　枚叔 …………………………………674
15. 北備榆中之關 ……………………………………674
16. 遣羽林黃頭循江而下 ……………………………674
17. 齊王殺身以滅其迹 ………………………………675
奏彈曹景宗　任彥昇 …………………………………676
18. 塗中罕千金之費 …………………………………676
19. 猶應固守三關，更謀進取，而退師延頸，
自貽虧衄。…………………………………………676
答東阿王牋　陳孔璋 …………………………………677
20. 秉青萍干將之器 …………………………………677
在元城與魏太子牋　吳季重 …………………………677
21. 重以泜水，漸漬疆宇，喟然太息：思淮陰
之奇譎，亮成安之失策 ……………………………677
百辟勸進今上牋　任彥昇 ……………………………678
22. 累繭救宋 …………………………………………678
答蘇武書　李少卿 ……………………………………678
23. 胡笳互動 …………………………………………678
24. 牧馬悲鳴 …………………………………………679
25. 五將失道 …………………………………………679
報任少卿書　司馬子長 ………………………………680
26. 牛馬走 ……………………………………………680

27. 昔衛靈公與雍渠同載，孔子適陳 ……680
28. 更張空拳 ……680
29. 而僕又佴之蠶室 ……681
30. 幽於糞土之中而不辭者 ……681
31. 不韋遷蜀，世傳《呂覽》 ……682
為曹洪與魏文帝書　陳孔璋……682
32. 三塗……682
33. 雖有孫田墨氂 ……683
34. 若乃距陽平，據石門 ……683
為曹公作書與孫權　阮元瑜……684
35. 抑遏劉馥，相厚益隆 ……684
與朝歌令吳質書　魏文帝 ……684
36. 每念昔日南皮之遊……684
與楊德祖書　曹子建 ……684
37. 昔尼父之文辭，與人通流，至於制春秋，游夏之徒乃不能措一辭 ……684
與滿公炎書　應休璉 ……685
38. 楊倩說於范武 ……685
39. 羽爵飛騰……685
40. 夫漳渠西有伯陽之館……685
41. 是京臺之樂也 ……686
與廣川長岑文瑜書　應休璉……686
42. 土龍矯首於玄寺 ……686
43. 泥人鶴立於闕里 ……687
44. 昔夏禹之解陽盱 ……687
45. 殷湯之禱桑林 ……688
與從弟君苗君胄書　應休璉……688
46. 山父不貪天地之樂……688
與山巨源絕交書　嵇叔夜 ……689
47. 禹不偪伯成子高，全其節也 ……689
48. 足下若嬲之不置 ……689
為石仲容與孫皓書　孫子荊……690

49. 神武應期……690
與陳伯之書　丘希範……690
50. 偽孽昏狡，自相夷戮；部落攜離，酋豪猜貳……690
移書讓太常博士　劉子駿……690
51. 公卿大臣絳灌之屬，咸介胄武夫，莫以為意……690
52. 猶廣立於學官，為置博士……691
53. 及魯恭王壞孔子宅，欲以為宮，而得古文於壞壁之中，逸《禮》有三十九篇，《書》十六篇，天漢之後，孔安國獻之。遭巫蠱倉卒之難，未及施行……692
54. 博問人間，則有魯國桓公、趙國貫公、膠東庸生之遺……692
55. 往者博士，《書》有歐陽，《春秋》公羊，《易》則施孟，然孝宣帝猶復廣立穀梁《春秋》、梁邱《易》、大小夏侯《尚書》……693
北山移文　孔德璋……694
56. 值薪歌於延瀨……694
諭巴蜀檄　司馬長卿……694
57. 西僰之長……694
為袁紹檄豫州　陳孔璋……695
58. 標名下注引《魏志》曰：「琳避難冀州，袁本初使典文章，作此檄以告劉備，言曹公失德，不堪依附，宜歸本初也。」……695
59. 獎蹴威柄……696
檄吳將校部曲文　陳孔璋……696
60. 年月朔日，子尚書令彧，告江東諸將校部曲……696
61. 要領不足以膏齊斧……697
62. 身罄越軍……697
檄蜀文　鐘士季……698
63. 段谷侯和沮傷之氣……698

難蜀父老　司馬長卿……698
64. 因朝冉從駹，定筰存邛……698
65. 略斯榆……699
66. 舉苞蒲……699
67. 今罷三郡之士，通夜郎之塗，三年於茲，而功不竟，士卒勞倦，萬民不贍……700
68. 故乃關沫若……700
69. 徼牂牁……701
70. 梁孫原……701
《文選集釋》卷二十二……703
對楚王問　宋玉……703
1. 故鳥有鳳而魚有鯤……703
答客難　東方曼倩……703
2. 以筳撞鍾……703
3. 譬由鼱鼩之襲狗……704
解嘲　楊子雲……704
4. 上玉堂……704
5. 四分五剖……705
6. 東南一尉，西北一候……705
7. 徽以糾墨，制以鑕鈇……707
8. 譬若江湖之崖，渤澥之島，乘鴈集不為之多，雙鳧飛不為之少……707
9. 或釋褐而傅……708
10. 翕肩蹈背……708
11. 顩頤折頞……708
12. 夫蕭規曹隨……709
13. 響若坻隤……710
14. 東方朔割炙於細君……710
答賓戲　班孟堅……711
15. 讋龍虎之文，舊矣……711
16. 說難既遒……711
17. 欲從堥敦而登高乎泰山……711
18. 研桑心計於無垠……712

秋風辭　漢武帝 ……………………………………713
19. 序云　上行幸河東，祠后土，顧視帝京 ‥713
歸去來辭　陶淵明 ……………………………………713
20. 恨晨光之熹微 ……………………………713
21. 園日涉以成趣 ……………………………713
22. 策扶老以流憩 ……………………………714
23. 或命巾車 …………………………………714
尚書序　孔安國 ……………………………………715
24. 我先人用藏其家書於屋壁 ……………715
三都賦序　皇甫士安 …………………………………715
25. 是以孫卿屈原之屬，遺文炳然 ………715
豪士賦序　陸士衡 ……………………………………715
26. 時有袨服荷戟，立于廟門之下 ………715
27. 是以君奭鞅鞅，不悅公旦之舉 ………716
28. 高平師師，側目博陸之勢 ……………716
三月三日曲水詩序　顏延年 …………………………717
29. 赬莖素毳 …………………………………717
三月三日曲水詩序　王元長 …………………………717
30. 夏后兩龍，載驅璿臺之上 ……………717
31. 署行議年 …………………………………718
32. 紀言事於仙室 ……………………………718
33. 影搖武猛 …………………………………719
34. 侮食來王 …………………………………719
35. 離身反踵之君 ……………………………719
36. 髽首貫胷之長 ……………………………720
37. 文鉞碧砮之琛 ……………………………720
38. 奇幹善芳之賦 ……………………………721
39. 紈牛露犬之玩 ……………………………722
40. 乘黃茲白之駟 ……………………………723
41. 紫脫華 ……………………………………723
42. 殷殷均乎姚澤 ……………………………724
43. 七萃連鑣 …………………………………725
44. 昭灼甄部 …………………………………725

45. 發參差于王子……725
王文憲集序　任彥昇……726
46. 齒危髮秀之老……726
47. 挂服捐駒……726
48. 增班劒六十人……726
49. 攻乎異端，歸之正義……727
聖主得賢臣頌　王子淵……728
50. 羹藜唅糗者……728
51. 清水淬其鋒……728
52. 忽若篲氾畫塗……728
53. 驂乘旦……729
54. 王良執靶……729
55. 蜉蝣出以陰……730
56. 伯牙操遞鐘……731
57. 蓬門子彎烏號……731
趙充國頌　楊子雲……731
58. 天子命我，從之鮮陽……731
59. 鬼方賓服……732
漢高祖功臣頌　陸士衡……733
60. 序云　相國酇文終侯沛蕭何……733
61. 平陽樂道……734
62. 電擊壤東……734
63. 京索既扼……735
64. 王在東夏……735
65. 祚爾煇章……736
66. 雲騖靈邱……736
67. 景逸上蘭……737
68. 滌穢紫宮……737
69. 振威龍蛻，攄武庸城……738
70. 皇儲時乂，平城有謀……738
71. 侯公伏軾，皇媼來歸……739
《文選集釋》卷二十三……741
東方朔畫贊　夏侯孝若……741

1. 序云　平原厭次人也……741
2. 序又云　支離覆逆之數……742
三國名臣序贊　袁彥伯……742
3. 烈烈王生，知死不撓……742
封禪文　司馬長卿……743
4. 自昊穹兮生民……743
5. 繼韶夏……744
6. 罔若淑而不昌……744
7. 是以業隆於繦緥而崇冠於二后……744
8. 逢涌原泉……745
9. 昆蟲闓澤……745
10. 導一莖六穗於庖……745
11. 獲周餘珍，放龜于岐……746
12. 設壇場望幸，蓋號以況榮……747
13. 詩大澤之博……747
14. 非惟徧之我，氾布護之……748
15. 般般之獸……748
16. 樂我君圃……748
17. 於傳載之，云受命所乘……749
劇秦美新　楊子雲……750
18. 釁聞罕漫而不昭察……750
19. 來儀之鳥，肉角之獸，狙獷而不臻……750
20. 大茀……750
21. 經實……751
22. 巨狄……752
23. 神歇靈繹，海水羣飛……752
24. 有馮應而尚缺……753
25. 白鳩……753
26. 不懇懇，則覺德不愷……753
27. 明堂雍臺，壯觀也……754
28. 廣彼搢紳講習言諫箴誦之塗……754
29. 羣公先正，罔不夷儀……754
典引　班孟堅……755

30. 序云　楊雄美新，典而亡實……755
31. 降承龍翼……756
32. 故先命玄聖，使綴學立制……757
33. 靡號師矢敦奮撝之容……757
34. 是故誼士華而不敦……758
35. 護有慙德……758
36. 匿亡回而不泯，微胡瑣而不頤……759
37. 鋪聞遺策在下之訓……759
38. 乃始虔鞏勞謙……759
39.「是以來儀集羽族於觀魏」以下數語……760
40. 黃鍪……760
41. 亦宜勤恁旅力……761
42. 今其如台而獨闕也……761
43. 將絣萬嗣……762
晉紀總論　干令升……762
44. 汎舟三峽，介馬桂陽……762
45. 彼劉淵者，離石之將兵都尉……762
46. 是以目三公以蕭杌之稱，標上議以虛談之名……763
47. 如室斯構而去其鑿契……763
後漢書皇后紀論　范蔚宗……763
48. 故康王晚朝，關雎作諷……763
逸民傳論　范蔚宗……765
49. 士之蘊藉，義憤甚矣……765
宋書恩倖傳論　沈休文……765
50. 軍中倉卒，權立九品。又云　州都郡正，以才品人……765
後漢書光武紀贊　范蔚宗……766
51. 三河未澄，四關重擾……766
過秦論　賈誼……767
52. 於是秦人拱手而取西河之外……767
53. 翟景……767
54. 帶佗兒良王廖田忌……767

55. 九國之師遁逃而不敢進……768
56. 吞二周而亡諸候……768
57. 士不敢彎弓而報怨……769
58. 銷鋒鍉鑄以為金人十二……769
59. 陳利兵而誰何……769
60. 鉏耰棘矜……770
非有先生論　東方曼倩……771
61. 遂及飛廉、惡來革等……771
62. 太公釣於渭之陽以見文王……771
四子講德論　王子淵……772
63. 昔甯戚商歌以干齊桓……772
64. 嫫母倭傀，善譽者不能掩其醜……772
65. 但懸曼矰……773
66. 乘輅而歌……773
67. 精練藏於鑛朴……774
68. 傳曰：詩人感而後思，思而後積，積而後滿，滿而後作……774
69. 昔文王應九尾狐而東夷歸周……775
70. 周公受秬鬯而鬼方臣……775
71. 宣王得白狼而夷狄賓……775
72. 匈奴者，百蠻之最彊者也……775
王命論　班叔皮……776
73. 思有短褐之襲……776
74. 斗筲之子……776
75.《易》曰：「鼎折足，覆公餗」……777
博弈論　韋弘嗣……778
76. 甯越之勤……778
《文選集釋》卷二十四……779
養生論　嵇叔夜……779
1. 夫田種者，一畝十斛，謂之良田，此天下之通稱也。不知區種可百餘斛……779
2. 楡令人瞑……780
3. 合歡蠲忿……780

4. 萱草忘憂 ……781
5. 齒居晉而黃 ……781
運命論　李蕭遠 ……782
6. 里社鳴而聖人出 ……782
7. 張良受黃石之符，誦三略之說 ……782
8. 誾誾於洙泗之上 ……783
9. 孟軻、孫卿體二希聖 ……783
10. 籧篨戚施之人 ……784
辯亡論上　陸士衡 ……784
11. 飾法脩師 ……784
12. 浮鄧塞之舟 ……784
13. 續以濡須之寇，臨川摧銳 ……785
14. 蓬籠之戰，孑輪不反 ……785
15. 衝輣息於朔野 ……786
辯亡論下　陸士衡 ……786
16.「逮步闡之亂」下云：「陸公以偏師三萬，北據東阬」 ……786
五等論　陸士衡 ……787
17. 三代所以直道，四王所以垂業也 ……787
18. 六臣犯其弱綱 ……787
19. 企及進取，仕子之常志。修己安民，良士之所希及。夫進取之情銳，而安民之譽遲 ……787
20. 使其竝賢居治，則功有厚薄。兩愚處亂，則過有深淺 ……787
辯命論　劉孝標 ……788
21. 子輿困臧倉之訴 ……788
22. 龜鵠千歲 ……788
23. 歷陽之都，化為魚鼈 ……789
24. 夏后之璜，不能無考 ……789
25. 雖大風立於青邱 ……789
廣絕交論　劉孝標 ……790
26. 鳧躍 ……790

27. 騁黃馬之劇談，縱碧雞之雄辯 ……………790
28. 附騏驥之旄端 ……………………………………791
29. 伍員濯溉於宰嚭 ………………………………791
30. 卿雲黼黻河漢 ……………………………………791
31. 輜軿擊轊 …………………………………………792
演連珠　陸士衡 ………………………………………793
32. 栫莊黜殯 …………………………………………793
33. 是以蒲密之黎，遺時雍之世 ………………793
34. 是以迅風陵雨，不謬晨禽之察 ……………793
女史箴　張茂先 ………………………………………794
35. 翼翼矜矜，福所以興 …………………………794
封燕然山銘　班孟堅 …………………………………794
36. 標題下注引《後漢書》竇憲事，於燕然山無證 ……………………………………………794
37. 東湖烏桓 …………………………………………795
38. 元戎輕武 …………………………………………795
劍閣銘　張孟陽 ………………………………………796
39. 巖巖梁山 …………………………………………796
40. 積石峩峩 …………………………………………796
石闕銘　陸佐公 ………………………………………796
41. 夏首憑固 …………………………………………796
42. 巴黔底定 …………………………………………797
43. 北通二轍 …………………………………………797
夏侯常侍誄　潘安仁 …………………………………797
44. 弱冠厲翼 …………………………………………797
馬汧督誄　潘安仁 ……………………………………798
45. 柹梠桷之松 ………………………………………798
46. 牧人逶迤 …………………………………………798
陶徵士誄　顏延年 ……………………………………798
47. 夫璿玉致美 ………………………………………798
宋孝武宣貴妃誄　謝希逸 ……………………………799
48. 喝邊簫於松霧 ……………………………………799
宋文皇帝元皇后哀策文　顏延年 ……………………799

49. 龍輁纚綍……799
50. 仰陟天機……800
齊敬皇后哀策文　謝玄暉……801
51. 哀日隆於撫鏡……801
郭有道碑文　蔡伯喈……802
52. 享年四十有二，以建寧二年正月乙亥卒……802
53. 棲遲泌邱……802
褚淵碑文　王仲寶……802
54. 敦穆於閨庭……802
55. 嗚控弦於宗稷……803
頭陀寺碑文　王簡棲……803
56. 周魯二莊，親昭夜景之鑒……803
齊故安陸昭王碑文　沈休文……805
57. 獻替帷扆，實掌喉脣……805
58. 西通鄾鄧……805
59. 萑蒲攸在……805
60. 雖鄧訓致剺面之哀……806
61. 階毀畱攢……806
齊竟陵文宣王行狀　任彥昇……807
62. 詩析齊韓……807
63. 又詔加公入朝不趨，讚拜不名，劒履上殿。蕭傅之賢，曹馬之親，兼之者公也……807
64. 詔給溫明秘器……808
弔屈原文　賈誼……808
65. 斡棄周鼎……808
66. 寶康瓠兮……809
67. 襲九淵之神龍兮……809
68. 偭蟂獺以隱處兮，夫豈從蝦與蛭螾……810
69. 見細德之險徵兮，遙曾擊而去之……810
祭古冢文　謝惠連……811
70. 縱鍤漣而……811
跋　後……813
主要參考文獻目錄……815

點校說明

有清一代，學術昌明，校勘之學為清儒所特擅，其得力處遍稽群籍，折衷是非，於經史子集，纘述無遺，往往真能發蒙振落。以小學研求集部，邃密於《文選》者，注家蠭起，著書閎富，開選學之鼎盛時代。錢鍾書先生在《管錐編》中說：「詞章中一書而得為『學』，堪比經之有『《易》學』、『《詩》學』等或《說文解字》之蔚成『許學』者，惟『《選》學』與『《紅》學』耳。」

乾嘉時期，古學大興，學者們承襲顧炎武求實之學風，以考據學推進《文選》之研究，在《文選》之文字、音義、訓詁、注釋、校勘、版本、評點諸方面都取得了重大進展，湧現出一批選學名家，如洪若皋、姜宸英、顧施楨、何焯、汪師韓、余蕭客、許巽行、于光華、段玉裁、孫志祖等。

嘉慶、道光兩朝是選學發展的巔峰時期，這一時段的選學名家有王念孫、張雲璈、石韞玉、顧廣圻、梁章鉅、薛傳均、胡紹煐等人，朱珔便是同期內眾多選學名家中的翹楚。他學問廣通，研治《文選》角度多端，涉及範圍廣泛；他超軼前人，開選學研究蹊徑，啟推來者之處甚夥，其所撰《文選集釋》一書，更是治選學的集大成之作。張之洞在《書目答問》中專列「文選學家」一項，並列舉出何焯、余蕭客、汪師韓、張雲璈、朱珔等十五家，亦足見朱氏治《文選》之成就。

朱珔（1769～1850），字玉存（一說蘭坡），號蘭坡（一說蘭友、學坡），安徽涇縣人。嘉慶七年（1802）進士，選翰林院庶吉士。十年（1805），散官授編修。十一年（1806），充武英殿纂修、國使館協修、實錄館校勘官。十二年（1807），典山東鄉試，充國史館、文穎館纂修。十八年（1813），充日講起居注官，擢右春坊右贊善。十九年（1814），遷中允，教習庶吉士，晉洗馬，尋除侍講，充國史館總纂。二十一年（1816），教習庶吉士，與修《明鑒》。二十二年（1817），坐承纂官累，左遷編修，充國史館提調。二十五年（1820），分校禮部試。道光元年（1821），直上書房，召對，褒勉有加，賜賚不勝紀。二年復校禮部試，遷贊善。以養母汪氏患病，乞養歸。歷主鍾山、正誼、紫陽書院二十有五年，遂不復出。道光三十年（1850）卒，年八十有二。

朱氏愛書如命，學有本原。以經學名家，治經尤留心文獻，搜討古訓，不隅守一家之說，必求其心之所安。教士亦以通經學古為先，以實學造士，成就甚眾。朱氏又擅詞章之學，以詞壇耆宿主持風會，後進瞻之若山斗。在吳中結「問梅詩社」，與學界名流相互唱和並迭主敦槃。又與封疆大吏陶澍研討地理之學，並為陶氏地理著作《蜀輶日記》撰序；與名家梁章鉅交流選學，並為梁氏《文選旁證》撰序。與桐城姚姬傳、陽湖李申耆並負儒林宿望，可謂鼎足而三。

朱氏晚年以教書著書為職志，為一代鴻達魁壘之儒，著有《小萬卷齋文》二十四卷；《詩》三十二卷、《續稾》十二卷；《經進稾》二卷、《續》四卷；《國朝古文彙鈔初集》百七十二卷、《二集》百卷；《國朝詁經文鈔》六十二卷；《文選集釋》二十四卷；《經文廣異》十二卷；《說文假借義證》二十八卷。其中《國朝古文彙鈔初集》《國朝詁經文鈔》尤為煌煌巨著，乃經國之巨業。堪與姚鉉《唐文粹》、呂祖謙《宋文鑑》、蘇天爵《元文類》、黃宗羲《明文海》並駕。

張之洞在《書目答問》中說「國朝漢學、小學、駢文家皆深選學」，朱氏也不例外。《文選集釋》一書便是其讀《選》之箚記，誠如該書《自序》所云：「暇時流覽，偶尋繹輒私箚記。久之，積累盈帙，屢有增改，釐分二十四卷。」

今就全書來看，凡二十四卷，總計 1767 條。按照《文選》選文篇次順序排列，每卷下先列總數若干條，次列篇目名（賦類列篇名；詩類不列篇名；餘者或列篇名、或列文體名）。卷一至十五為賦類（計 1133 條），卷十六、十七為詩類（計 157 條），卷十八、十九為騷類（計 117 條），其餘五卷（計 360 條）為各種文體類。

在體例安排上，每條先引《文選》原文；次引善注，若善引舊注，則引他人舊注；然後下一「案」字，徵引諸家之說，以補善注之未備。或諟正李注之誤，或不同諸家之說，則冠以「余謂」二字，斷以己意。

從每條內容來看，雖為短箚，實皆可為一篇出入經史百家的微型論文，可謂篇篇引哲賢，條條含洞見。朱氏在《自序》中開宗明義說：「《昭明文選》一書，惟李崇賢注號稱精贍，而騷類祗用舊文，不復加證，經、序數首，更絕無詮語，未免於略，且傳刻轉寫，動成舛誤。凡名物猶需補正，並可引伸推闡，暢宣其旨。」故此重點在於補李注之略，正名物之疏。其涉及範圍廣泛，如文字、語法、音韻、訓詁、版本、校勘、天文、曆法、歷史、地理、名物、人名、地名、典制諸方面，尤於地理、名物二者考訂綦詳。

《文選集釋》之特點，茲撮其最要者言之，概有六端：

一、補李注之未釋

李善學問淹博，貫通古今，時人號稱「書簏」。《文選》一書，惟李善注號稱精贍，但也有許多未釋之處，則付之闕如的情況，這給朱氏留下諸多探討的空間，於是詳加補釋，以充實善注；拾遺補闕，彌李注之空白。

例如卷三《西京賦》「跳丸劍之揮霍」條，李善無注。朱氏集釋如下：

> 葉氏樹藩謂：「戰國時，有蘭子者，以技干宋元君。以雙枝長倍其身，屬其脛，並趨竝馳，弄七劍迭而躍之，五劍常在空中。」此蓋《列子．說符篇》，而未箸出處。又《舊唐書．音樂志》「梁有跳劍伎」，然皆未及「丸」。考《後漢書．西域傳》注引魚豢《魏畧》云：「大秦國多奇幻，跳十二丸巧妙。」《三國志》注亦引《魏畧》云：「太祖遣邯鄲淳詣臨菑侯植。植得淳，甚喜，延入坐，不先與談。時天暑熱，遂科頭拍袒，胡舞跳丸擊劍。」是「丸劍」本胡舞，漢時已有。本書《舞鶴賦》「丸劍雙止」，正與此同。後白居易《立部伎歌舞》「雙劍跳七丸」，亦用之。

朱氏先引選學家葉樹藩徵引的文獻資料，這是「時賢」，並指出葉氏所引當出自《列子．說符篇》，可惜葉氏「未箸出處」。由葉氏遡及既往，先是《舊唐書．音樂志》說梁有「跳劍伎」，但未及「丸」；再攷《後漢書．西域傳》注引魚豢《魏畧》，覺得語焉不詳；又攷《三國志》注亦引《魏畧》，而言之甚詳，於是得出「丸劍本胡舞，漢時已有之論斷。」最後又引《文選》所選鮑明遠《舞鶴賦》「丸劍雙止」及唐白居易《立部伎歌舞》「雙劍跳七丸」來佐證。這些皆屬「曩哲」之論。有此可見，朱氏為補善註未備，則博引諸書，外證、內證相結合；子書、史書相互勘；甚或徵引唐詩，如此詩文互證，令人信服，則「丸劍」之惑解矣。

卷十一《西征賦》「爆鱗骼於漫沙，隕明月以雙墜。」李注無所釋。朱氏案：

> 孫氏《補正》引金云：「《吳都賦》注引《異物志》曰：『鯨魚或死於沙上，得之者皆無目，俗言其目化為明月珠。』」此證甚合，而文義始晰。亦見《古今注》《廣州記》《述異記》諸書。

卷十三《鸚鵡賦》「何今日之兩絕」條，李氏無注。朱氏先引胡氏《考異》、孫氏《考異》之說以明「兩絕」當為「雨絕」；次引《吳志・虞翻傳》為兩家所舉文獻又添一證；最後又下案語云：

> 「雨絕」字頗費解，惟《一切經音義》卷十四云：「臘，歲終祭神之名。經中言臘，諸經律中或言歲。今比邱或言臘，或言雨，皆取一終之義。」此「雨絕」，或以為終絕與？雖其語未知在三國以前否，然明帝時，佛法已入中國，比邱之語，亦容有之。李太白《妾薄命》詩「雨落不上天」，可以會意。

其他的如卷二《東都賦》「勒三軍」條，注無所釋；卷十四《文賦》「謬玄黃之袟敘」條，注未釋「袟」字；卷十五《笙賦》「裁熟簧」條，注無釋；卷十七《和伏武昌登孫權故城》「孫權故城」條，注未及；卷廿二《解嘲》「夫蕭規曹隨」條，注無所釋；卷二十三《典引》「是故誼士華而不敦」，善注未釋此語；卷廿四《石闕銘》「巴黔底定」，注無所證。朱氏皆有詳釋與考證，足可以補李氏之未備。

二、補李注之未詳

通觀選文善注，我們會發現李氏有諸多「未詳」則付之闕如的情況，常見有未詳某人、某事、某物。細究起來，還有幾種情況較為特殊，如未詳其始、未詳其本、未詳所見、未詳所起、未詳本末等。朱氏則對於這些「未詳」進行探賾鉤沉以補善注，這種補苴罅漏的工作顯得尤為可貴。茲舉數例：

卷五《南都賦》「柍」條，注云：「未詳。」「未詳」二字之注過於簡略，亦等於未釋。朱氏案：

> 《說文》「柍」字云：「柍梅也。」《玉篇》作「楧梅」，即《爾雅》之「時，英梅」也。「央」、「英」，通用字。《爾雅》作「英」，又省偏旁耳。此賦「柍」與「柘檍檀」連言，蓋非果類。今本《說文》

「梅」上脫「柍」字，則疑「柍」之為「枏」矣。段氏補之，是也。

朱氏於《說文》熟稔，以小學通辭章，則辭章可信。博引字書，運用音韻學來名物訓詁，簡明扼要地指明「柍」即「柍梅」，或曰「楧梅」、「英梅」。並指出今本《說文》之脫漏，認為段氏玉裁補充之正確。

又，卷五《南都賦》「寡婦悲吟」條，注：「寡婦曲，未詳。」朱氏案：

「寡婦」，不定謂曲名。據《列女傳》：「陶嬰夫死守義，魯人欲求之，作《黃鵠歌》，有曰：『夜半悲鳴兮，想其故雄。嗟此寡婦兮，泣下數行。』」又《琴操》云：「魯漆室女倚柱悲吟，作女貞之辭。」二事略同，賦語或即本此與？

從善注可見，李氏將「寡婦」釋為曲名，即《寡婦曲》。朱氏不同李氏之注，則先引早於張衡的劉向《列女傳》，次引後於張衡的蔡邕《琴操》，二者均不見「寡婦」有曲名之釋，可見李氏之注屬臆測。

又，卷二十《永明十一年策秀才文》「加以納欵通和」數語條，注亦無證。朱氏案：

《綱目》：「永明十年，齊遣使如魏。」據《南齊書·魏傳》，使者為司徒參軍蕭琛、范雲。蓋自元年冬，遣驍騎將軍劉纘、前軍將軍張謨使魏，魏亦報聘，後此歲使往來，故云「歌皇華而遣使，賦膏雨而懷賓」也。至十一年，北地人支酉聚數千人於長安城北西山起義，遣使告梁州刺史陰智伯、秦州人王度人起義應酉。秦、雍間七州民皆響震，各自保壁，望朝廷救其兵。時魏主欲遷都洛陽，詐言南侵，及是聞關中危急，乃退師。此下所云「關洛動南望之懷，獯夷遽北歸之念」，當即指其事矣。

朱氏徵引史書，勾勒事件脈絡，且能與本文文義前後貫通，如此補釋，實為可貴。

其他的如卷三《西京賦》「鮋」條，注亦但云「魚名。」卷五《南都賦》「櫪」條，注云：「櫪與櫟同。」卷二十《七發》「杜連理音」條，注云：「杜連，未詳。」卷二十《永明九年策秀才文》「文條炳於鄒說」條，注云：「鄒說，未詳。」卷廿一《與滿公琰書》「楊倩說與范武」條，注云：「范武，未詳。」卷廿一《北山移文》「值薪歌於延瀨」條，注云：「未聞。」卷廿三《四子講德論》「周公受秬邑而鬼方臣」條，注云：「受秬邑，未詳。」朱氏皆出入經史，博辨補釋。

三、訂蕭《選》之誤

蕭統編纂的《文選》是一部大型詩文總集，共收錄了周代至六朝七八百年間、一百三十個知名作者和少數佚名作者的作品七百餘首。這些作品在流傳過程中，難免有訛謬舛誤的情況。朱氏在補李注不足的同時亦對《選》文也加以訂正。茲舉數例：

卷二十《七命》「單醪投川，可使三軍告捷」條，注引《黃石公記》曰：「昔良將之用兵也，人有饋一簞之醪，投河，令眾迎流而飲之。」朱氏案：

> 《水經．漸江水篇》注云：「昔越王為吳所敗，以五千餘眾棲於嵇山，卑身待士，施必及下。《呂氏春秋》曰：『越王之栖於會嵇也，有酒投江，民飲其流，而戰氣自倍。』所投，即浙江也。」據此知為越王句踐事，注失引。酈云「浙江」，而《寰宇記》言「會嵇縣西三里有投醪河」，《方輿紀要》亦名「簞醪河」，又名「勞師駬」，今合於運河。蓋其地傳聞之異耳。此處正文「單」字，當作「簞」。

卷廿三《封禪文》「非惟徧之我，氾布護之」條，朱氏案：

> 《漢書》無「之」字，「我」字屬上讀，是也。今本亦作「徧觀」，顏注云：「布護，言徧布也。」以「徧」字釋下句，則上「徧」字當為「偏」之誤。《史記索隱》引胡廣曰「言雨澤非偏於我」，是司馬本亦作「偏我」，今本作「非唯濡之」。

卷八《魏都賦》「雖自以為道洪化以為隆」條，朱氏案：

> 余謂「化」字當在「以為」下，「道洪」、「化隆」為對，「雖自以為道洪，以為化隆」。此與下「世篤玄同」三句皆韻。若上裁為一句，轉嫌累疊，兩著「以為」字，於文義有何不可通。《禹貢》：「荊州浮于江、沱、潛、漢。」《史記．夏本紀》「漢」上有「于」字，當讀「浮于江、沱、潛」為句，「于漢」又為句。段氏謂：「《書．無逸篇》云：『無淫于觀于逸于游于田』，以『淫』領四『于』字。此以『浮』領二『于』字，句法正同。釋文不善會《史記》而讀作『涔于漢』，誤也。賦語亦其例矣。」

卷十一《西征賦》「咨景悼以迄丏」條，注云：「敬王，子猛母弟子丏也。」朱氏引《水經．洛水篇》、孫氏《考異》諸說，以為「丏當為敬」，敬王名匄，《玉篇》「匄」亦作「丏」，與「定」字篆形相似，故致誤。

卷十四《幽通賦》「晧頤志而弗傾」條，注引項岱曰：「晧，四晧也。頤，養也。」朱氏案：

「傾」，《漢書》作「營」。《讀書雜志》云：「營，惑也。《文選》作『弗傾』，蓋後人不曉『營』字之義而改之耳。」

余謂「傾」字義本不合。此注無釋，胡氏《考異》亦不及，則各本俱誤。由於校訂家但據《文選》諸本，而不以《漢書》互勘也。

四、糾《選》家之謬

清代治「選學」者名家眾多，且大都有論著校勘。《集注》一書既有援引曩哲，兼及時賢之說，也不乏對其商榷訂正，斷以己意之處。茲舉一例：

卷十六《又贈丁儀王粲》「從軍度函谷，驅馬過西京」條，注引《魏志》曰：「建安二十年，公西征張魯。」朱氏先徵引何氏焯之說：

《魏志》：「建安二十三年秋七月，西征劉備，九月至長安。」此其事也。征魯，未嘗至長安，自陳倉以出散關，注誤。李氏云然者，蓋《魏志．王粲傳》：「粲以建安二十一年，從征吳。二十二年春，道病卒。」若二十三年西征，為粲已亡故也。考文帝《書》「徐、陳、應、劉，一時俱逝。」獨不言粲，則粲之亡在二十二年後矣。

再駁何說甚疎，持之有故，言之成理，從而得出宜從善注之說，云：

余謂陳倉在長安之西，《志》言至陳倉，當為過長安以後事。計自三月出兵，五月已屠氐人，是疾趨而進，過長安無事，故不書與？二十三年九月至長安，次年三月，始自長安出斜谷，中間有事者異，不得謂征魯，竟未過長安也。粲之卒，《傳》有明文，況本書後有子建《王仲宣誄序》云：「建安二十二年正月二十四日戊申，魏故侍中關內侯王君卒。」《誄》內「嗟彼東夷，憑江阻湖。」注：「東夷，謂吳也。」下云「寢疾彌留，吉往凶歸。」是粲實卒於征吳之役，與《魏志》正合。即以子建文證之尤確，且何所引文帝《書》，亦非。據《志》，幹、琳、瑒、楨之卒，俱二十二年，蓋前後不久，竝死於疫。故二十三年，帝《與吳質書》云：「昔年疾疫，親故多離其災。徐、陳、應、劉，一時俱逝。」而粲之卒，則在從征，不得竝言耳。然《書》下文云：「仲宣獨自善於詞賦，惜其體弱，不足起其文。」下又云：「昔伯牙絕絃於鐘期，仲尼覆醢於子路。痛知音之難遇，傷門人之莫逮。諸子但為未及古人，自一時之儁也。今之存者，已不逮矣。」「諸子」，正兼粲言之。然則粲已前卒可知，豈得謂於作此《書》時猶在乎？

其他的如段玉裁《說文解字注》、孫志祖《文選李注補正》、王念孫《讀書雜志》、張雲璈《選學膠言》、胡克家《文選考異》、梁章鉅《文選旁證》、胡紹煐《文選箋證》等同時代的選學名家之作，朱氏皆有所徵引，時有考辨，指出其不足之處。如卷七《吳都賦》「射筒」條，駁段玉裁說。卷六《蜀都賦》「蹲鴟所伏」條，駁王念孫說；卷一《西都賦》「是故橫被六合」條，駁張雲璈說；卷四《東京賦》「龍雀蟠蜿，天馬半漢」條，駁張雲璈說；卷十四《文賦》「故踸踔於短垣」條，駁胡克家說；卷十五《舞賦》「擊不致筴，蹈不頓趾」條，駁胡克家說等，在此不一一例舉。這充分說明朱氏在治《選》上鑽研考索的實績，不盲從曩哲，不輕信時賢，治學以「實事求是」為鵠的。

由上觀之，朱氏治選具有廣闊的學術視野，蕭選、善注、曩哲、時賢皆納入其甄別考釋之範圍，可謂選學之林中的啄木鳥。誠如其在《自序》中言『在昔許叔重作《說文解字》，博訪通人，至於小大，信而有徵，竊願取斯意焉。』朱氏踵武許叔重，故能成其選學之大業績。

五、開《文選》「名物學」之嚆矢

清代樸學興起，尤重名物考釋。對名物與訓詁、典章、制度四者之探研，可謂乾嘉考據學派的重要關注方向。朱氏《集釋》一書就是建立在以《文選》為研究對象的名物考釋之作，是具有完整意義上的《文選》「名物學」專書。

比如我們閱讀《文選》首篇班孟堅《兩都賦》，自然會遇到許多東西需要我們通曉，這些東西自然可歸為博物一類。珍寶則有明月、璧、翡翠、火齊、懸黎、垂棘、夜光、碝磩、珉琳、珊瑚、碧樹；器服則有金釭、鑾輿、大輅、輚輅、龍舟、鳳蓋、華旗、黼帷、鉌鑾、羽旄、旌旗、金罍、玉觴、鐘鼓、管絃；獸則有麟、馬、猨狖、豺狼、虎、兕、師豹、熊螭、犀犛、象羆；鳥則有玄鶴、白鷺、黃鵠、鵁鶄、鶬鴰、鴇、鶂、鳧鷖、鴻雁、鵠、白雉、素烏；魚則有比目；草木則有竹果、桑麻、靈草、神木、松柏、蘭茝、蘋藻。

同樣，該篇還涉及宮殿樓觀，如清涼、宣、溫、神仙、長年、金華、玉堂、白虎、麒麟、椒房、合歡、增城、安處、常寧、椒風、披香、蘭林、蕙草、鴛鴦、昭陽、未央、明光、長樂、建章、別風、駘盪、馺娑、枍詣、天梁、神明、井幹、上蘭、屬玉、長楊、明堂、辟雍、靈臺；官閣門闕方面，如天祿、石渠、承明、金馬、雲龍、阿房。

上述這些所謂博物、規制方面的東西，或語焉不詳，或付之闕如，或淆混不清，甚或訓釋有誤，這都是朱氏一一沈潛探賾，鉤深索隱的，是為『名物』。

該書網羅自漢代《爾雅》、許慎《說文》、劉熙《釋名》、高誘《淮南子注》；三國魏張揖《廣雅》、吳陸璣《毛詩草木鳥獸虫魚疏》；晉張華《博物志》、崔豹《古今注》、郭璞《爾雅注》、《山海經注》；南宋陸佃《埤雅》、羅願《爾雅翼》、王應麟《困學紀聞》；明李時珍《本草綱目》、方以智《通雅》到清陳啟源《毛詩稽古編》、程瑤田《九穀考》、邵晉涵《爾雅正義》、王念孫《廣雅疏證》、郝懿行《山海經箋疏》、《爾雅義疏》等書來正其名，言其形，狀其貌，繪其色，考辨詳細，論述全面，規模矩矱，堪稱洋洋大觀。茲舉例說明之：

卷三張平子《西京賦》『椶』條：善引郭璞《山海經》注曰：「椶，一名並閭。」朱氏案：

> 《說文》：「栟櫚，椶也。」《廣雅》同。《南都》《吳都》賦俱作「栟櫚」，《上林》《甘泉》賦則作「並閭」，一也。而《上林賦》「仁頻並閭」，二者竝言。郭注引孟康乃曰：「仁頻，椶也。」善引《仙藥錄》：「檳榔，一名椶。」謂「仁頻即檳榔也。」《說文》：「櫇，木也。」疑即謂「仁頻」。然則「仁頻」雖亦有「椶」名，而非「並閭」矣。《說文》但云栟櫚「可作萆。」「萆，雨衣也。」而《廣雅疏證》謂：「栟櫚之聲，合之則為蒲。《玉篇》《廣韻》竝云：『椶櫚，一名蒲葵。』今人多取栟櫚葉作扇。《晉書·謝安傳》『蒲葵扇五萬』，即此。」段氏據《南方艸木狀》：「蒲葵如栟櫚而柔薄，可為簦笠，出龍川。是蒲葵與椶樹各物。謝安之蒲葵扇，今所謂芭蕉扇也。椶葉縷析，不似蒲葵葉成片，可作笠與扇。」段說是也。

觀朱氏之案，博徵文獻，令人眼花繚亂。首先引字書以辨名：據《說文》，「栟，栟櫚，椶也。」又「椶，栟櫚，可作萆。」《玉篇》云：「椶櫚，一名蒲葵。」次說功用以辨物：

《說文》之「椶」，本皮名，也即樹名，此樹有葉無枝，可為衰，可為索（即椶繩），可為扇；而《玉篇》之「椶櫚，一名蒲葵」，如栟櫚，葉可為簦笠，亦可為扇。最後朱氏肯定段說。椶（栟或栟櫚）與椶櫚（蒲葵），因名稱同，功用同而混，實為不同物種。

我們知道賦家為文喜鋪采摛文，諸如草木蟲魚鳥獸之類，更為他們所青睞。左太沖《三都賦序》云：『其山川城邑，則稽之地圖；其鳥獸草木，則驗之方志。』所以我們閱讀《文選》，其中所涉之名物，當不可輕忽也。台灣學者林聰明在《昭明文選研究》中說：『苟不知古者宮室衣服等制，則莫辨其用；不明古今地名沿革，則失其所；不辨鳥獸蟲魚草木之狀類名號，則乖比興之意。』茲試略舉幾類如次：

草類如葴、莎、荔芁、王芻、茵、臺、戎葵、藨、苧、蘋、莞、蔣、茆、夏穡、葴、蘘荷、諸蔗、菥蓂、薜荔；木類如枏、棫、梗、樫、柍、檗、樝、棱、樕、櫧、枰、橡樟、杬、杶、欀、楨、楔、樱、槾、杻、橿、櫨、櫪；魚類如鱣鯉、鱮、鮦、鯊、鰋、鮋、鰅、鱅、鮫、白黿、鱒、鮷、鯸鮐、鯽、烏賊、鯖、鰐；鳥類如鸕鷀、鶤鷗、鶻鵃、鶪鳩、麗黃、鷊鶂、鵜鶘、鸀鳿、鶢鷗、鸂鶒、鶄鶴、鴔、鶬鴰、鵏、鶂；獸類如貚、犺䶂、麢狼、玃猱、豰、玃、猱、狿、飛蝠、騰猨。

總之，但凡《選》文中所出現的名物，前人沒有弄清楚的，或者解釋有誤的，朱氏皆加以考釋，必欲徹底廓清而後快。或用音韻學方法、或用動、植物間聯繫比較歸納法、或用鉤沈古代辭書、甚或用目驗之法進行考證，取得了豐碩的成果。《集釋》一書中名物訓詁類條目近 500 條，可謂一部名物辭典，可見朱氏考辨之深，學問之博，用力之勤。

六、闢《文選》「地名學」蓄畬

梁啟超先生在《中國近三百年學術史》中說：「清儒之地理學，嚴格論之，可稱為『歷史的地理學』。」蓋因清儒研治地理實為解經、讀史服務，故此有關地名之研究集中在經、史二部，而子、集部較少。朱氏《集釋》則對《選》文出現的令人瞀亂費解的地名一一加以考釋，理清其淵源及脈絡，條目近 400 條，可謂填補集部地理研究之空白。

我們仍以《兩都賦》為例，文中涉及地理方面的如雍州、長安、杜霸、五陵、商洛、鄠杜、山東、蜀漢、荊州、梁、酆鄗、岐雍、昆陽、高邑、河洛、洛邑、梁鄒、河源、海濆、幽崖、朱垠、函谷、二崤、太華、終南、褒斜、隴首、秦嶺、北阜、龍首、九嵕、甘泉、崑崙、碣石、方壺、蓬萊、北嶽、河、涇渭、汧、灃灞、淮湖、海、太液、昆明等，這些地名，李善之注不足錯訛之處甚多，朱氏則對於前人今說亦詳加考辨，是為「地名之學」。

同樣，該書也是徵引歷代地理專書以及歷代注解家的注釋、學者的筆記之類。如漢以前的有《山海經》《尚書·禹貢》《周禮·職方》《史記·河渠書》《爾雅·釋地》《漢書·地理志》《漢書·溝洫志》《說文解字》《左傳》《逸周書》《竹書紀年》《穆天子傳》《戰國策》《方言》《呂氏春秋》《尚書孔傳》等。

魏晉南北朝時期的有杜預《春秋釋地》、郭璞《山海經注》、司馬彪《續漢書·郡國志》、《三輔黃圖》、酈道元《水經注》、杜預《左傳注》、張華《博物志》、陳壽《三國志》、裴駰《史記集解》、劉昭《續漢書注》、顧野王《玉篇》等。

唐代的地理學專書有《晉書·地理志》、李吉甫《元和郡縣志》、《括地志》、《初學記》、顏師古《漢書注》、章懷太子《後漢書注》等。

宋代的有王存《元豐九域志》、程大昌《禹貢論》、毛晃《禹貢指南》、樂史《太平寰宇記》、《太平御覽》、王應麟《通鑒地理通釋》、《困學紀聞》、《玉海》、王楙《野客叢書》、高似孫《緯略》、吳曾《能改齋漫錄》、祝穆《方輿勝覽》、洪邁《容齋隨筆》、《廣韻》、《集韻》等。

有清一代，地理學成為一門顯學。錢坫在《新斠注地理志·敘》裏概括地理學研究大要最為精闢，云：「約舉大綱，蓋有八焉：一曰攷故城，二曰攷水道，三曰攷山經，四曰尊時制，五曰正字音，六曰改誤刊，七曰破謬悠，八曰闕疑闓。究此八義，乃無悖班氏之旨。」即以朱氏所引清代的地理專書、筆記而論，錢坫八要皆有尊依，其徵引地理專書，也可謂洋洋大觀。如《大清一統志》、胡渭《禹貢錐指》、顧祖禹《讀史方輿紀要》、高士奇《春秋地名考略》、江永《春秋地理考實》、閻若璩《四書釋地》、錢坫《新斠注漢書地理志》、趙一清《水經注補注》、屈大均《廣東新語》、齊召南《水道提綱》、洪亮吉《府庭州縣圖志》、萬希槐《元和志集證》、郝懿行《山海經箋疏》、邵晉涵《爾雅正義》、段玉裁《說文解字注》、桂馥《札樸》、王念孫《讀書雜志》、顧炎武《日知錄》、閻若璩《潛邱札記》、錢大昕《廿二史考異》、張雲璈《選學膠言》、汪中《廣陵曲江證》、陶澍《蜀輶日記》等。試舉一例：

卷二十張景陽《七命》「荊南烏程」條，注引盛弘之《荊州記》，已見《吳都賦》。又引《吳地理志》曰：「吳興烏程縣酒有名。」朱氏案：

李氏兩說竝引，蓋莫定其地。高氏《緯略》曰：「說者以荊南為荊州，然烏程縣在今湖州，與荊州相去甚遠，縣南五十步有若溪。若，一作箬，居人取水釀酒曰箬下酒。荊溪在縣南六十里，以其出荊山，因名之。張玄之《山墟名》曰：『昔漢荊王賈登此山，故稱荊山。』所謂『荊南烏程』，即荊溪之南耳。以《湖州圖經》考之，烏程縣以古有烏氏、程氏居此，能醞酒，因此名焉。荊溪，別在長興縣西南六十里，此溪出荊山。」

余謂荊州之烏程鄉，湖州之烏程縣俱出名酒，故易混。據《元和志》，長城縣本漢烏程縣地，有若溪，水釀酒甚濃，俗稱若水酒。而荊溪別在義興縣，即今之荊溪縣，以近荊南山得名。高氏亦知荊溪之非若溪，乃附合為一，失之。「荊南」與下「豫北」對舉，當皆屬州名，則烏程之酒仍在荊州矣。何氏從高說，非。

朱氏以為善注引盛弘之《荊州記》，又引《吳地理志》兩說，乃因無法確定「荊南烏程」之所在。朱氏引南宋高似孫《緯略》以明烏程縣有若、荊二溪，若溪距縣近，產箬下酒；荊溪距縣縣遠，因源出荊山而得名，則「荊南烏程」指荊溪之南，在湖州而非荊州。

朱氏由此推闡開來，指出「湖州之烏程縣」與「荊州之烏程鄉」易混，因兩地俱產名酒。高氏失考，將若溪、荊溪合為一地。實際上，若溪在烏程縣（長城縣），荊溪在長興縣（義興縣、荊溪縣），近荊南山，二者異地。

最後，朱氏解《七命》「荊南烏程，豫北竹葉」句。根據訓詁的對文原則，「豫北」屬豫州，則「荊南」當屬荊州，因豫州、荊州皆為州名，故同類對舉；「烏程」、「竹葉」為酒名，則此「烏程」為「烏程鄉」之酒，非「湖州烏程縣」之酒。即此「荊南烏程」乃「荊州之烏程鄉」。這種抽絲剝繭般地考實地名，令人信服。誠如朱氏在《自序》中所言「蓋嘗歎考古之難矣」，此言不虛。

至於朱氏在文字、音韻、訓詁、天文、歷法、人名等方面多有爬羅剔抉，補苴罅漏，新見迭出，在此就不煩贅陳。

關於朱氏《集釋》之評價，前輩選學名家多有評論。周貞亮《文選學講義》云：「其書臚陳數百條，皆取其落落大者，與梁書之細攷一字一句者不同。蓋《旁證》取其精，而《集釋》取其大，兩書並行，不相沿襲，實可為嘉道以來選學之兩大宗焉。」這裏將朱氏《集釋》與梁章鉅《文選旁證》竝論，指出朱氏治選偏重於大處著眼，實際上即肯定朱氏在治選學上不同於他人之處。而駱鴻凱《文選學・源流第三》則論朱氏《集釋》云:「全書凡數百條，大抵詳於名物，意在補李，而不免吐果之核，棄藥之滓。要其用力勤劬，亦足多也。」這裏肯定朱氏著書之「勤劬」，也指出其書之特色在於「名物」，但以為該書是「吐果之核，棄藥之滓」，實在是厚誣朱氏，無視其開創性貢獻。

現代選學者，如屈守元《文選導讀・導言》云:「《集釋》重徵實之學，於地理、名物，考訂甚詳，是清代《選》學的一部好書。」張君炎《中國文學文獻學・〈文選〉的研究和注釋》云:「博採眾說，兼存互析，取捨嚴格，且有創見。對名物訓詁，考釋尤詳，多補李善注之不足。此書是研究《文選》的一部重要參考文獻。」

上述諸家評騭，大體集中在朱氏對名物、地名等方面的考證上，即這種不遺餘力地考證到底有無價值？我們覺得朱氏承襲乾嘉已降的樸學遺風，另闢一條不同於其他選家「以小學通選學」的路徑，對於《文選》中出現的名物、地名、典制等詳加考釋，補苴李氏之未足，這正是治「選學」之關鍵，也正是《集釋》一書的開拓性貢獻。我們只要繙檢高步瀛《文選李注義疏》、黃侃《文選平點》、游國恩《離騷纂義》、金開誠《屈原集校注》等書對《集釋》的徵引，便可覺得朱氏《集釋》有功於選學可謂大矣。

《文選集釋》一書的主要版本有清同治十二年（1873）朱氏家刻本、光緒元年（1875）涇川朱氏梅村家塾刻本、江西重刻本、臺灣廣文書局 1974 年排印本。流傳較廣、較易見者為光緒元年涇川朱氏梅村家塾刻本，版心中縫鐫『小萬卷齋』字樣，本書點校所據者即據此本。

校點過程中，一遵原文，俾便全面完整地保存原書原貌。如書中繁難字較多，亦不以簡體出之。對於朱氏所徵引諸書，竭力皆取原書對勘。有的原書無存或一書多版，則取較早或通行本覈之。微有出入，不再說明。朱氏引書時有節引，但能忠於原書原意，為了解引文起迄故，校點時仍加了引號。原書有避諱的情況，如避康熙諱改「玄」為「元」，則逕改，不出校記。避乾隆諱改「弘」為「宏」，則首出校記。

《集釋》引書浩繁，涉及知識面綦廣，校點難免有誤，懇請專家和讀者批評指正。

李翔翥

二零二二年十二月於河南固始

《文選集釋》自序

光緒元年歲次乙亥開雕涇川朱氏梅村家塾藏板

《昭明文選》一書，惟李崇賢注號稱精贍，而騷類祇用舊文，不復加證，經、序數首，更絕無詮語，未免於略，且傳刻轉寫，動成舛誤。凡名物猶需補正，並可引伸推闡，暢宣其旨。前代諸家率湮沒罕行者，近人如汪韓門侍讀、孫頤谷侍御，雖彌縫塞漏，終屬寥寥。暇時流覽，偶尋繹，輒私劄記。久之，積累盈帙，屢有增改，釐分二十四卷。蓋嘗歎考古之難矣！載籍浩繁，安能遍觀而盡識。窮日孜孜，左右采獲，得此苦失彼，即竝列簡內，慮致前後參錯。又歧論紛出，是非疑似，折衷殊匪易。

況是書自象緯、輿圖，暨夫宮室、車服、器用之制，草木、鳥獸、蟲魚之名，訓詁之通借，音韻之淆別，罔弗賅具。余性素闇蒙，詎克穿貫，衰齒漸臻，尤善忘，顧欲薈萃羣言，應自哂不知量矣！但年來境遇鬱塞，胸無係屬，每耿耿若結癥瘕，聊藉繙閱，以資消遣，敢遽云譔箸哉！

雖然，李氏當日有初註、覆註、三註、四註，至絕筆之本乃愈詳，其不自域可知。後之人隅見各攄，譬諸山之廣大，產殖閎富，苟登邱歷壑，懷卷石盆卉而歸，未始非游於山也；入龍宮，觸目寶藏，幾乎旬眩，間拾片瓊，掇珊瑚之殘枝，未始非觀於海也。然則余綴輯此編，將兼存互析，土壤細流之益，當亦儒修所不廢。中間援引曩哲外，更多時賢，故名曰《集釋》。在昔許叔重作《說文解字》，博訪通人，至於小大，信而有徵，竊願取斯意焉。

若夫管窺所及，則不盡沿襲，餘亦慎甄擇，戒阿狥，疑者仍從蓋闕之義。極知疎漏而頗殫心力，重惜投棄，妄付剞劂。舊傳「文選爛，秀才半」，余尚愧其未爛也，特駒陰恐負，蛾術思勤，庶幾為考訂之一助云爾。

時道光十有六年歲次丙申秋七月涇蘭坡朱珔自識於吳門正誼書院

《新刻〈文選集釋〉序》

凡宇宙不可磨滅者，必有人焉從而守之，復從而傳之。昔人頌魯靈光殿巋然獨存，謂為神明依憑支持；韓昌黎賦石鼓，亦以為鬼物守護其中，固有天在焉。

吾族蘭坡夫子，生平著述除《小萬卷齋詩文集》外，其最重且大者為《國朝古文彙鈔》及《詁經文鈔》二種。《古文彙鈔》為卷二百七十有六，已得吳江沈參軍翠嶺刻於吳門，其板猶在。《詁經文鈔》為卷六十有二，則同郡朱司馬月坡刻之未成，遽遭兵厄，并其稿本俱失。此外，尚有《說文假借義證》二十四卷、《經文廣異》十二卷，亂後藁俱殘闕。惟《文選集釋》一書，尚稱完璧，然亦幾失而幸得之者。先是，咸豐十年，吾鄉遭寇氛。賊退後，族曾孫爾楫由楚返里，同族瑤圃明經屬為代購舊書，偶於大通鎮市上見此稿本，索價頗昂。遽函達瑤圃，以此書引證贍博，斷制精嚴，可與六臣注附翼而行，且係族中老輩手澤，急寄貲購歸。

惟此係重訂之本，增改頗繁。子典觀察見之，復覓鈔胥另謄清本，歸於先生之五公子季真，藏諸行篋，慎守有年。今叔若觀察等謂此書若不壽諸棃棗，恐馴復湮沒，遂踴躍捐貲，尅期付梓。予聞之，喜曰：「有是哉！此書之幸免淪失，而竟能留傳若是哉！」竊以吾鄉舊藏書籍，如先生集中所序《培風閣書目》，已有十萬卷之多。此外，肄雅堂、奎曜堂俱不下數千卷，即予家潄六堂亦近千餘卷，今皆燬失。然此猶可復購，惟諸老宿所自撰著，如《求是堂七種》等板俱無存，印本流傳亦尠。

至於吾師積數十年所成各書，其《詁經文鈔》一種，滙諸名家說經之文，依次標題，篇幅完善，尤足為後學津逮，今亦不可復得。非獨作者精力可惜，實亦後生小子之不幸。而惟此《文選集釋》一書，先生所拳拳於後學，而為之啟迪不置者，今猶得復讀完書。語云:「《文選》爛，秀才半。」杜工部云：「熟精《文選》理。」得是書合各家注本讀之，義理愈明，則嗜好愈篤；嗜好愈篤，則學業愈精。由此咀含變化，文章之美，詎愧曩賢？而皆由是書之力。然則刻是書者，其功豈不偉哉！

我族德徵公後裔家方日隆，叔若輩羣從又復留意於文籍若斯。詩書有靈，凡助天愛養斯文者，天必以斯文報之，企見甲第科名之蔚起於旗峯下也。此舉叔若、瑤圃外，尚有竹坡司馬、秉臣員外、憲屏司馬，皆一家同志，儒雅好文，並襄讐校之役，勤勞罔懈，宜並書。

受業族姪榮實謹識

《文選集釋》卷一

兩都賦序　班孟堅

1. 內設金馬石渠之署

注引《史記》:「金馬門者，宦者署。」

案:《太平御覽・居處部》引同。王氏應麟《玉海》作《三輔黃圖》語，下云:「武帝得大宛馬，以銅鑄象，立署門內，因名。」《後漢書・馬援傳》則曰:「武帝時，善相馬者東門京，鑄銅馬法獻之。詔立於魯班門外，更名金馬門。」《漢書》「公孫宏〔1〕待詔金馬門」是也。亦曰「金門」與「玉堂」竝稱，見本書《解嘲》。

注又引《三輔故事》:「石渠閣在大殿北，以藏祕書。」

案:《黃圖》云:「未央宮有石渠閣，蕭何所造。礱石為渠，若今御溝，因為閣名。」《後漢・儒林傳》序言「肅宗親臨稱制，如石渠故事。」蓋甘露中，嘗集諸儒講論于此也。

【校】

〔1〕「公孫宏」，《史記》作「公孫弘」，當據改。原書避清乾隆諱改「弘」為「宏」，餘皆徑改，不再出校。

2. 或以抒下情而通諷諭

注引《廣雅》曰:「抒，渫也。」

案：「渿」即「渫」字。今《廣雅・釋言》作「渫」，與《楚辭・九章》王逸注同。《說文・手部》：「抒，挹也。」《水部》：「浚，抒也。」「漉，浚也。」「浚」、「漉」皆與「渫」義近。又《革部》：「韈，抒井韈也。」「抒井」者，《管子》書「抒井易水」，徐氏鍇曰：「抒井，今言淘井。韈，取泥之器。」蓋挹取其泥，正所以渫之使清也。左氏《文六年傳》「難必抒矣」，段氏玉裁云：「此假抒為紓。紓者，緩也。」

余謂「抒」或作「攄寫」字用。《廣雅》：「攄，舒也。」《後漢書・殤帝紀》注：「抒，舒也。」則義亦通，但「抒」為食與切，無平音，近人多致誤耳。

3. 奚斯頌魯

注引《韓詩》：「新廟弈弈，奚斯所作。」薛君曰：「奚斯，魯公子，言新廟弈弈然盛。是詩，公子奚斯所作也。」

案：本書《魯靈光殿賦》注引與此同。

段氏玉裁云：「作詩自舉其名者，《節南山》、《巷伯》、《崧高》、《烝民》併此篇為五。此云『奚斯所作』，即吉甫、家父作誦之辭也。曰『孔曼且碩，萬民是若』，即『其詩孔碩』、『以畜萬邦』之意也。『所』字不上屬，『所作』猶作誦、作詩之云。以『作』為韻，故不曰作誦、作詩耳。偃師武虛谷援《揚子法言》，《後漢書・曹褒傳》、《班固傳》，及諸石刻之文《度尚碑》《太尉劉寬碑》《綏民校尉熊君碑》《費汎碑》《楊震碑》《沛相楊統碑》《曹全碑》《張遷表》一一可證。學者多言毛與韓異。愚意《毛詩》『廟』字必『詩』字之誤。《傳》之原本必重舉『奚斯所作』，而釋之曰：『有大夫公子奚斯者作是詩也。』翦割《毛詩》者，盡去其複舉之文，則以新廟閔公廟也，有大夫公子奚斯者作是廟也。相聯為順，而改『詩』為『廟』，此其與韓不同之故。以『奚斯所作』上屬者，乃鄭箋，非古說也。」鄭之異毛者多矣，不當掍而同之。且「路寢」、「新廟」竝言，而下句單承「廟」字，文法亦未協。以經文言，上「孔碩」，言宮室；下「孔碩」，言詩歌，方無複贅。

余謂段說是也。孟堅嘗評詩四家，獨許魯為近之。則此說《魯詩》，當與《韓詩》同矣。云「孔曼且碩」者，殆以是詩章句最長故與？後如顏氏《家訓》、孔氏《正義》及洪容齋，皆據鄭箋駁《韓詩》非是。

西都賦　班孟堅

4. 左據函谷二崤之阻

注引《漢書音義》韋昭曰：「函谷關。」

案：函谷關有二：秦故關，在今陝州靈寶縣南，即漢弘農縣地，有關城在谷中，深險如函，因名。其上有栢林，《荀子》所謂「松栢之塞」也。漢新關，在今河南新安縣東北。應劭曰：「武帝時，樓船將軍楊僕數有大功，恥為關外民，上書乞徙東關。於是徙關於新安，去弘農三百里。」顧氏祖禹《方輿紀要》云：「王莽居攝二年，關東翟義等兵起，遣其黨武讓屯函谷關。東漢初，王霸屯函谷關，擊滎陽、中牟賊，平之，此新關也。王元說隗囂曰：『請以一丸泥東封函谷關』，杜篤《論都賦》『關函守嶢嶢關，見後《餞呂僧珍》詩』，此仍據故關言之。若此賦及《西京賦》所云『左有崤函重險』，蓋兼新、故言之也。」至今之潼關，在同州府華陰縣東四十里，或亦稱函谷關。《水經．河水四篇》注云：「河在關內南流，潼激關山，因謂之潼關又名雲潼關，亦曰衝關。歷北出東崤，通謂之函谷關也。邃岸天高，空谷幽深，澗道之峽，車不方軌，號曰天嶮，故《西京賦》曰：『巖嶮周固，襟帶易守』」，下引王元說隗囂語。全氏祖望曰：「《通典》初謂『函谷關即潼關』，特徙其地耳。然《通典》於新安縣下云：『魏明帝景初元年，河南尹盧延請卻函谷關於崤下。弘農守杜恕議以東徙潼關著郡下，省函谷關，徙蒯關於盧氏。正始元年，弘農守孟康請移函谷關，更號大崤關，又為金關。』《地理志》曰：『是年，廢函谷關。』然則潼關置於季漢，而函谷關廢於魏之正始。岐公前說，未經刊正，而善長亦同此誤。王元泥封之說，豈指華陰之潼關乎？」《紀要》又云：「獻帝初平二年，董卓脅帝西幸長安，出函谷關，是時關猶在新安。建安十六年，曹操破馬超於潼關，潼關之名始見於此。是關已在華陰，蓋中間所更置，而史不之載也。」據此諸說，知潼關與古函谷關非一地，後人乃以舊名名之與？

注又引《左傳》曰：「崤有二陵，其南陵，夏後皐之墓；其北陵，文王所避風雨也。」

案：《公羊傳》云：「崤之嶔岩。」《穀梁傳》云：「崤岩崟之下。」故崤山，一名嶔崟山，即《戰國策》所稱「澠隘之塞」也。在今河南府永寧縣北六十里，西北接陝州界。永寧為漢澠池、宜陽二縣地。夏后皐陵在縣北崤山側。《水經注》云：「北陵，山徑委深，峯阜交蔭，故可避風雨也。漢建安中，曹公西討巴、漢，惡南路之險，更開北道，自後行旅多從之。有石銘云：『晉太康三年，弘農太守梁柳修復舊道。』太崤以東，西崤以西，明非一崤也。」李吉甫《元和郡縣志》云：「自東崤至西崤長三十五里。東崤長阪數里，峻阜絕澗。西崤純是石阪十二里，險不異東崤。」此二崤皆在秦關之東，漢關之西。《輿地廣記》云：『二崤山連入硤石界硤石在陝州東南五十里』，自古險阨之地也。又或稱「三崤」者，據《水經注》有「盤崤」、「石崤」、「千崤」之名。盤崤之山，盤崤水出焉；石崤之山，石崤水出焉；千崤之山，千崤水出焉，其水皆北流入河。而於二陵專屬「石崤」，則此賦當指東、西二崤言之，未必謂「石崤」一山矣。

5. 右界褒斜隴首之險

注引《梁州記》曰：「萬石城泝漢上七里有褒谷，南口曰褒，北口曰斜，長四百七十里。」

案：《水經・沔水上篇》注云：「漢水又東逕萬石城下，城在高原上，原高十餘丈，四面臨平，形若覆瓮。水南，遏水為岨，西北並帶漢水。其城流雜聚居，世謂之流雜城。」《方輿紀要》云：「《地志》『斜、褒二水並出衙嶺山，斜水北至郿入渭，褒水南至南鄭入沔。』褒谷，在今漢中府褒城縣北十里。斜谷，在今鳳翔府郿縣西南三十里。自鳳城至褒城皆大山，緣坡嶺行，有闕處，以木續之成，道如橋然，所謂棧道也。出褒城地始平。」據此，則「褒斜」乃關中西南阻隘，故賦以為右界之險也。「隴首」，即「隴阺」，見後《四愁詩》。

6. 眾流之隈，汧涌其西

案：孫氏志祖《文選李注補正》引趙氏曦明云：「《音義》作汧水之汧。考《爾雅注疏》『凡水為人所決陂障，與出而停成汙池者，皆名為汧。』合二句並上文讀之，從此義為長。」如其說，是以「汧」為虛字，非水名。然《水經・渭水上篇》注云：「汧水出汧縣之蒲谷鄉弦中谷，決為弦蒲藪。《爾雅》曰：『水決之澤為汧。』汧之為名，實兼斯舉。」又云：「渭水又東，汧、汙二水入焉。」則水正因此得名耳。

又案：徐氏慶宗云：「善於此二句無注，蓋無此二句。或五臣本有之，後人羼入善本爾。」

余謂《後漢書》亦無此二句，則無者是也。

7. 則天地之隩區焉

《後漢書》:「隩，作奧。」

案:《爾雅·釋邱》:「隩，隈。」《詩·淇奧》毛傳亦曰:「奧，隈。」《尚書》「厥民隩」，鄭注作「奧」。「四隩既宅」，《史記》及《漢志》竝作「奧」。是「隩」與「奧」通也。

注引《說文》曰:「隩，四方之土可定居者也。」今《說文》作「墺」，與「隩」異部、異音。而「四隩既宅」，《玉篇》引作「墺」，《廣韻》同。蓋古从𨸏之字，或从土，如《爾雅·釋地》:「陂者曰阪。」《說文》則「坡者曰阪。」《詩》「芮鞫」之「鞫」，《漢書》作「阮」，《字林》作「坃」，是也。《漢書·郊祀志上》「神明之隩」，顏師古注:「土之可居者曰隩。」與此處李注，皆以「隩」為「墺」矣。

8. 是故橫被六合

注:「關西為橫。」近張氏雲璈《選學膠言》謂:「《堯典》『光被』字，漢儒傳授本作『橫』。《釋言》:『桄，充也。』『桄』，即『橫』字。《孔傳》出魏、晉間，『橫』已作『光』，而訓『光』為『充』，猶存古義。」

案:此語未的。漢人亦多有作「光被」者，如《宣帝紀》《蕭望之傳》竝曰:「聖德充塞天地，光被四表。」高誘注《淮南·俶真訓》曰:「被，讀光被四表之被。」此類不一。即本書《典引》「光被六幽」，蔡邕注引《書》「光被四表。」班固一人而前後互異，知漢時原「橫」、「光」竝用。蓋「光」與「桄」、「橫」字同聲相通，故漢人稱「橫門」為「光門」也。至《尚書》鄭注言「堯德光耀及四海之外」，作「光」字本義解，並已不訓「充」。然則作「光」，非由《孔傳》矣。

9. 仰悟東井之精

注引《漢書》曰:「漢元年十月，五星聚于東井，沛公至霸上。」又曰:「以厤推之，從歲星也，此高祖受命之符。」

案:此見《高祖本紀》及《天文志》。彼注引李奇曰:「歲星得其正度，其四星隨比常正行，故曰從。」孟康曰:「歲星先至為主。」應劭曰:「東井，秦之分野。五星所在，其下當有聖人以義取天下。」劉氏攽云：「太白辰星去日率不能一兩次，今十月而從歲星於東井，非也。然則五星以秦之十月聚東井耳。秦之十月，今七月，日當在鶉尾，故太白辰星得從歲星也。」《東坡志林》亦云：「漢元年十月，乃今之八月八當作七。八月而得七月節七當作六，日猶在翼、軫間，金、水聚井不甚遠。」

又案：顧氏炎武《日知錄》曰：「《高帝紀》『春正月』注：『凡此諸月號，皆太初後記事者追改之，非當時本稱也。』以十月為歲首，即謂十月為正月，當時謂之四月耳。《叔孫通傳》『諸侯羣臣朝十月』注：『漢時以十月為正月，故行朝賀之禮，史家追書十月。』此元年十月，當是建申之月。惟此一事失於追改，遂以秦之十月為漢之十月。」

余謂如諸說於厤數得已，但推步與占驗本不同，開國祥徵，未必盡循常度，猶曰空談不足奪實測。然據《高帝紀》，自元年後，每年初竝書冬十月，明是秦之正月，元年尤重，何得獨未追改，而下文又何以書「春正月」也。一年之中，不應參差如是。《任敖傳》云敖與張蒼同傳，故如淳注遂以為《張蒼傳》：「以高祖十月至霸上」，故因秦以十月為歲首，是十月乃夏正之十月，倘改十月為七月，則《敖傳》語作何解耶？且「高祖十月至霸上」，實始得國，故稱元年，豈合於七月預稱之？若謂即七月至霸上，豈七月亦可為歲首乎？惟宋高氏似孫《緯畧》於「高祖元年十月」引崔浩《考古今厤》云「五星以前三月聚東井。」竊意災祥之應，總由先兆。有前數月者竝有前數年者，何必當月。今作五星以夏正七月聚東井，而高祖以夏正十月至霸上。庶諸家之說，無妨於《漢書》元年首稱夏正之冬十月，與《任敖傳》亦不背。特是星聚以七月，而《漢書》繫諸十月。其文若離析讀之「元年冬十月」斷住，蓋從《春秋》首月雖無事，必書之例，正其名為開國。下「五星聚於東井」，乃因沛公至霸上，牽連以書，非謂即在是月，似可通。或者五星之聚為開國一大關鍵，不能不書於元年。而七月為秦之十月，適同十月之名，遂追書於十月，究屬淆紊。至《天文志》單舉星聚為十月，殆又承《本紀》而誤。所以啟後人之疑，正在此耳。顧氏學精博蒙，於此推尋未安，聊為異議，俟明者審定焉。

10. 俯協河圖之靈

案：《後漢書》章懷注引《河圖》曰：「帝劉季，日角戴勝，斗匈龍股，長七尺八寸。昌光出軫，五星聚井，期之興。天授圖，地出道，於〔1〕張兵鈐劉季起。」此與李善注引《春秋漢含孳》之文異。李云「五經緯皆《河圖》也。」似不如直引《河圖》為當。彼時緯書俱在，不知李氏何以遺之。

【校】

〔1〕「於」,《後漢書·班彪傳》李賢注作「予」。

11. 睎秦嶺

注云:「秦嶺，南山也。」

案:王氏應麟《通鑑地理通釋》云:「商州上洛縣西十八里有秦嶺山，嶺北為秦山，南為漢山，周六百二十里。」《明一統志》:「秦嶺在西安府藍田縣東南。」《方輿紀要》云:「即南山別出之嶺。凡入商洛、漢中者，必趣嶺而後達。此賦後文言『前乘秦嶺』，蓋由此東出，即藍田關矣。」又云:「《史記》曰:『秦嶺，天下之大阻也。』《三秦記》:『長安正南山名秦嶺，東起商洛，西盡汧、隴，東西八百里，嶺根水北流入渭，號為八百秦川。』舊記皆云:『南山深處，高而長大者曰秦嶺。』」然則終南、秦嶺本一山矣。而《六典》云:「隴右道名山曰秦嶺，或以為今鳳翔府之岍山。」

余謂《漢書·地理志》「吳岳在扶風汧縣西，古文以為汧山。」「汧」,《禹貢》作「岍」。胡氏渭《錐指》云:「吳、嶽二山,《周禮》總謂之嶽山,《禹貢》總謂之岍山，當以《漢志》為正。」蔡傳引晁氏說，謂「今隴山、天井、金門、秦嶺皆古之岍山」，不知何據。據此，則秦嶺之說，李注是也，章懷注亦同。

12. 眡北阜

注云:「北阜，山也。」《漢書》文帝曰:「以北山石為槨。」

案:所引見劉向及張釋之《傳》，彼注皆未明「北山」何在。章懷注云:「北阜，即今三原縣北有高阜，東西橫亘者是也。」攷三原縣，以其地在濟酆原、孟侯原、白鹿原間，故名。文帝為此語時，蓋居霸陵，北臨厠韋昭曰:高岸夾水為厠，指新豐以示慎夫人也。陵在霸水上。《水經》:「白鹿原正三原之境，今三原有嶻嶭山與天齊原，竝在縣西北。」殆渾言之，以為北山與?三原縣又在長安之北，故此云「眡北阜」也。

又案:《詩·小雅》稱「南山」，又有「北山」。《錐指》云:「南山，蓋謂都南諸山，終南、太一在焉。北山，謂都北諸山，九嵕、甘泉、嶻嶭等也。」此尤足為「北阜」之證。

13. 挾灃灞

《後漢書》作「酆霸」。

案：灃水，本作「豐」，見《詩・大雅》，即文王所都，亦只作「豐」，見《書・召誥》。因「豐」為邑名而作「酆」，水名亦遂从邑。《後漢書・馮衍傳》注：「酆、鄗，二水名。」《說文・邑部》有「酆」，《水部》無「灃」。後人凡水名多加水旁，故今《禹貢》「灃水攸同」，「東會於灃」，皆已作「灃」，殆衛包所改。而《漢志》所引，仍作「酆」也。又《水經・渭水下篇》注云：「霸者，水上地名也。古曰『滋水』。秦穆公霸世，更名曰『霸水』，以顯霸功。」則「霸」字亦不當加水，何氏焯《讀書記》已言之。然《說文》正作「灞」。

注引張揖《上林賦》注曰：「豐水出鄠南山豐谷。」

案：《漢志》右扶風鄠下云：「豐水出東南，北過上林苑，入渭。」鄠縣，今屬西安府。上林苑，在今長安縣西南。《方輿紀要》云：「豐水東北流經故長安城西，又北至咸陽縣境，入渭。」《水經》無「豐水」之目，其附見《渭水篇》者曰：「渭水又東，豐水從南來注之。」酈注引《地說》云：「渭水與豐水會於短陰山內，水所滙處無他高山異巒，所有唯原阜石激而已。」若《紀要》又引舊志：「一云豐水，今名賀蘭渠，東北流注交水。」此異說，恐非。

注又引《漢書》曰：「霸水出藍田谷。」

案：此所引見《地理志》京兆尹南陵下，下云「北入渭」，不言何縣。《水經・渭水下篇》云：「渭水又東過霸陵縣北，霸水從縣西北流注之。」注云：「水出藍田縣藍田谷，所謂多玉者也」，蓋本《漢志》。下云：「霸水又左合滻水，歷白鹿原東，即霸川之西，故芷陽矣。」芷陽，即霸陵。而後文云：「又東北逕新豐縣，又北入于渭」，則是入渭在新豐，與《桑經》異。《方輿紀要》謂「霸水亦名藍谷水」，又引《輿地紀勝》：「霸水出秦嶺，合藍谷、傾谷諸水入滻水，而北流於渭。」特更泝其源耳。

又案：後《西征賦》「玄霸素滻」，以「玄霸」為稱者，錢氏坫《斠注漢志》云：「霸水，本名茲水。茲，从二玄。《左傳》曰：『何故使我水茲』，茲者，黑也，非草木茲生之字是已。」「茲」字，今或从水旁。

14. 據龍首

注引《山海經》曰：「華山之西，龍首之山也。」

案：今《西山經》作「女牀之山」，「又西二百里，曰龍首之山。」郝氏懿行《箋疏》曰：「薛綜注《東京賦》云：『女牀山在華陰西六百里。』又加二百里，則去華山八百里也。李氏所引，疑郭注文，今本脫去之。」

余謂《西山經》起處本言「華山之首」，以下臚列多山，皆云「又西若干里」。李氏蓋渾舉之，以為華山之西耳，未必是郭注也。《水經・渭水》注云：「高祖在關東，令蕭何成未央宮，何斬龍首山而營之。山長六十餘里，頭臨渭水，尾達樊川。頭高二十丈，尾漸下，高五六丈。土色赤而堅。云昔有黑龍從南山出飲渭水，其行道因山成跡，山即基，闕不假築，高出長安城。」酈氏此注自「山長」以下，本之《三秦記》，見《太平御覽》九百三十卷。

15. 建金城而萬雉

案：《水經・渭水》注云：「渭水又東逕長安城北，漢惠帝元年築，六年成。秦離宮無城，故城之。」趙氏一清曰：「《漢書・惠帝紀》：『元年，城長安。三年春，發長安六百里內男子十四萬六千人城長安，三十日罷。』注：鄭氏曰：『城一面，故速罷。』又『五年九月，長安城成。六年，起長安西市也。』」而《史記・呂后紀》云：「惠帝三年，方築城，四年就半，五年、六年城就。」《索隱》曰：「《漢宮闕疏》『四年築東面，五年築北面。』《漢舊儀》『城方六十三里，經緯各十二里。』《三輔舊事》云『城形似北斗也。』」《方輿紀要》則曰：「城南為南斗形，北為北斗形，人呼為斗城，亦名陽中城中始也，取一陽初生之義云。」又引潘岳《關中紀》：「長安城皆黑壤赤城，今尚赤如火，堅如石，父老相傳鑿龍首山土為之。」

16. 立十二之通門

案：《水經・渭水》注云：「十二門：東出北頭第一門，名宣平門，後《西征賦》「踐宣平之清閾」，注引《三輔黃圖》與此同。而《太平寰宇記》以宣平為長安南門，殆誤也。亦曰東城門〔1〕，其郭門亦曰東都門，即逢萌〔2〕挂冠處也。第二門，名清明門，一曰凱門，內有藉田倉，亦曰藉田門。第三門，名霸城門，民見門色青，又名青城門，或曰青綺門，亦曰青門。阮籍《詠懷詩》『昔聞東陵瓜，近在青門外』，謂此也。南出東頭第一門，名覆盎門。其南有下杜城，應劭曰：『故杜陵之下聚落也。』故曰下杜門，又曰端門，北對長樂宮。第二門，名安門，亦曰鼎路門。北對未央宮〔3〕。第三門，名平門。西出南頭第一門，名章門，亦曰故光華門〔4〕也，又曰便門。第二門，名直門，故龍樓門也。張宴曰：『門樓有銅龍。』第三門，名西城門，亦曰雍門。其水北入有函里，氏〔5〕名曰函里門，又曰光門〔6〕，亦曰突門。北出西頭第一門，名橫門。如淳曰：『音光』，故曰光門。其外郭有都門，有棘門。徐廣曰：『棘門在渭北。』《漢書》徐厲軍於此備匈奴，又有通門、亥門也。其第二門，名洛門〔7〕，又曰朝門，一曰高門。蘇林曰：『高門，長安城北門也。一曰廚門，其內有長安廚官，故名廚門。』如淳曰：『今名廣門也。』第三門，名杜門，亦曰利城門。其外有客舍，故名曰客舍門，又曰洛門也。凡此諸門，皆通逵九達，三途洞開，隱以金椎，周以林木，左出右入，為往來之徑，行者有上下之別。」

今攷酈氏所述，較《三輔黃圖》為詳，但其中與《黃圖》及近人《方輿紀要》微有參差。如「下杜門」，《黃圖》亦曰「杜門」，則後「杜門」不應有「平門，亦曰便門。」《紀要》云：「古平、便同字」，是也。觀《堯典》「平秩」，《史記》作「便程」可知。此不應以「平門」屬南，「便門」屬西。「光門」宜為「橫門」之別，則西出之「光門」，非是。趙氏一清曾辨之。「利城門」，即洛城門，一曰洛門。則北出第二之「洛門」，亦不應有也。至「安門，北對未央宮」，而《紀要》屬之「平門」；「高門」，即「廚門」，《紀要》屬「洛城門」，不知孰是。又《紀要》於「平門」，亦曰「西安門」；「章門」，引胡氏說「或謂之白門」；「洛城門」，引《宮殿疏》「亦名鸛雀臺門」，則皆酈所未及矣。

【校】

〔1〕「東城門」，《水經注校證》作「東都門」。

〔2〕「逢蒙」，《水經注校證》作「逄蒙」。

〔3〕「北對未央宮」，《水經注校證》作「北對武庫」。

〔4〕「光畢門」，《水經注校證》作「光華門」。

〔5〕「氏」，《水經注校證》作「民」。

〔6〕「又曰光門」四字，《水經注校證》無。

〔7〕「洛門」，《水經注校證》作「廚門」。

17. 街衢洞達

注引《說文》曰：「街，四通也。」

案：今《說文》：「街，四通道也。」此處脫「道」字。云「四通者」，《太平御覽》一百九十五引《風俗通》曰：「街者，攜也，離也。四出之路，攜離而別也。」正與《說文》合。《說文》又云：「四達謂之衢。」蓋本《爾雅》。

是「街」與「衢」同矣。《三輔黃圖》言有「香室街」、「夕陰街」、「尚冠前街」。

18. 九市開場

注引《漢宮闕疏》曰:「長安立九市,其六市在道西,三市在道東。」

案:宋樂氏史《太平寰宇記》引《廟記》云:「長安市九所,各方二百六十六步,四里為一市,致九州之人在突門夾橫橋大道。」又曰:「旗亭樓在杜門大道南,又有當市樓。《西京賦》云『廓開九市,旗亭五重』是也。」又《郡國志》云:「長安大俠萬子夏居柳市,司馬季主卜于東市。西市有醴泉坊,隋曰『利人市,因有西市署。』」據此,則市名祇此可見,餘無考。至後代於旅肆沽飲之處,每稱旗亭,蓋已起於漢矣。

又案:上句云「闤闠且千」,蓋渾言之。其可見者,王氏應麟《玉海》引《黃圖》:「長安閭里百六十,有宣明、建陽、昌陰、尚冠、修城、黃棘、北煥、南平、大昌、戚里。」

19. 七相五公

注於「七相」,但舉其五,曰韋賢、車千秋、黃霸、平當、魏相。內惟千秋徙長陵,餘四人具徙平陵。注又云:「其餘不在七相之數者,並以罪國除故也。」

案:此注頗混。注所云「其餘」,蓋謂不在「七相」之數者,非謂「七相」內可闕其二也。豈本文明言「七相」,而李氏注之轉謂宜止數其五耶?余疑注有脫落。《後漢書》注則云:「七相謂車千秋,長陵人。黃霸、王商並杜陵人。韋賢、平當、魏相、王嘉並平陵人。」似當以此為准。且《漢書·黃霸傳》本淮陽陽夏人,以豪桀役使,徙雲陵。為丞相,後徙杜陵,亦非平陵也。

注又據《漢書》,張湯、杜周為御史大夫,蕭望之為前將軍,馮奉世為右將軍,史丹為大將軍。內惟周徙茂陵,餘俱徙杜陵。

注又云:「公,御史大夫、將軍通稱也。」

案:《漢書·百官表》:丞相,後更名大司徒,太尉為大司馬,御史大夫為大司空,此漢之三公也。自應居此官始得稱公。其中大司馬,或冠以將軍,或不冠將軍。顏師古曰:「冠者,加於其上,共為一官。」是為大司馬而稱公,非以將軍而稱公也。若前、後、左、右將軍,不兼此三官,尤無「公」稱,注說殊未覈。《後漢書》注云:「五公,謂田蚡為太尉,長陵人。張安世為大司馬，朱博為司空，竝杜陵人。平晏為司徒，韋賢為大司馬，竝平陵人。」所舉者，皆為此三官義較長。雖韋賢再數，固無不可，否則當去「賢」而易以「杜周」耳。

20. 五都之貨殖

注引《漢書》曰：「王莽於五都立均官，更名雒陽、邯鄲、臨淄、宛、成都市長安皆為五均司市師。」

案：所引見《食貨志》。「五都」，本不連長安在內，注倒置長安於下，似六都矣。「安」字蓋誤衍，「長」字讀上聲。《志》載莽詔云：「今開賒貸，張五均，設諸斡者，所以齊眾庶，抑並兼也。遂於長安及五都立五均官，更名長安東西市令及洛陽、邯鄲、臨菑、成都市長〔1〕，皆為五均司市稱師，東市稱京，西市稱畿，洛陽稱中。餘四都各用東西南北為稱。皆置交易丞五人，錢府丞一人。」而《志》上文云：「《樂語》有五均」，注引鄧展曰：「《樂語》、《樂元語》，河間獻王所傳，道五均事。」臣瓚曰：「其文云：『天子取諸侯之土以立五均，則市無二價，四民常均，彊者不得困弱，富者不得要貧。則公家有餘，恩及小民矣。』」據此，是西漢時，市已有「五均」，其並洛陽等五都立之，乃莽之變制也。

【校】

〔1〕據《漢書》，當作「洛陽、邯鄲、臨菑、宛、成都市長」。

21. 商洛緣其隈

注引《說文》曰：「隈，水曲也。」

案：今《說文》：「隈，水曲隩也。」本書《海賦》注所引與此皆無「隩」字。又《琴賦》注及《列子》釋文竝云：「隈，水曲也。」當亦本《說文》。疑今本「隩」字衍。但《說文》「隩，水隈厓也。」則「隩」、「隈」義正通。

22. 冠以九嵕

注引《漢書》：「谷口縣九嵕山在西。」

案：「谷口縣」，於《志》屬左馮翊。蓋今之醴泉縣地，縣東北七十里有谷口故城。「九嵕」，在今縣東北五十里，則山於漢時為縣治之西矣。《方輿紀要》謂：「九峯俱峻，山之南麓即咸陽北阪也。《志》云：『山高六百餘丈，周十五里，與甘泉相埒。』《西京賦》:『九嵕甘泉，涸陰沍寒。』山之北謂之嶺北，晉以後新平、北〔1〕、安定諸郡，皆為嶺北地也。」

【校】

〔1〕「北」，據《讀史方輿紀要》，「北」下脫「地」。

23. 陪以甘泉

注引《戰國策》范睢說秦王曰:「大王之國，北有甘泉、谷口。」

案:《方輿紀要》引舊志云:「甘泉山在雲陽縣西北八十里。登者必自車廂坂而上，坂在雲陽縣西北三十八里，縈回曲折，車軌纔通。上坂即平原宏敞，樓觀相屬。范睢所說即此。」雲陽故城，在今涇陽縣縣西北百二十里，有甘泉山。《紀要》又云:「山周六十里。一名石鼓原，一名磨石原，亦曰磨盤嶺，亦曰車盤嶺，甘泉出焉。其地最高，去長安三百里，望見長安城堞。《輿地志》:『山有宮，秦始皇所作。漢武元封二年更作甘泉宮。又於宮城築通天臺，去地百餘丈，雲雨悉在其下。』」故此《賦》下云「乃有靈宮起乎其中」也。又云:「帝嘗以五月避暑，八月始歸。」則《西京賦》所謂「日北至而含凍，此焉清暑」者也。

24. 提封五萬

注引臣瓚曰:「舊說提，撮凡也。言大舉頃畝也。」韋昭曰:「積土為封限也。」

案:「提封」，五臣本及《後漢書》竝作「隄封」。《廣雅》:「堤封，都凡也。」「隄」、「堤」皆與「提」通。《漢書・刑法志》:「一同百里，提封萬井。」蘇林注:「提音祗，陳留人謂舉田為祗。」李奇注:「提，舉也。舉四封之內也。」顏師古謂:「李說是也。提讀如本字，蘇音非。」王氏念孫《廣雅疏證》曰:「提封，即都凡之轉。『提封萬井』，猶言通共萬井耳。《食貨志》云:『地方百里，提封九萬頃』，《地理志》云:『提封田一萬四千五百一十三萬六千四百五頃』，《匡衡傳》云:『樂安鄉本田提封三千一百頃』，義竝與此同。若訓『提』為『舉』，訓『封』為『四封』，而云『舉封若干井』、『舉封若干畝』，則為不辭。又《東方朔傳》云:『迺使吾邱壽王舉籍阿城以南，盩厔以東，宜春以西，提封頃畝及其賈直。』亦謂舉籍其頃畝之大數及其賈直耳。若云『舉封頃畝』，則尤為不辭。且上言『舉籍』，下不當複言『舉封』，以此知諸說之皆非也。」

余謂後人直以「提封」作「封域」字用，蓋本韋昭。

25. 原隰龍鱗

案：《禹貢》於雍州言「原隰底績」，為他州所無。胡氏《錐指》云：「原隰雖處處有之，而秦中獨多。地勢高下相因，有原必有隰。其卑於原者，即隰也。《西京賦》曰：『於後則高陵平原，據渭踞涇，澶漫靡迤，作鎮於近。』此言渭北諸原也。今涇陽縣有石安原、百頃原、覆車原、豐稔原、西成原、清涼原。其西則咸陽縣有畢原、咸陽原、短陰原。興平縣有始平原。郿縣有積石原亦稱北原。武功縣有西原亦稱雍原、東原。扶風縣有三畤原。岐山縣有周原。鳳翔縣有石鼓原、西畤原。其東則高陵縣有奉政原、鹿苑原。三原縣有天齊原、豐原、孟侯原、白鹿原。富平縣有掘陵原、羊蹄原、中華原、北鹵原、南鹵原、八公原。同州有商原即商顏、許原。朝邑縣有彊梁原即朝坂。其北則長武縣有鶉觚原一名淺水原、黃蓍原。耀州亦負高原，故縣名華原。澄城縣有臨高原，韓城縣有韓原、高門原。此皆原之在渭北者。《西都賦》言『鄭白之沃』，遂及『原隰龍鱗』是也。渭南亦有原，凡南山之麓，陂陀漫衍者，皆原也。長安縣有細柳原。其東則咸寧縣有畢原畢，終南之道名、神禾原、少陵原即鴻固原、樂游原。藍田縣有白鹿原、涼風原。臨潼縣有普陀原或云即藕原、斷原。渭南縣有新豐原一名光明原，又名青原。其西則郿縣有五丈原。《詩・小雅》云『信彼南山，維禹甸之。畇畇原隰，曾孫田之』是也。原多則隰，亦多不可勝名，故總謂之原隰。其地則盡今之西安府境，兼得鳳翔府之東鄙，張良所謂『沃野千里』者矣。」

余謂鄭國渠與白渠，俱在今涇陽縣西北六十里，資涇水為灌溉之利。而涇又入渭，諸葛武侯嘗屯田於渭濱，故此處言「原隰」承上「鄭白之沃」，與《西京賦》云「據渭踞涇」一也。

26. 桑麻鋪棻

注引王逸《楚辭注》曰：「紛，盛皃也。」又云：「棻與紛，古字通。」

案：注以「棻」為「紛」之借字，固可通。但「棻」本「棼」之隸變。《說文》：「棼，香木也。从木，岎聲。」篆體本作「岎」，象香氣上出。此處上句「五穀垂穎」，穎為禾穗，蓋謂垂其穗末，則「鋪棻」當亦謂布其香氣，似此於對偶尤稱。

27. 東郊則有通溝大漕，潰渭洞河

注引《漢書・武紀》曰：「穿漕渠道渭。」

案：《史記・河渠書》：「武帝元光中，鄭當時為大農，言：『異時關東漕粟從渭上，度六月罷，而渭水〔1〕道九百餘里，時有難處。引渭穿渠起長安，旁〔2〕南山下，至河三百餘里，徑，易漕，度可令三月罷；而渠下民田萬餘頃，又可得以溉。』天子以為然，令齊人水工徐伯表，發卒數萬人穿漕渠，三歲而通。以漕，大便。」劉氏奉世曰：「今渭、汭至長安，僅三百里，固無九百餘里。而云穿渠起長安旁南山至河，中間隔霸、滻數大川，無緣山成渠之理。此說可疑，今亦無其迹。」

王氏應麟《困學紀聞》引劉說並及此賦語，似以為不然。但史公親在當時所紀，何至乖錯。且《漢書・溝洫志》亦因之，而此《賦》復言之，不得謂無其事。其所云「九百餘里」者，或有誤字下三百餘里，《漢書》三作五。抑漕渠未開時，水道迂迴，皆不可知。若霸、滻二水，本俱入渭，當無所隔。《水經・渭水下篇》注云：「霸水又北，左納漕渠，絕霸右出焉。又東北逕新豐縣，右合漕渠，漢大司農鄭當時所開也。以渭難漕，乃穿渠引渭。合〔3〕渠自昆明池，南傍山原，東至於河，且田且漕。」是北魏時故渠依然。《方輿紀要》云：「唐天寶三載，韋堅為運使，規漢、隋舊渠隋開皇中，開富人渠與廣通渠，皆起關門，西抵長安，通山東租賦。太和元年歲旱河涸，咸陽舊有興成堰，秦、漢故渠也。咸陽令韓遼請疏之，東抵潼關二百里，可罷車輓之勞。從之。」蓋唐代其迹尚存。又云：「天復四年，朱全忠劫遷車駕於洛陽，毀長安宮室百司及民間廬舍，取其材，沿河而下，長安自此邱墟，而漕渠亦廢。」則唐以後始湮沒。劉氏宋人，遂云「然耳」。又攷杜篤《論都賦》云：「洪渭之流，徑入於河，大船萬石，轉漕相過。」正與此賦相發明也。

【校】

〔1〕「渭水」，《史記・河渠書》作「漕水」。

〔2〕「旁」，《史記・河渠書》作「並」。

〔3〕合，《水經注校證》作「其」。

28. 汎舟山東，控引淮湖，與海通波

注引《史記》曰：「滎陽下引河東南為鴻溝，以與淮、泗會也。」

案：此所引亦見《河渠書》，《索隱》引文穎曰所引河「蓋為二流〔1〕：一

南經陽武，為官渡水；一東經大梁城，即鴻溝，今之汴河是也。」「汴水」，見後《永明十一年策秀才文》。《元和志》云：「禹塞滎澤，開渠以通淮、泗。」然《史記》言「九川既疏，諸夏艾安，功施於三代。」自是之後，為鴻溝，則鴻溝非禹跡可知。攷左氏《僖十三年傳》：「秦輸粟於晉，自雍及絳相繼，命之曰汎舟之役。」杜注：「從渭水運入河、汾」，而不及淮、泗。《禹貢》：「揚州貢道，沿于江海，達于淮、泗。」與此所云「控引淮湖，與海通波」者頗合。但彼時帝都在冀州，非關中也。則由淮、泗而通河入渭，固漢代事。後《西征賦》云「漕引淮海之粟」，正亦謂此。《河渠書》又云：「其後河東守番係言：『漕從山東西，歲百余萬石，更砥柱之限，敗亡甚多，而亦煩費。穿渠引汾，溉皮氏、汾陰下，引河溉汾陰、蒲阪下，度可得五千頃。故〔2〕盡河壖〔3〕棄地，民茭牧其中耳。今溉田之，度可得穀二百萬石以上。穀從渭上，與關中無異，而砥柱之東可無復漕。』天子以為然，發卒數萬人作渠田。數歲，河移徙，渠不利。久之，河東渠田廢。」此西京漕運之變也。若《方輿紀要》云：「明帝永平中，命王景修渠，絕水立門，河、汴分流，復其舊迹，亦曰滎陽漕渠。」時已都洛陽，故加經理，而非運入關中矣。

【校】

〔1〕「流」，《史記・河渠書》作「渠」。

〔2〕據《史記・河渠書》，「故」上有「五千頃」三字。

〔3〕「壖」，《史記・河渠書》作「壖」。

29. 踰崑崙

注引《山海經》曰：「帝之下都，崑崙之墟。」

案：此見《海內西經》。《經》云「海內崑崙之虛」，郭注：「言海內者，明海外復有崑崙山。」郝氏謂：「海內崑崙，即《西次三經》崑崙之邱也。《禹貢》崑崙亦當指此。若《水經》《禹本紀》竝言『崑崙去嵩高五萬里』；《十洲記》：『崑崙山在西海之戌地、北海之亥地』，似皆別指一山。」

余謂此賦下句云「越巨海」，則所稱者，海外之崑崙與？

注又引《河圖・括地象》曰：「崑崙在西北，其高萬一千里。」

案：此與王逸注《離騷》引同。《初學記》引《山海經》亦云：「崑崙山縱廣萬里，高萬一千里。」郝氏謂「所引蓋《禹本紀》文，《初學記》誤也。」

余謂《後漢書》注引晉灼《漢書》注云「崑崙山高二千五百里」，與此異者，蓋本之《山海經》「崑崙之虛高萬仞」，郭注：「言自此以上二千五百餘里也。」

30. 列棼橑以布翼

注引《說文》曰：「棼，複屋棟也，扶云切。」又曰：「橑，椽也，梁道切。」又曰：「翼，屋榮也。」

案：《說文》又云：「檼，棼也。」是「檼」，亦複屋之棟矣。而《廣雅》曰：「檼，棟也。」《爾雅》：「棟謂之桴。」郭注：「屋檼也。」《釋名》云：「檼謂之棟。」段氏以三說為非。但複屋之棟亦名棟，則以檼為棟，固無不合。三家渾言之，許則析言之也。《說文》「檼」篆與「橑」篆相連，此處及《西京賦》「結棼橑以相接」，皆「棼橑」連言，則「橑」是複屋之椽，與「榱」、「桷」別。《魏都賦》「枌橑複結」亦同。彼「棼」作「枌」者，同音借字耳。「橑」亦作「轑」，《漢書・張敞傳》「果得之殿屋重轑中」，「轑」為「橑」之借字也。王氏《廣雅疏證》曰：「屋椽謂之橑，猶車蓋弓謂之轑。故《釋名》云：『轑，蓋叉也。如屋構橑也。』輪輻謂之轑，義亦同也。」

注於「梁道切」下接又曰：「翼，屋榮也。」似承上，仍為《說文》語。

案：《說文》「翼」在《飛部》，作䶈。重文為「翼」，無「屋榮」之訓。惟《儀禮》《士冠》《鄉射》等篇，屢見「東榮」字。鄭注竝云：「榮，屋翼也。」本書《甘泉賦》「列宿迺施於上榮」，注引韋昭同。據此，「榮」可訓「屋翼」，則「翼」即可轉訓為「屋榮」。豈今《說文》有佚脫歟？或此處連引《說文》，而於「梁道切」之下，但云「翼，屋榮也」，乃別自為說。因與上文相涉而誤衍「又曰」二字。

31. 裁金璧以飾璫

注引《上林賦》「華榱璧璫」，注：「韋昭曰：『裁金為璧，以當榱頭。』」

案：韋語見《史記・司馬相如傳》集解所引。彼作「裁玉為璧」，此「金」字疑為「玉」之誤。《漢書》亦載《上林賦》，顏注：「璧璫，以玉為椽頭。當即所謂琁題玉題者也。一曰以玉飾瓦之當也。」則知是玉非金。蓋璧从玉，非即玉名也。其形圓，《爾雅》「肉倍好謂之璧」，故云裁玉為璧耳。此注兼金言之，或亦可裁金為璧之形與？注中「當」字無玉旁，則「璫」宜作「當」。《說文》「璫」字在《新附》。

又案：瓦當者，《廣雅・釋器》：「棺當謂之㕁。」王氏《疏證》云：「車前後蔽謂之篕，義與棺當同。㕁通作和。《呂氏春秋・開春論》：『王季葬渦山之尾，欒水齧其墓，見棺之前和。』」桂氏馥《札樸》云：「㕁為棺頭，則瓦當謂瓦頭也。李尤《平樂館銘》：『棼梁照曜，朱華飾當。』」

余謂今人於被頭緣飾，亦曰「當頭」，即瓦當之義。秦、漢瓦當，近多於關中得之，有「長生」、「未央」等文，蓋當時宮殿所遺，出之土中者也。

32. 乘茵步輦

注引應劭《漢官儀》曰：「皇后、婕妤乘輦，餘皆以茵，四人輿以行。」

案：《藝文類聚》《北堂書鈔》《初學記》《太平御覽》諸書《職官部》引此文，俱作「衛宏《漢舊儀》」。宏書本亦名《漢官舊儀》，疑李善因此誤屬應劭也。五臣注：「後宮或因於茵，或載於輦，是乘茵乃行茵褥之上。」《漢書・王莽傳》：「臨久病，朝見挈茵輿行。」顏師古曰：「坐茵褥之上，令四人對舉茵之四角，輿而行。」或謂此病時為然，平時不應有。元李氏治《敬齋古今黈》云：「應劭說於『餘皆以茵』之下始云『四人輿以行』，則茵亦輦轎之屬。《詩》『文茵暢轂』，前漢《周陽由傳》『同車未嘗敢均茵馮』，茵，蓋車中之物，或因以取名也。」

余謂此說固可通，但《周禮・鄉師》注引《司馬法》：「夏后氏二十人而輦，殷十八人而輦，周十五人而輦，輦非止四人。」茵與輦分等差，所云「四人輿以行者」，當專指「茵」言。《漢舊儀》上云：「侍中、左右近臣見皇后如見帝，見婕妤，行則對壁，坐則伏茵。」若茵為輦轎之屬，似與「伏茵」語乖。《漢舊儀》又云：「掖庭令晝漏未盡八刻，廬監以茵次上婕妤以下至後庭，訪白錄所。」婕妤本乘輦，及當御時，亦用茵，以茵為便而易行故耳。苟是輦轎，不應婕妤忽降輦而為茵也。然則小顏四人對舉茵之說，與《漢舊儀》正合。殆宮中本有是制，而莽子臨以病未瘳，許得用之與？

33. 絡以綸連

注引《說文》曰：「綸，糾青絲綬也。」

案：今《說文》「青」上無「糾」字。《急就篇》顏注引有之，與此注正合，章懷注亦同。是唐時本皆有「糾」字，蓋今本之脫字矣。《禮記・緇衣》鄭注：「綸，今有秩、嗇夫所佩也。」疏引張華云：「綸如宛轉繩。」《續漢書・輿服志》云：「百石青紺綸，一采，宛轉繆即糾字也織，長丈二尺。」「百石」，即有秩、嗇夫，見《漢書・百官公卿表》。章懷又云：「綸，或作編」，則字之形似而誤。

34. 金釭銜璧

注引《漢書》：「昭陽宮壁帶為黃金釭，函藍田璧。」又引《說文》：「釭，轂鐵也。」

案：今《說文》「釭」字云「車轂中鐵也。」《方言》曰：「車釭，燕、齊、海岱之間謂之鍋，或謂之錕。自關而西謂之釭。」《廣雅》亦云：「鍋、錕，釭也。」王氏《疏證》謂：「《釋名》云：『釭，空也，其中空也。』凡鐵之空中而受枘者，謂之釭。《新序・雜事篇》淳于髡謂鄒忌曰：『方內內與枘同而員釭』是也。」

余謂此壁帶之金釭，義正同。故《漢書・趙皇后傳》注：「壁帶，壁之橫木露出如帶者也。」於壁帶之中，往往以金為釭，若車釭之形也。晉灼曰：「以金環飾之也」，義甚晰。段氏謂「今俗稱膏燈為釭，亦取凹處盛膏之意」，則展轉而襲其名耳。

35. 釦砌

注引《漢書》曰：「昭陽舍中庭彤朱，而殿上髹漆，砌皆銅沓，黃金塗。」

案：所引見《外戚傳》，「砌」作「切」。師古曰：「切，門限也。」《後漢書・班固傳》於此賦正是「切」字。章懷注同。《說文》「砌」字在《新附》，蓋俗體也，祇當作「切」。《廣雅・釋宮》：「柣、戺、橉，砌也。」王氏《疏證》云：「《爾雅》：『柣，謂之閾。』孫炎注：『門限也。』郭璞音切。《說文》：『榍，限也。』榍與切，古亦同聲。《淮南・氾論訓》『枕戶橉而臥』，是『橉』為『切』也。字亦作『轔』，《說山訓》『牛車絕轔』，《說林訓》『不發戶轔』。高誘注竝云：『楚人謂門切為轔。』」

余謂《廣雅》字雖作「砌」，而仍為「門限」之訓。惟《玉篇》：「砌，階砌也。」其義始混。此賦與「玉階」連言，則當是「切」為「門限」可知。善本加石旁，殊誤。且既引《說文》：「釦，金飾器。」又自言以玉飾砌，與玉階複疊。宋王氏觀國《學林》非之，是也。又今人多以「戺」為階，乃誤會《廣雅》。觀《西京賦》「金戺玉階」，「金戺」，即此「釦切」也。彼賦又云「設切厓隒」，亦指門限而言，字不作「砌」，得之。

又案：《書・顧命》：「夾兩階戺」。某氏傳：「堂廉曰戺，士所立處。」莊氏述祖《五經小學述》云:「《說文》:『𦣝,廣𦣞也。从𦣞,巳聲。』戺,古文𦣝,从戶。《書》之戺,正當作𦣝。凡階皆在堂廉之前,王者內陛,則廉盡階。階在廉內,如人之頤,故曰階𦣝,猶言賓階面、阼階面也。至从戶之戺,別是一字,當入《戶部》。古文戶、𦣞字相近。今本《說文》誤以戺為𦣝字重文,亦以《書》𦣝字,隸古轉寫作戺。不知階𦣝,取義於頤,與戶無涉也。《廣雅》所言戺與砌,皆是門限,則戺非堂廉。戺,从戶,从巳,巳亦聲。巳,止也。與限,从艮同。《玉篇·𦣞部》:『𦣝,與之切。廣𦣞也,長也。』《戶部》:『戺,牀巳切,砌也。』亦作扆,不以戺為𦣝重文。則今本《說文》係後人羼入無疑。」

余謂莊說似合段氏。以𦣝字古文从戶,疑當作从尸。凡人體字多从尸,不當从戶也。此仍泥𦣝、戺一字,而欲改戺之偏傍,不如從《玉篇》分部為得矣。《玉篇》多本之《說文》,是《說文》古本原不以戺為𦣝之重文也。後人以戺為階,殆亦因《尚書》𦣝作戺,連「階」字言而誤。惟戺為門限,故用銅沓冒,黃金塗,謂之金戺。階乃以石為之,玉亦石類,石之美者可稱玉,故曰玉階。戺若是階,豈銅沓、金塗之所得施耶?俗書「切」字加石旁誤,正緣此。至《爾雅》「樞達北方謂之落時,落時謂之扆。」郭注:「門持樞者,或達北檼以為固也。又稱扆、道二名也。」郝氏謂「戺訓砌,蓋別一義。」然門限正所以持樞,特以達北方,有落時之名,非有二義。邵氏《正義》不別,是也。

36. 碝磩綵緻

注引《說文》曰:「碝,石之次玉也。」

案:《子虛賦》「碝石武夫」,張揖亦云:「皆石之次玉者。」而「碝」字,《史記》作「瑌」,《漢書》作「礝」。《山海經·中山經》云:「扶豬之山,其上多礝石。」《爾雅》釋文引應劭注:「礝石出鴈門」,皆作「礝」。《禮記·玉藻》「士佩瓀玟」,又作「瓀」。蓋古从耎之字,多亦从需。而因其為石之次玉,故或从石,或从玉也。注又自為說云:「磩,碝類也。」此特望文生義。《說文》《玉篇》皆無「磩」字。惟《廣韻》《集韻》有之,竝云:「碝、磩,石次玉。」當即本此賦也。

37. 珊瑚碧樹,周阿而生

注引《廣雅》曰:「珊瑚,珠也。」

案：今《廣雅》釋珠之類有珊瑚。王氏《疏證》云：「珠為蚌精之名，亦美石通稱，故字从玉。」《爾雅》：「西方之美者，有霍山之多珠玉焉。」郭注云：「珠，如今雜珠而精好，是珠又為美石之通稱矣。」張氏《膠言》未詳。珊瑚之稱珠，因據《本草》言珊瑚有黑色、碧色者，遂謂賦以「珊瑚碧樹」連言，或碧樹，指珊瑚之碧色者，殆不然。《太平御覽》引《玄中記》云：「珊瑚出大秦西海中，生水中石上。初生白，一年黃，三年赤，四年蟲食敗。」則珊瑚未必為碧色，其碧色者，乃碧玉，非珊瑚也。且今珊瑚多有細如蚌珠者。此賦所云或是珊瑚高柯，與碧樹為二物。或以碧玉為樹，而珊瑚細珠綴其上為華，皆可通也。

38. 後宮之號，十有四位

據注引《漢書》贊。其號曰昭儀，曰婕妤，曰娙娥，曰傛華，曰美人，曰八子，曰充依，曰七子，曰良人，曰長使，曰少使，曰五官，曰順常。又有無涓、共和、娛靈、保林、良使、夜者，同為一位，合之則名十九而位十四。

案：《三輔黃圖》云：「武帝時，後宮八區，有昭陽、飛翔、增成、合歡、蘭林、披香、鳳皇、鴛鴦等殿。後增修安處、常寧、茝若、椒風、發越、蕙草等殿，為十四位。」是以殿名為號。觀此下云：「窈窕繁華，更盛迭貴。」蓋言其人，非言其地。《西京賦》「列爵十四」，明係爵號，當即以十四等，分處各殿，則亦不異也。此賦上文已列殿名，惟「昭陽」別言之，因其特盛耳。中有「鴛鸞」，鴛即鴛鴦，鸞即鳳凰。而注引《漢宮閣名》，「鴛鴦」乃一殿，似稍參差，餘悉同。

39. 命夫惇誨故老

注引《爾雅》曰：「惇，勉也。」

案：《後漢書》「惇」作「諄」。章懷注引《詩・大雅》：「誨爾諄諄」，則「諄」、「誨」字固可聯屬。

余謂《內則》云：「養老乞言，皆有惇史。」注疏訓「惇」為「厚」。「惇」字當本此，於「故老」為合，似作「惇」義亦長也。

40. 周以鉤陳之位

注引「《樂汁圖》曰：『鉤陳，後宮也。』又服虔《甘泉賦》注曰：『紫宮外營，勾陳星也。』然王者亦法之。」

案:《史記・天官書》無「鉤陳」,惟云「中宮天極,後勾四星」,大者象皇后,小者三星象三夫人。《檀弓》鄭注云:「帝嚳立四妃,象后妃四星。」近金氏鶚因謂:「後勾四星,本名后妃,後世改名鉤陳。」然考《星經》,已言「勾陳」,而此賦及《西京賦》「鉤陳之外,閣道穹隆」,竝緣上後宮為說。班、張俱在鄭前,則「鉤陳」之名古矣。金氏又云:「《天官書》以北為前,故以南四星為后妃。後世天文家以南為前,故以南四星為鉤陳。鉤陳為天子兵衛,《晉書・天文志》云:『鉤陳,後宮也』,失之。」

余謂《星經》既云:「勾陳六星,在五帝下,為後宮。」又云:「主天子六軍將軍,又主三公。」《甘泉賦》云:「伏鉤陳使當兵」,即班、張所說,亦謂宮外之周衛。正服注所云:「紫宮,外營也。」然則「鉤陳」固主兵衛矣。

41. 輦路經營,修除飛閣

注引司馬彪曰:「除,樓陛也。」

案:注先引如淳說:「輦道,閣道也。」是閣非觀閣,乃《廣雅・釋室》之「棧閣」也。本書謝靈運《從斤竹澗越嶺溪行》詩注引《通俗文》「版閣曰棧。」蓋如蜀之棧道,施版為之者,故曰「飛閣」。然則「除」亦非階除。《廣雅》又云:「除,道也。」王氏《疏證》引《九章算術・商功章》曰:「負土往來七十步,其二十步上下棚除,棚除二當平道五。」劉徽注云:「棚,閣也。除,邪道也。」此「除閣」義與「棚除」同,而注以為「樓陛」,似失之。「陛」則不得言「修」矣。觀《後漢書》於此文作「修涂」,「涂」、「除」同韻,字形亦相近,愈可見,是道非「陛」也。

42. 自未央而連桂宮,北彌明光而亘長樂

注引《三輔舊事》曰:「桂宮內有明光殿。」又《漢書》曰:「高祖修長樂宮。」

案:《水經・渭水下篇》注云:「未央宮北有玄武闕,東有蒼龍闕。闕內有閶闔、止車諸門。宮北,即桂宮也。周十餘里,內有明光殿、走狗臺、柏梁臺、舊乘複道,用相逕通。」即此下所云「凌隥道而超西墉」,與《西京賦》「閣道穹隆」下亦及長樂、明光、桂宮是也。酈注又云:「明渠逕漢高祖長樂宮北,本秦宮也。周二十里,殿前列銅人,殿西有長信、長秋、永壽、永昌諸殿。」《元和志》云:「未央宮,東距長樂宮一里,中隔武庫。」

余謂《西京賦》薛注既云「明光，殿名」，與酈注暨此李注竝同。而彼處又引《漢武帝故事》，上起明光宮、桂宮、長樂宮，則以「明光」別為宮，非「桂宮」中之一殿。章懷注亦云：「未央宮在西，長樂宮在東，桂宮、明光宮在北。」觀班、張二賦之文，似別為宮者近是。

又案：《漢書・武帝紀》：「太初四年，起明光宮。」顏注引《三輔黃圖》云「在城中」。《元后傳》云：「成都侯商避暑，借明光宮」，蓋謂此。宋王楙《野客叢書》謂漢有兩明光宮。《黃圖》：「一屬北宮，一屬甘泉。屬北宮者，成都侯避暑之處；屬甘泉者，乃武帝造，以求仙而議。」顏注為謬。然顏注明云「在城中」，北宮非城中乎？且甘泉地寒，故武帝以為避暑之所，則成都侯避暑當亦近甘泉可知。王氏之說殊自相矛盾。若《方輿紀要》引《關中記》云：「桂宮，一名甘泉宮，或謂之北宮。」但甘泉自在雲陽，殆非桂宮也。

43. 捉建章而連外屬，設璧門之鳳闕

注引《漢書》曰：「建章宮，其東則鳳闕，高二十餘丈，其南有璧門之屬。」

案：《水經・渭水》注引「《三輔黃圖》曰：『建章宮，漢武帝造，周二十餘里，千門萬戶。其東鳳闕，高七丈五尺，俗言貞女樓，非也。』《漢武故事》云：『闕高二十丈。』《關中記》曰：『建章宮圓闕，臨北道，有金鳳在闕上，高丈餘。』繁欽賦曰：『秦、漢規模，廓然毀泯，惟建章、鳳闕，巋然獨存。雖非象魏之制，亦一代之巨觀也。』又云：『建章宮太液池中有漸台。南有璧門三層，高三十餘丈，中殿十二間，階陛咸以玉為之。鑄銅鳳五丈，飾以黃金。樓屋上椽首，薄以玉璧，因曰璧玉門也。』」《方輿紀要》云：「建章宮在今西安府西南二十里，故上林苑中，其東鳳闕乘高望遠，一名別風闕。」

余謂此賦于「鳳闕」下乃云「內則別風之嶕嶢」，《西京賦》語意畧同，似「別風」非即「鳳闕」矣。

44. 上觚稜

注云：「應劭曰：『觚，八觚有隅者也。』《說文》曰：『稜，柧也。』柧與觚同。」

案：「稜」，俗字。《說文》从木。《後漢書》正作「柧棱」。章懷注引《說文》曰：「柧棱，殿堂上最高之處也。」又《一切經音義》十八引《通俗文》曰：「木四方為棱，八棱為柧。」段氏云：「《通俗文》析言之。若渾言之，則急就奇觚，謂四方版也。」

余謂徐氏鍇云「字書三棱為柧。」《漢書・律曆志》:「算法六觚為一握。」蘇林曰:「六觚，六角也。」《郊祀志》:「八觚，宣通象八方。」師古曰:「觚，角也。」是凡有隅角皆為觚，不限其數。殿制四阿，重屋則八觚。每轉角處必峭上，則最高上必作飛鳥形，故下言「棲金爵」也。

45. 經駘盪而出馺娑，洞枍詣以與天梁

注引《關中記》曰:「建章宮有馺娑、駘盪、枍詣、承光四殿。」注又云:「天梁，亦宮名也。」

案:《後漢書》注引《三輔黃圖》云:「上林有建章、承光等十一宮。」《長安志》引《關中記》亦云:「宮十二，建章、承光等。」是「承光」與「建章」各宮。又《黃圖》云:「駘盪宮，春時景物駘盪滿宮中也。馺娑宮，馬行迅疾，一日遍宮中，言宮之大也。枍詣宮，枍詣，木名，宮中美木茂盛也。天梁宮，梁木至於天，言宮之高也。四宮皆在建章宮。」據此與賦，四者連言，不及「承光」，正合。而《西京賦》「馺娑駘盪」、「枍詣承光」，薛注:「皆臺名。」臺殿可通言，下別舉「天梁」之宮，則與此注合。同一《關中記》，乃所引互異。班、張亦有參差，未知孰是。

46. 虹霓迴帶於棼楣

注引《爾雅》:「楣謂之梁。」

案:《爾雅》郭注云:「門戶上橫梁。」《釋文》:「楣，或作相。」與《說文》「相」字云「門樞之橫梁」合。而《說文》「楣」字別云:「秦名屋櫋聯也。齊謂之簷。楚謂之梠。」是許意以楣為屋邊，相為門梁，各一物。故段氏以今本《爾雅》「楣」為「相」之誤。但徐氏《說文繫傳》云:「門楣橫木，門上樞鼻所附。或連兩鼻為之，以冒門楣也。」則似合為一。郝氏謂:「相、楣，聲亦相轉。經典相俱作楣。《公食大夫禮》云:『公當楣，北鄉。』《喪服四制》云:『高宗諒闇注:諒古作梁。』鄭注竝云:『楣謂之梁。』」是許、鄭義異，故《釋文》兩存其字也。

余謂《廣雅》「楣」亦訓「梠」，蓋本《說文》。而《西京賦》之「雲楣」，注云:「楣，梁也。」是古多以楣為梁者，所傳固不同矣。

47. 步甬道以縈紆

注引《說文》:「縈紆，猶回曲也。」

案：今《說文》：「縈，收韏也。」「紆，詘也。一曰縈也。」竝無此文。蓋「縈紆」本有「回曲」之義。當是李氏所自為說，而引《說文》為下「杳篠」之證，誤以上屬耳。

48. 又杳篠而不見陽

注既上引《說文》，下又曰：「杳，杳篠也。」《廣雅》曰：「窈窕，深也。」「窈與杳同。」

案：「又曰」二字，當為「《說文》曰」三字。上「杳」字為「篠」之譌。今《說文・穴部》「篠」字云：「杳篠也。」其「杳」字則別在《木部》，云：「冥也。从日，在木下。」《廣雅・釋詁三》：「窈篠，深也。」又《釋訓》：「篠篠、窈窈，深也。」字皆作「窈篠」。此注但云「窈與杳同」，而不云「窕與篠同」。豈李氏本亦作「篠」不作「窕」歟？至二字之義，《說文》：「窈，突遠也。」「窕，湥肆極也。」蓋即其「杳篠」之訓。而《魯靈光殿賦》云：「旋室㛹娟以窈窕」，《續漢書・祭祀志》注引《封禪儀記》云：「石壁窅篠，如無道徑」，《西京賦》云：「望窊篠以徑廷《集韻》曰：窊同窈」，數者竝字異而義同也。

49. 前唐中

注引《漢書》：「其西則有唐中數十里《史記・封禪書》亦云：其西則唐中。」如淳曰：「唐，庭也。」

案：「唐中」，當即《詩・陳風》之「中唐」。《逸周書・作雒解》「堤唐」，孔晁注：「唐中，庭道也。」「中唐」之為「唐中」，猶「中庭」之為「庭中」也。邵氏晉涵《爾雅正義》曰：「漢宮室有唐中，取庭之廣直為義。故《西京賦》云：『前開唐中，彌望廣潒。』」

余謂「廣潒」，但狀庭道之形，非竟言水。惟《三輔黃圖》載：「唐中池，周迴二十里，在建章宮、太液池南。」似唐中為池名。殆以古池塘之塘，祇作唐其从土旁者，《說文》在《新附》。《國語・周語》：「陂唐汙庳，以鍾其美」是也。因此遂謂唐為池。果爾，則唐即池矣，何又稱唐中池耶？若《漢書・郊祀志》「唐中」作「商中」，注：「商，金也。」於序為秋，故謂西方之庭為商庭。恐本誤字，而顏師古從而附會之。且唐、商雖異，其以為庭則一也。

50. 巖峻崷崒

注引《說文》曰:「峻,峭高也。」

案:今《說文·山部》「陖」字云:「高也。」重文作「峻」。其《𨸏部》「陖」字云:「陗高也。」此注蓋因峻本从陖,故即以陖之訓為峻之訓也。「峭」與「陗」同。注又云:「崷,高貌也。」此亦就文解義。《說文》無「崷」字,《廣韻》有之,云:「崷崒,山峻皃。」不如《後漢書》作「崔崒」矣。

51. 庶松喬之羣類

注引《列仙傳》曰:「赤松子者,神農時雨師也。服水玉以教神農。」又曰:「王子喬者,周靈王太子晉也。道人浮邱公,接以上嵩高山。」

案:《說文》「趫」字「讀若王子趫」,是「喬」亦作「蹻」。段氏謂:「即太子晉也。又有王喬者,蜀武陽人也。《淮南·齊俗訓》『王喬,赤誦子』,誦同松。顏師古注《王褒傳》『僑松』云『王僑、赤松子。』凡辭賦言喬松者,皆謂王喬,非王子喬。」又本書《游天台山賦》「王喬控鶴以沖天」,葉氏樹藩附注云:「《汲冢書》王子晉謂師曠曰:『吾後三年,上賓於帝所。』師曠歸,未及三年,告死者至,其非仙去,明甚。」焦氏竑曰:「裴秀《冀州記》:『緱氏仙人廟,昔王僑為柏人令,於此登仙。』」世遂以王僑為王子喬耳。此皆分「王僑」與「王子喬」為二。

余謂高誘注《淮南》云:「王喬,蜀武陽人也。為柏人令,得道而仙。」則段與焦所稱一也。但《古詩十九首》有云仙人王子喬,已不單言王喬。蓋自漢以來,遞相傳習,無所區別耳。若《後漢書·王喬傳》為葉令,有飛舄事,乃在顯宗時,更不得相混矣。又,高誘云:「赤誦子,上谷人也。病癘入山,道引輕舉。」亦非《列仙傳》所稱。神仙之說,本茫昧,復何能定其時代乎。

52. 奮泰武乎上囿

案:《後漢書》「泰」作「大」。章懷注云:「大武,謂大陳武事也。」蓋古多以「大」為「太」,而「泰」又通「太」,故此處遂誤作「泰」耳。又《後漢書》於前文「捃建章而連外屬」,無「連」字。此下「耀威靈而講武事」,無「靈」字、「武」字。「連」、「武」皆避上複是也。惟後文「乘鑾輿」,「鑾」為衍字見胡氏《考異》,而《後漢書》亦有之。

53. 備法駕，帥羣臣。披飛廉，入苑門

注引蔡邕《獨斷》曰:「天子出，車駕次第，謂之鹵簿，有法駕。」又《漢書·武紀》曰:「長安作飛廉館。」

案:章懷注云:「天子車駕有大駕、法駕、小駕。大駕，則公卿奉引，備千乘萬騎。法駕，公卿不在鹵簿中，惟執金吾奉引，侍中驂乘。」此蓋本之胡廣《漢制度》。又引《漢書音義》曰:「飛廉，神禽，能致風氣。身似鹿，頭如雀，有角而蛇尾，文如豹文。」於館上作之，因名焉。二條皆足補李注之畧。「飛廉」為禽者，後《東京賦》「龍雀蟠蜿」，薛注云:「龍雀，飛廉也」，與《音義》正合。

54. 遂繞酆鄗

注云:「《說文》曰:『鎬，在上林苑中。』鎬與鄗同。」

案:《說文》之「鎬」，本為㿻器。其云「武王所都，字亦如此。」蓋假借也。此處作「鄗」，殆因涉「酆」字从邑而為之。然「鄗」別為地，見《東都賦》，非此也。「鎬」，一作「滈」。《說文》:「滈，久雨也。」是亦非正字。《廣韻》《集韻》「鎬」、「滈」竝列。鎬為鎬京，滈為水名。實則鎬即水名也。《集韻》謂滈水在鄠，疑非。《水經·渭水下篇》注云:「渭水又東北與鎬水合。水上承鎬池於昆明池北。又北流，西北注與滮池水合。北逕清靈台西，又逕磁石門西，又北注於渭。」而近人洪氏亮吉《府廳州縣圖志》云:「鎬水在今長安縣西北。引《圖經》云:『源出南山谷中，北流逕故長安城西南，注昆明池。又北為鎬池，又北入于灃水。』」似與酈注所入異。趙氏一清謂「豐水和鎬水北流，由禁苑入渭，特二者合流耳。」鎬池者，《寰宇記》引《帝王世紀》云:「鎬池，即周之故都。」《廣記》云:「長安城西有鎬池，在昆明池北，周匝二十一里。蓋地二十三頃。亦曰鎬陂。」《寰宇記》又云:「武王理鎬，今鎬陂是也。自漢武穿昆明池于此，鎬京遺址淪陷焉。」此蓋本《水經注》之說。

55. 期門佽飛

注證期門已悉。又引《漢書》曰:「佽飛，掌弋射。」

案:「佽飛」，本人名。《宣帝紀》:「應募佽飛射士。」注服虔曰:「周時度江，越人在船下負船，將覆。佽飛入水殺之。漢因以材力名官。」如淳曰:

「《呂氏春秋》:『荊有茲非，得寶劒於干將。渡江中流，兩蛟繞舟。茲非拔劒赴江刺兩蛟殺之。荊王聞之，仕以執圭。』後世以為勇力之官。」臣瓚曰:「本秦左弋官也，武帝改曰佽飛。茲、佽音相近〔1〕。官〔2〕有一令九丞，在上林苑中，結矰繳，弋鳧鴈，歲萬頭，以供祀宗廟。」此掌弋射之證也。

【校】

〔1〕據《漢書·宣帝紀》,「茲、佽音相近」句，當屬「後世以為勇力之官」句後。

〔2〕據《漢書·宣帝紀》,「官」字屬「武帝改曰佽飛」後。

56. 猨狖失木

注引《蒼頡篇》:「狖似貍。」

案:《後漢書·班固傳》載此賦。章懷注與此注同。皆以狖為貁。《廣雅》:「貏，貁也。」「狖，蜼也。」王氏《疏證》曰:「《爾雅》釋文引《字林》云:『貁謂之貏。』《眾經音義》二十一引《蒼頡篇》:『貁似貓，搏鼠，出河西。』據此，則貁乃貍屬，非猨狖之狖也。猨狖之狖，自似獮猴，不似貍。」故《廣雅》分二條，字則一从豸，一从犬，所以為別也。兩注竝失之。其以狖為蜼者，《爾雅》:「蜼，卬鼻而長尾。」郭注:「蜼似獮猴而大，黃黑色，尾長數尺，似獺，尾末有歧。鼻露向上，雨即自縣於樹，以尾塞鼻，或以兩指。江東亦取養之，為物捷健。」釋文:「蜼，音誄。」《字林》:「余繡反。或餘季、餘水二反。」「余繡」之音，正與狖同。《淮南·覽冥訓》「猨狖顛蹶而失木枝」，高誘注:「狖，猨屬。長尾而昂鼻。狖，讀如中山人相遺物之遺。」又與「餘季」之音合。是「狖」、「蜼」聲義皆同也。「蜼」，又音誄，故通作貍。《御覽》引《異物志》云:「貍之屬，捷勇於猨，鼻端倒向上，尾端分兩條，天雨便以插鼻孔中，水不入」是也。古者或刻尊彝以象之。《周禮》謂之「蜼彝」。如王說，分「狖」與「貁」甚悉。此注既引《蒼頡篇》，而亦引《淮南》「顛蹶失木」語，是誤合為一矣。《說文》「貁」字云:「鼠屬，善旋。」然「貁」篆厠於貍、貓、貛之後，當是貍屬。豈傳寫者因《鼠部》之歒而誤歟?段氏以貁、狖為一物，而欲改《說文》，注語作「禺屬，善倒縣」，未免武斷。且云:「《周禮》《爾雅》《山海經》有蜼字，許無蜼，貁即蜼也。」今《說文·虫部》明有「蜼」字，云:「如母猴，卬鼻，長尾。」則當云「許無狖，蜼即狖也」方合。段氏於《說文》功最深，乃此注兩不相應，箸書之難如此。

57. 拖熊螭

注引歐陽《尚書說》云：「螭，猛獸也。」

案：《說文》「离」字下別載歐陽喬說：「离，猛獸也」，即此注所引。《尚書說》者，蓋說今文《坶誓》。《史記》作「如豺如離。」「離」、「离」，古字通也。考「螭」有三：一為猛獸，即此是也。字當作「离」，不从虫。一為《東京賦》之「魑魅」。薛注：「山澤之神也。」《左傳》作「螭魅」。《說文》：「离，山神也，獸形。」字亦不从虫。作「魑」者，俗字也。一為蛟螭，《說文》所云「若龍而黃者」是也。字正當从虫，作「螭」，見後《南都賦》。若《上林賦》之「赤螭」，上言蛟龍，則與《南都賦》所稱同一物。而《漢書》注引如淳說「螭，山神也，獸形」，殊誤。顏師古已駁之矣。

58. 乃登屬玉之館

注引《漢書・宣紀》曰：「行幸長楊宮屬玉觀。」

案：「觀」與「館」，同音通用。此所引《漢紀》，在甘露二年。彼文本作「萯陽宮」，非「長楊」。今本李注殆涉下文「歷長楊之榭」而誤也。《方輿紀要》云：「萯陽宮，在今鄠縣西南二十三里，秦惠文王時建。」萯，讀曰倍。注又引服虔曰：「屬玉觀，以玉飾，因名焉。」然觀上文所稱「懸黎垂棘」，及「玉瑱」、「玉階」之類非一，則他處宮觀未嘗不以玉飾，何獨此觀為然？《後漢書》注則引《漢書音義》曰：「屬玉，水鳥也，似鵁鶄。於觀上作之，因以名。」又，《西京雜記》謂「因柏梁災，以水鳥為厭勝」，此說是也。

59. 皣皣猗猗

注引《說文》曰：「皣，草木白華貌。」

案：《說文・日部》「曄」字云：「光也。」《華部》「皣」字云：「草木白華也。」从華，从白，二字迥判而形相似。《後漢書》注：「曄曄猗猗，茂美之貌。」蓋彼處字从「日」也。李善《文選》本則从白，作「皣」。今本字亦从日，而注引《說文》，不可通矣。胡氏克家《考異》本亦未校及此。

又案：《蜀都賦》亦有「曄曄猗猗」語。注云：「已見《西都賦》。」彼處承上「邛竹菌桂，龍目荔枝」而言。其迎冬不凋，則「曄曄」祗當謂茂盛，不得以為白華，字正从日，與此異。而注乃云：「已見《西都賦》」，似此處字亦从日矣。兩注殊乖戾，實則兩宜从日，而此引《說文》誤耳。

60. 鵁

注引《爾雅》曰:「鳽,頭鵁。」郭璞曰:「似鳧。」

案:《說文》「鵁」字云:「鵁鶄也。一曰鵁鸕也。」《上林賦》既云「交精旋目」,下又有「鵁盧」。「盧」,《史記》作「鸕」。是「鵁鸕」與「鵁鶄」為二物。段氏謂「鵁鶄,一名鵁鸕,非也。」《御覽》九百廿八引孫炎曰「烏鵁也。」郭注《爾雅》云:「江東謂之魚鵁,音髐箭。」《本草拾遺》說鸕鷀云:「一種頭細身長,頸上白者,名魚鵁。」李時珍曰:「《爾雅》所謂『鳽,頭鵁也。』是鵁鸕,乃鸕鷀之異種,故亦得鸕名。」郝氏謂:「《史記·賈誼傳》『偭蟂獺以隱處』,《索隱》引《爾雅》此注,是「蟂」即「鵁」矣。郭音髐箭者,嫌讀為鵁鶄之鵁,故音之也。」

61. 鶬鴰

注引《爾雅》:「鶬,麋鴰。」郭璞曰:「即鶬鴰也。」

案:《說文》「鶬」字、「鴰」字竝云:「麋鴰也。」蓋本《爾雅》。「鶬」,重文為鶬。後《上林賦》「雙鶬下」,《史記正義》引司馬彪曰:「鶬,似雁而黑,亦呼為鶬括。」《列子·湯問篇》:「蒲且子連雙鶬於青雲之際」,正《上林賦》所本。顏師古《漢書注》:「鶬鴰,今關西呼為鴰鹿,山東通謂之鶬,鄙俗名為錯落。又謂鴰捋。鴰捋、鴰鹿,皆象其鳴聲。」郝氏謂「捋、鹿聲相轉」,是也。若《韓詩外傳》所稱:「孔子渡江,聞河上人歌曰:『鶬兮,鴰兮,逆毛衰兮,一身九尾長兮。』」則同名而異物矣。

62. 鴇

注引郭璞《上林賦注》:「鴇,似鴈,無後指。」

案:郭說見《漢書注》,顏師古曰:「鴇,即今俗呼為獨豹者也。豹者,鴇聲之訛也。」《正字通》又引陸佃曰:「亦名鴻豹。」《易林》所稱「文山鴻豹」也。《說文》「鴇」字云:「鴇,鳥也。肉出尺胾。」重文為「䲽」。《廣韻》亦作「鳵鴇」。《詩·唐風》「肅肅鴇羽」。《毛傳》:「鴇性不樹止。」《正義》云:「鴇鳥連蹄,樹止則為苦。」《埤雅》曰:「鴇性羣居如鴈,自然有行列。故从𠦂。𠦂,相次也。」

63. 鶂

注引《左傳》杜注:「鶂,水鳥也。」

案：《說文》「鶂」字云：「鶂，鳥也。」引《春秋傳》「六鶂退飛」，事見《僖十六年》。《左傳》作「鷁」，釋文云：「本或作鶃。」《公羊》《穀梁》及《史記・宋世家》俱作「鶃」。《說文》無「鷁」字。「鶂」，即「鷁」也。重文為「鷊」，又為「鵜」，云「司馬相如鶂从赤。」而《上林賦》「濯鷁牛首」，祇作「鷁」。《西京賦》「浮鷁首」，薛注：「船頭象鷁鳥，厭水神。」《左傳》疏引《莊子》云：「鷁之相視，眸子不運而風化。」《博物志》所謂「雌雄相視則孕。或曰雄鳴上風，雌鳴下風，則亦孕」是也。

64. 乘輚輅

注引《埤蒼》曰：「輚，臥車也。」

案：《說文・車部》無「輚」字。《木部》「棧」字云「棚也。竹木之車曰棧。」《廣韻》「輚」字亦引《埤蒼》。《集韻》：「輚，臥車也。一曰兵車，或作轏，通作棧。」左氏《成二年傳》：「逢醜父寢于轏中。」釋文引《字林》云：「轏，臥車也。」杜注：「轏，士車。」《正義》曰：「《周禮》：『巾車，士乘棧車。』」鄭注：「棧車不革鞔而漆之。」「轏」與「棧」字異，音義同耳。《詩・小雅》「有棧之車」，毛傳：「棧車，役車也。」箋云：「棧車輦者。」孔疏：「人輓以行，故謂之輦。」此非士所乘之棧車，亦非庶人所乘之役車。彼不以人輓，故知不同。賦語承上「後宮」，當亦謂人所輓者。有帷蔽，則可臥。段氏謂：「《說文》竹木之車，蓋以竹若木散材編之為箱，如柵然」，故可以施帷蔽與？

65. 招白鷴

注但引《西京雜記》：「閩越王獻高帝白鷴、黑鷴各一雙。」而不言何鳥。

案：《說文》「鷴」字云：「雉也。」段氏謂：「今之鷂鷹。即《夏小正》之弋，弋之字變為鳶。《毛詩正義》引《倉頡解詁》『鳶即鴟也』。」《廣韻》「鷴」字云：「白鷴。」《集韻》「鷴，一作鷳。」既引《說文》「一曰白鷴」，皆不以白鷴為《說文》之雖。或謂《西山經》「播冢之山多白翰。」郭注：「白韓也。」即《爾雅》之「韓雉」。「鷴」，蓋「翰」之音轉，說當近是。若《廣雅》「鷴，鴟」，雖本《說文》，而云「老鵵也。」王氏《疏證》謂「即其上文所云怪鴟，乃鵂鶹之屬，更非此物也。」

又案：《後漢書》「鷴」作「閒」，注云：「招猶舉也。弩有黃閒之名，此言白閒，蓋弓弩之屬。」何氏焯謂「以揄文竿」句例之，當以《後漢書》為正。」孫氏志祖《考異》曰：「《困學紀聞》云：『《御覽》引《風俗通》：「白閒，古弓名。」』」今本《風俗通》無此語。

余謂義得兩通，而章懷注下云：「本或作鷳，謂鳥也。」亦引《西京雜記》，則已不定主弓名之說矣。

66. 撫鴻罿

注引《爾雅》：「繴謂之罿。罿，罬也。」

案：《爾雅》又云：「罬，謂之罦。罦，覆車也。」郭注：「今之翻車也。有兩轅，中施罥，以捕鳥《月令正義》引孫炎云：『覆車是兩轅網』。」《說文・糸部》、《网部》俱本《雅》訓，而「罬」字重文為「輟」，「罦」作「罬」，引《詩》「雉離于罬」，重文為「罦」。《詩》釋文引《韓詩》云：「施羅於車上曰罿。」孔疏於「罦」字引孫炎曰：「覆車網可以掩兔者也。」一物五名，方言異也。今《詩》既言「罦」，又言「罿」，蓋變文以叶韻，實非有二矣。

又案：《後漢書》「罿」作「幢」，注云：「《廣雅》：『幢謂之幬』，即舟中之幢蓋也。」然上文已言「鳳蓋華旗」，不應復及「幢蓋」，則「罿」字是也。章懷注亦云：「本或作罿。」

《文選集釋》卷二

東都賦　班孟堅

1. 功有橫而當天，討有逆而順民

五臣本「功」作「攻」,「討」作「計」。

案:孫氏《考異》云:「此善與五臣兩失之。如上句作『攻』，則下句應『討』；上句作『功』，則下句應『計』。」

余謂《後漢書》正作「功」、作「計」。但以「橫」字觀之，似作「功」為是。「計」與下複，作「討」是也。

2. 憑怒雷震

注引《左傳》:「震雷憑怒。」

案:此文見《昭五年傳》。「震雷」,《傳》作「震電」，即《詩・十月之交篇》所云「震電」也。正文及注「雷」字，蓋皆「電」之誤。後文「驍騎電騖」,《後漢書》「電」作「雷」，當亦誤也。

3. 立號高邑

注引《東觀漢記》曰:「諸將請上尊號皇帝，乃命設壇於鄗之陽千秋亭五成陌。即位，改鄗為高邑。」

案:《漢志》「鄗」屬常山郡。注云:「世祖即位，更名高邑。」《說文》本之。「鄗」，本春秋時晉邑。左氏《哀公四年傳》:「齊伐晉，取鄗」是已。《方

輿紀要》云：「今趙川柏鄉縣北二十二里有故鄗城，若今之高邑縣。則漢房子縣地也。」「鄗」為呼各切，音郭。

4. 遷都改邑，有殷宗中興之則焉

注引《史記》，盤庚之時，殷已都河北。盤庚渡河南，復居成湯之故都。

案：湯之故都，說者不一。《地理志》河南郡偃師縣有「尸鄉，殷湯所都。」鄭注《書序》同。皇甫謐云：「《孟子》湯居亳，與葛為鄰。葛，今梁國寧陵之葛鄉。湯地七十里耳，寧陵去偃師八百里，安有使亳眾為耕，童子餉食之事？蓋殷有三亳，二在梁國，一在河洛之間。穀熟為南亳，即湯都也。蒙為北亳，即景亳，湯所受命也。偃師為西亳，即盤庚所徙也。」《詩・玄鳥》正義則據《中候格予命》云：「天乙在亳，東觀在洛。若亳在梁國，則居於洛東，不得東觀於洛。」此以申鄭而駁謐也。後《括地志》亦云：「穀熟，湯所都；偃師，盤庚所遷。」閻氏若璩《四書釋地》從之。近宋氏翔鳳辨證云：「《盤庚上篇》：『天其永我命于茲，新邑紹復先王之大業。』先王，指湯。是盤庚所都，與湯非二地。《下篇》：『古我先王，將多于前，功適于山。』此亦指湯之遷亳，適于山者。《書・立證篇》『三亳』，鄭注：『東成皋，南轘轅，西降谷也。』依山地高，則無河圮之患。盤庚鑒圮耿之事而復湯舊都。故舉湯都，依山以為驗也。」

余謂湯都在偃師。既舊說皆然，而《詩正義》又謂謐之言非無理。惟徐氏文靖《竹書統箋》云：「湯即位居亳，蓋南亳也。《書序》曰：『自契至于成湯，八遷，從先王居，作《帝告》告，《史記索隱》：一作俈，即嚳字、《釐沃》。』此則從克夏歸亳之後，復遷于偃師之亳，為帝嚳舊居，故曰『從先王居』也。」即《史記正義》之說。如是庶于《孟子》《史記》《書序》俱可不背矣。閻氏《尚書疏證》又以為「放太甲于桐」，桐在今虞城，去偃師亦遠。然《括地志》明云：「偃師縣東六里有湯冢，近桐宮。」此固不足以相難也。

又案：湯都說異，而盤庚之遷偃師則無異。近馮氏景《解春集》獨以盤庚將治亳，殷為北亳，非西亳。陳氏逢衡遂援《竹書》「盤庚十四年，自奄遷于北蒙，曰殷，即景亳」以實之，亦見《路史・國名紀》。其說甚新，但謂「湯有景亳之命，因避昆吾之伐，遂暫居焉。自帝癸二十八年迄三十一年，皆居於此。自是又歷二百五十九年，盤庚復自奄遷于殷，故《史》曰：『復居成湯之故居也。』」此則未免臆度之詞，殆非的義。

注又云：「謂盤庚為宗，班之誤歟。」

案：《史記・殷本紀》：「太甲稱太宗，太戊稱中宗，武丁稱高宗。」而盤庚未聞，故注以為誤。但凡祖廟曰宗廟，《詩》：「惠于宗公」，毛傳：「宗公，宗神也。」《說文》言《周禮》有「郊宗」、「石室」。古無廟號，稱宗不稱宗之異，文或亦可通言之歟？

5. 正雅樂

注引《東觀漢記》孝明詔云：「《璇璣鈐》曰：『有帝漢出，德洽作樂，名雅會。』明帝改其名，郊廟樂曰大予樂，正樂官曰大予樂官，以應圖讖。」

案：《困學紀聞》云：「雅樂，當作予樂。蓋五臣本改為雅樂耳。《漢書・明帝紀》注引《漢官儀》曰：「大予樂令一人，秩六百石。」顏延之《曲水詩序》「大予協樂」，注亦引《東觀漢紀》語。」

余謂漢樂既本名「雅會」，明帝乃改之，則正者，言改而正之也。似作雅樂，文氣自順。然《後漢書》作「正予樂」，注云：「依讖文，改大樂為大予樂」，亦無「雅會」之名。《文選》與范書本間有異同也。

6. 制同乎梁鄒

注引《毛詩傳》曰：「古有梁鄒。梁鄒，天子之田也。」

案：「鄒」，《後漢書》作「騶」，同音通用字。彼注所引為《魯詩》。後《魏都賦》注引同此。作毛則傳寫誤耳。《賈子新書》曰：「禮者，臣下所以承其上也。騶者，天子之囿。虞者，囿之司獸也。虞人翼五豝，以待一發，甚尊其主。」《焦氏易林》云：「五軛四國，優得饒有。陳力就列，騶虞悅喜。」正與《射義》所謂「樂官備」者相合。而毛以騶虞為仁獸，其說獨異，見後《東京賦》。

又案：《周禮》疏引《異義》韓、魯說「騶虞，天子掌鳥獸官」，二字不分言之，與《新書》亦微別，且以知韓同於魯矣。

7. 鳳蓋棽麗

注引《說文》曰：「棽，大枝條。」

案：今《說文・林部》作「木枝條」。「棽，儷皃。」又《人部》「儷」字云「棽，儷也。」段氏謂：「棽儷者，枝條茂密之皃，借為上覆之皃。」

注又引《七畧》：「雨蓋棽麗」，「麗」與「儷」同，力支切。張揖《大人賦》

注：「林離，摻攦也。」「摻攦」，所林、所宜二反。蓋即「槮儷」是也。胡氏《考異》云：「注中『條』字下，袁本、茶陵本有『槮灑也』三字。」

余謂「灑」當為「儷」之誤。《後漢書》則作「鳳蓋颯灑」。

8. 寢威盛容

注云：「寢威，寢其威武也。寢或為侵。」

案：《後漢書》作「祲」，注云：「祲，亦盛也。」「祲」乃「侵」之假借。《釋名・釋天》：「祲，侵也。」《說文》：「侵，漸進也。」與「盛」義近。蓋侵之言駸駸也，駸駸有漸盛意。「寢」又「侵」之同音字耳。此處正言儀容之盛，不當作寢息解，注似非。《魏都賦》引此正作「祲威」。

9. 猋猋炎炎

注引《說文》曰：「猋，火華也。」

案：段氏謂：「古書猋與猋二字多互譌。如曹植《七啟》『風厲猋舉』，當作『猋舉』。此賦『猋猋炎炎』，當作『猋猋炎炎』。《楚辭・九歌》『猋遠舉兮雲中』，王逸注：『猋，去疾皃也。』李注幾不辨二字。」

余謂此處「猋猋」與「炎炎」同義，不應連言，故宜作「猋猋」，疾走則其炎炎之狀愈見光采也。但複疊語，古多有之。注單引《說文》亦可通。若《七啟》，本書正作「猋舉」，而注引《楚辭》並王注，「猋」亦俱作「猋」，下又兼引《說文》，是直以二字為一字矣。

10. 勒三軍

注無所釋。《後漢書》注云：「《周禮》鄭注：『天子六軍，三居一偏。』故此言『勒三軍』也。」

案：此鄭注見《大司馬職》，彼云：「三三而居一偏。」疏謂：「三三者，非如演算法，三三而九。直是兩箇三，為三而復三也。」考《小司徒》言「田與追胥竭作」，是田獵宜有六軍。「虞人為表，百步則一，為三表，又五十步為一表。」

易氏祓曰：「或謂三表相距各百步，每表各六十丈，何以容大閱之眾。若以開方論其勢誠窄，若據『虞人萊所田之野』，則迥野，左右何有紀極。鄭氏謂『左右之廣，當容三軍』，此指一旁而言。若左右兩旁，當容六軍。又云『步數未聞』，則六軍分行，左右開張，取其容六軍之眾，不以步數拘也。如此則地勢廣袤，豈止容六軍而已。」所解甚晰，然則此「三軍」，舉一偏言之，義正合章懷注，可以補李氏之不及。

11. 范氏施御

注引《括地圖》曰：「夏德盛，二龍降之，禹使范氏御之以行，經南方。」

案：本書陸佐公《石闕銘序》注引《博物志》云：「夏德盛，二龍降之，使范成克禦之以行域外。」與此畧同，而姓名畢具。《困學紀聞》謂《括地圖》說本之《左傳》所稱「御龍氏」。蔡墨言其事孔甲非禹也。何氏焯并以「晉主夏盟，始為范氏」駁之。但《圖志》相傳，自古賜姓，始于黃帝，未必禹時，遂無范氏其人。《括地圖》亦不定本《左傳》，即謂晉之范氏在後，而推其先，以後代之氏稱之，似可通也。盧氏文弨則云：「范氏，古善御者。引《孟子》『吾為之範我馳驅』。孫宣公《音義》：『範我，或作范氏。』」

余謂此說不始於宣公。《後漢書》章懷注云：「范氏，趙之御人也。」引《孟子》正作「范氏馳驅」。是必古本有作「范氏」者矣。惟章懷以為趙人，似因王良而傅會之。安知王良之言非即如《括地圖》、《博物志》所云者乎？若善注兼引《孟子》仍作「範我」，則為下「詭遇」字證耳。

又案：桂氏《札樸》云：「范當為笵。笵，法也。馳驅有法，故曰笵氏，與《考工記》稱某氏同。後之世其業者，即為笵姓。所見古銅印笵姓，皆从竹。隸體竹、艸不分，今為从艸之范矣。」如此說，則范氏但為善御者，人無專屬，不必如《博物志》之實指姓名也，義自可通。

12. 弦不睼禽，轡不詭遇

注引《說文》曰：「睼，視也。」

案：孫氏《補正》云：「睼不當作『視』解。『睼』與『題』通。《爾雅》郭注云：『題，額也。』」此說是。《廣雅・釋天》言「隸兵」云：「不題禽，不垝遇。」王氏《疏證》曰：「題禽，謂迎禽而射之。垝遇，謂旁射也。垝，或作詭。《孟子》趙注：『橫而射之曰詭遇。』《詩毛傳》：『面傷不獻，翦毛不獻。』《正義》云：『面傷，謂當面逆射之。翦毛，謂在旁而逆射之。不獻者，嫌誅降，即不題禽，不垝遇之謂也。』《說苑・修文篇》云：『不抵禽，不詭遇。』『抵』與『睼』，皆與『題』通。」

余謂「睼」字，《後漢書》作「失」。蓋本《易・比卦》「王用三驅，失前禽。」左氏《桓四年傳》正義引鄭注云：「失前禽者，謂禽在前來者，不逆而射之，旁去又不射，唯背走者順而射之。」是其義，亦與此同也。

13. 南燿朱垠

注引《甘泉賦》曰：「南煬丹崖」。

案：「燿」與「煬」義相近，故此作「燿」。《後漢書》作「趯」，注云：「躍也。」上句言「北動幽崖」，「躍」亦「動」之義。《漢書·李尋傳》「湧趯邪陰」，顏注：「趯與躍同。」蓋義得兩通，但此語實本子雲作「燿」是也。

14. 遂綏哀牢，開永昌

注引《東觀漢記》曰：「以益州徼外哀牢王率眾慕化，地曠遠，置永昌郡。」

案：《續漢志》永昌郡下云：「明帝永平二年，分益州置。」又，「哀牢，永平中置，故牢王國。」《後漢書·西南夷傳》云：「建武二十七年〔1〕，哀牢王賢栗率種人詣越巂太守鄭鴻降，光武封為君長。永平十二年，哀牢王柳貌遣子率種人內屬。顯宗以其地置哀牢、博南二縣，割益州郡西部都尉所領六縣，合為永昌郡。」《續志》作「二年」，蓋脫「十」字。《方輿紀要》云：「今雲南永昌府保山縣有永昌城及哀牢廢縣。」

【校】

〔1〕「二十七年」，《後漢書》作「二十三年」。

15. 食舉雍徹

注引《禮記》曰：「客出以《雍》徹。」

案：此出《仲尼燕居篇》：「客出以《雍》，徹以《振羽》。」「徹」字屬下讀。彼所云《振羽》，即《振鷺》，言禮畢徹器之時，歌《振鷺》也。似李氏斷句為誤。宜引《論語》「以雍徹」及《周禮·樂師》「帥學士而歌徹」。鄭注：「徹者歌《雍》，《雍》在《周頌·臣工》之什。」

又案：《禮記》鄭注云：「《采齊》《雍》《振羽》，皆樂章也。」《振羽》《振鷺》及《雍》，觀「及《雍》」二字，似《振羽》連上《雍》言之。或本作「以《雍》徹」為句，「以《振羽》」為句，唐以前有如是讀者與？但孔氏亦唐初人，疏不爾也。

16. 僸佅兜離

注引《孝經鉤命訣》曰：「東夷之樂曰佅，南夷之樂曰任，西夷之樂曰株離，北夷之樂曰僸。」又《詩毛傳》「佅」作「韎」，「株離」作「朱離」，「僸」作「禁」，餘同。

案：《明堂位》孔疏云：「《白虎通．樂玄語》曰：『東夷之樂曰朝離，萬物微離地而生，樂持矛舞，助時生也。南夷樂曰南，南，任也。任養萬物，樂持羽舞，助時養也。西夷樂曰味，味，昧也。萬物衰老，取晦昧之義也。樂持戟舞，助時殺也。北夷樂曰禁，言萬物禁藏，樂持干舞，助時藏也。』」此東曰佅，西曰株離，與《白虎通》正相反者。以東、西二方俱有昧、株離之義。故《白虎通》及此各舉其一。《白虎通》云「朝離則株離也。」考今本《白虎通》作「南夷之樂曰兜，西夷之樂曰禁，北夷之樂曰昧，東夷之樂曰離。」與孔疏所引殊多參差。盧氏文弨依疏校改，是也。

余謂「南」、「任」聲近可通，彼已釋之。而「兜」不得與「南」、「任」通。「兜離」乃一樂名，即「朝離」。「朝」與「株」、「朱」、「兜」竝聲相近。「兜」與「朱」近者，《尚書》「驩兜」，《山海經》或作「驩朱」。《後漢書》注亦云：「《周禮》『兜』作『株』也。」此賦獨遺「南夷」，殆以便於行文，不必備舉。猶之《明堂位》祇云：「昧，東夷之樂。任，南蠻之樂。」而孔疏以為「言夷蠻，則戎狄從」可知也。後人因《白虎通》亦孟堅所譔，疑此處四字分屬四方。遂改為「南夷之樂曰兜」，而豈知孔疏所引固舊本可據耶。假令「兜」是南夷之樂，《白虎通》下文何以釋「南」而不及「兜」，其不然明甚。近汪氏師韓《文選質疑》顧謂「注中闕『兜』字未釋，『兜』，即『任』也。」張氏《膠言》又謂「李注正以南夷之任釋兜。」是皆未識古人同音假借之義矣。若「僸」，《後漢書》作「伶」，注云「禁，字書作伶。」此亦同音字。而盧氏引《五經要義》「西禁北昧」又相反。《通典》從之，特所傳各異耳。

17. **降烟熅，調元氣**

注引《周易》曰：「天地絪縕，萬物化醇。」

案：《後漢書》正作「絪縕」。章懷注云：「陰陽和一，相扶貌也。」蓋本之《典引篇》「烟烟熅熅」。蔡注：「是絪縕與烟熅同。」故《廣雅．釋訓》亦云：「烟烟熅熅，元氣也。」本書如《魯靈光殿賦》「含元氣之烟熅」，張注：「烟熅，天地之蒸氣也。」《思玄賦》「天地烟熅」，舊注：「烟熅，和貌。」語皆一例。

又案：《說文．壺部》引《易》曰：「天地壹壼」，壹字別為部首，「从壺吉，吉亦聲。」壹字云：「壹壺也。从凶，从壺。」許所據者，《孟氏易》。是「壹壺」，其本字今《易》作「絪緼」，他書作「烟熅」，或作「氤氳」，皆俗字也，同聲通用耳。

18. 登降飫宴之禮既畢

注引《詩》：「飲酒之飫。」毛傳：「不脫屨升堂謂之飫。」薛君《韓詩章句》曰：「飲酒之禮，下跣而上坐者謂之宴。」

案：《常棣》詩語。毛作「飫」，韓作「醧」。《說文》：「醧，私宴歓也。」《初學記》引《韓詩》曰：「夫飲之禮，不脫屨而即序者謂之禮段云：「禮當作飫」。跣而上坐者謂之宴。能飲者飲，不能飲者已，謂之醧。」《周語》曰：「禮之立成者為飫。王公立飫，則有房烝。親戚燕饗，則有殽烝。飫以顯物，燕以合好。」韋注：「立曰飫，坐曰宴。」《詩正義》引《燕禮》云：「皆脫屨乃升堂」。《少儀》云：「堂上無跣，燕則有之。」是飫，不脫屨；醧、燕則跣，二禮本分。毛與韓異者，段氏以「醧」為正字，「飫」為音近借字，是也。毛傳「不」字，段又斷為「後人妄增」。

余謂毛云「不脫屨升堂」乃釋「飫」之本義。而先云「飫，私也。」本之《爾雅・釋言》，以明「飫」之為假借也。觀下《傳》云：「王與親戚宴，則尚毛。」其以為宴而非飫之正禮可知。《說文》「醧」下不引《詩》。《食部》：「餱，燕食也。」引《詩》「飲酒之餱。」蓋許意凡私宴飲亦得稱餱，猶之《王制》疏云：「飫即謂饗。」而《國語》「親戚燕饗」，「燕」亦稱「饗」，對文則別，散文則通也。此注「下跣而上坐」，尤氏宋本如是。「下」或作「不」字，形相近。段云「不為衍字」。但善注若作「不跣」，即不應言坐，當謂堂下跣而升上坐，於義似通。至班賦正文「飫宴」竝言，故注分釋之，二禮可以兼舉。「飫」不必為「醧」，惟後《魏都賦》「愔愔醧燕」，張載注引《韓詩》「醧」字之訓，則專屬「宴」言矣。

19.《辟雍詩》「皤皤國老」

注引《說文》：「皤，老人貌。」

案：此與《易・賁卦》釋文引正同。今《說文》作「老人白也。」當由「貌」本作「皃」，脫去下「儿」，即為「白」。可據此即《易》釋文，正今本之誤。段氏乃謂「老人色白與少壯之白皙不同，故以次於皙」，殊屬強辭。老人色不應白，故稱黎老。若是白字，則宜云頭白。故「皤」字重文从頁，作「顴」。段氏亦以為「白髮稱皤」也。

又案：《玉篇》「䒳」字云「赤白」。《一切經音義》引《字林》：「䒳，赤皃。」則《玉篇》之「白」當是「皃」，亦脫筆也，與此正同。

20.《靈臺詩》「祁祁甘雨」

注引《毛詩》：「興雨祁祁。」

案：今《詩》「祁」作「祈」，以形似而誤。釋文云：「興雨，如字。本或作興雲，非也。」阮宮保元《校勘記》曰：「考此經，本作『興雲』。《顏氏家訓》始以為當作『興雨』，《釋文》《正義》《唐石經》皆從其說也。段玉裁云：『《說文》：「淒，雨雲起也。」「渰，雨雲貌。」「雨雲，謂欲雨之雲。」凡大雨之來，黑雲起而風生，風生而雲行，所謂「有渰淒淒」也。已而風定，白雲彌天，雨隨之下，所謂「興雲祁祁，雨公及私」也。作「興雨」於物理、經訓兩失之。』又《呂氏春秋》《食貨志》《隸釋》《無極山碑》《韓詩外傳》皆作『興雲』，見臧氏琳《經義雜記》。若《鹽鐵論》《後漢書・左雄傳》作『興雨』，當是後人以顏說改之耳。」

余謂《呂氏春秋》所引見《務本篇》。高誘注云：「陰陽和，時雨祁祁，然不暴疾也。」畢氏沅校云：「觀注意，似亦本作『興雨』，且《顏氏家訓》以孟堅此詩為證。『雨』字是韻，則不得云後人所改與？《食貨志》班一人之書，已兩處互異，殆漢時原有二本。錢氏大昕《漢書攷異》據《韓奕篇》『祁祁如雲』，謂經師傳授有異，非轉寫之訛，是已。」

21. 百穀蓁蓁

注引《韓詩》「蓁蓁者莪」。薛君曰：「蓁蓁，盛貌。」

案：今《詩》作「菁菁」。《釋文》不言「一作蓁蓁」，而云「菁菁，盛貌。」本之毛傳，與薛君訓同。但《桃葉》詩已有「其葉蓁蓁」，李何不引前而引後也？《集韻》又引李舟說作「蓳蓳」，「菁」與「蓳」音亦同。《後漢書》則於此文作「百穀溱溱」。

22.《白雉詩》「獲白雉兮效素烏」

注引《後漢書》：「永平十年，白雉出。」《東觀漢記》章帝詔曰：「乃者白烏神雀屢臻。」

案：據注所引，是當時實兩者並頌。章懷注謂「固集此題篇云《白雉素烏歌》」，故兼言「效素烏」是也。

23. 嘉祥阜兮集皇都

案：《後漢書》無此句。孫氏《考異》謂「此與《寶鼎詩》章句相同，不應多一句。」然二首上下換韻，本非一例。古詩章句何必多寡齊一，或是蔚宗所刪，論其文氣，仍似有者為長。

西京賦　張平子

24. 桃林之塞

注云：「《左傳》：『以守桃林之塞。』桃林，在弘農閿鄉閿，當作閺南谷中。」

案：所引係《文十三年傳》「晉侯使詹嘉處瑕，以守桃林之塞。」桃林在閿鄉。而「瑕」，即《僖三十年傳》所謂「許君焦瑕」者。江氏永《春秋地理考實》云：「《水經注》：『河南解縣西南五里有故瑕城，晉詹嘉故邑。』則瑕在今之解州，與河南桃林塞相近。故詹嘉處瑕，亦可守桃林之塞也。」又《成六年》：「晉人謀去故絳。諸大夫曰：『必居郇瑕氏之地。』」郇與瑕皆在解，杜注併為一地，非是。《方輿紀要》云：「今蒲州臨晉縣有故解城，又有郇城、瑕城。」

余謂閿鄉，本漢湖縣地，後漢屬弘農郡。故《續志》弘農縣下有桃邱聚，即桃林。劉昭注引《博物記》以為在湖縣休與之山。而《中山經》云：「夸父之山，其北有林焉，曰桃林。」山今在閿鄉縣東南，疑休與、夸父，一山二名矣。《水經・河水四篇》注「河水經閿鄉城南」，下引《述征記》曰：「桃原，古之桃林，周武王克殷休牛之地。《西征賦》『咸徵名於桃園』者也。」《元和志》引《三秦記》曰：「桃林塞在長安東四百里。若有軍馬經過，好行則牧華山，休息林下。惡行則決河漫延，人馬不得過。」又《寰宇記》云：「自靈寶以西至潼關，皆桃林地。」潼關屬華陰，故《左傳》杜注「桃林在弘農華陰縣東潼關」，是矣。靈寶縣，今亦隸陝州，本漢弘農郡治。隋開皇中，曾析置桃林縣。

25. 巨靈贔屓

薛注云：「贔屓，作力之貌也。」

案：後《吳都賦》：「巨鼇贔屓，首冠靈山。」劉注：「贔屓，用力壯貌。」與薛注同。「贔」，俗字，依《說文》當作「奰」，云：「壯大也。从三大三目。二目為䀠讀若僞。三目為奰，益大也。」《詩·大雅》：「內奰於中國」，奰，从一大，省耳。《毛傳》「不醉而怒曰奰。」《正義》引此賦語正作「奰」，云：「奰者，怒而目作氣之貌。」義竝相近。「屓」亦或作「屭」，皆俗訛。《說文》作「眉，臥息也。」段氏云：「眉之本義為臥息。《鼻部》所謂鼾也。用力者必鼓其息，故引伸之為作力之皃。」

余謂《淮南·墬形訓》「食木者多力」，而「奰」是作力之義也。又《類篇》：「贔屭，鼇也。一曰雌鼇為贔。」《本草》：「贔屭，大龜，蟕蠵之屬。好負重，或曰䖸蝮。」今石碑下龜趺，象其形，殆因其能作力而為之名與？

26. 高掌遠蹠

善注引楊雄《河東賦》曰：「河靈矍踢，掌華蹈襄。」

案：《漢書·雄傳》「掌」作爪。《說文》：「爪，丮也。覆手曰爪。」「爪亦丮也。从反爪。闕。」段氏云：「闕者，其讀不傳。後人肊為說曰諸兩切。蓋以覆手反之，即是掌也。」蘇林注《漢書》曰：「掌據之，足蹈之也。」云「掌據之」，正合「丮，持」之訓。而小顏云：「爪，古掌字。」酈注《水經·河水篇》及此注竝引作「掌」。則自蘇林已後，皆讀掌也。

余謂《說文》「掌，手中也。」《廣雅·釋詁》：「掌，主也。」凡《周禮》官名掌某者，皆「主」義，與「丮」訓別。故許書分二部。但《詩·小雅》「或王事鞅掌」，箋云：「掌，謂捧之也。」捧持，即丮持矣。且爪與爪有覆手、仰手之異，則以爪為掌，固通。平子賦亦云「高掌」也。若《廣韻》又作「仉」，乃俗體耳。「襄」或作「衰」，《漢書·郊祀志》「祀名山曰華山、薄山。」薄山者，襄山也。顏注：「薄山在河東，一曰在潼關北。」

27. 於前則終南太一

薛注云：「二山名也。」善注云：「《漢書》曰：『太一山，古文以為終南。』《五經要義》曰：『太一，一名終南山，在扶風武功縣。』此云終南、太一，不得為一山明矣。蓋終南，南山之總名。太一，一山之別號耳。」

案：胡氏《考異》謂：「袁本、茶陵本於薛注作『終南、太一二名也』，無『山』字。於善注無『不得為一』四字。」案：無四字不成語，胡氏謂本有脫文，尤氏校添。又釋之云：「二名也者，謂一山有二名。」是意主終南、太一為一山之說。然後《西征賦》「面終南而背雲陽」下又言「太一巃嵸」。善彼注云：「《漢書》武功山有太一，古文以為終南。」此賦下云「太一」，明與終南別山。《西京賦》於前則終南、太一，二山明矣。則善意固以為二山，非如《考異》所云也。胡氏《錐指》亦以為二山。引《水經・渭水中篇》注云：「太一山，亦曰太白山，在武功縣南，去長安二百里，不知其高幾何。俗云『武功、太白，去天三百。』杜彥達曰：『太白山南連武功山，於諸山最為秀傑。冬夏積雪，望之皓然。』」是《錐指》謂太一即太白，非終南也。但酈注上亦引《漢志》「太壹山，古文以為終南。」又云：「杜預以為中南也，亦曰太白山。」則酈氏原不以為二山。

余謂《方輿紀要》言「終南山在今西安府南五十里，亘鳳翔、岐山、郿縣、武功、盩厔、鄠縣、長安、咸寧、藍田之境。」引《三秦記》云：「東西八百里，山既綿長如此，則雖合之為一山，而隨地異名，即可分之為二山。」《紀要》又引《括地志》：「終南山，一名南山，一名周南山。」此其名之相似者也。下又云：「一名橘山，一名楚山，一名秦山即秦嶺，一名地肺山。」何獨終南一山，名稱繁多，當亦是隨所在名之。然則終南之或云一山，或云二山，又何疑焉？若《漢志》垂山，古文以為惇物，與上終南竝列。而《錐指》乃云「太一垂山」，皆《禹貢》之「惇物」。「垂山」，即太一之北峰，無二山也。後人又以太一之南為「武功」，其北為「太白」，在《禹貢》則總為「惇物」，是不以終南合太一，而轉以太一合垂山，尤與《漢志》相悖。至程大昌《雍錄》謂「終南惇物」四字為一山，則《錐指》已駁之矣。

又案：《淮南・俶真訓》云：「孟門終隆之山，不能禁。」高誘注：「終隆，則終南山，在扶風。」莊氏逵吉校云：「古讀隆為臨。《詩》：『與爾臨衝』，《韓詩》作『隆衝』。後漢殤帝諱隆，改隆慮縣為臨慮，亦是南、臨同聲。」因之，又以「終南」為「終隆」也。

28. 抱杜含鄠

案：《廣韻》引《西京記》「抱土含扈」，蓋即此句。「記」，殆「賦」之誤。古「土」、「杜」字通用。《毛詩》「桑土」，《韓詩》作「桑杜」是也。《廣韻》：「扈，侯古切，音戶。」吳氏志伊《字彙補》謂與「鄠」同。據姚察《史記訓纂》，「戶」、「扈」、「鄠」，三字一也。其從虎者，音相近耳。《集韻》又作「虖，呼古切。」與扈實一字。《說文》：「鄠，右扶風縣也。」前後二《志》同。今西安府鄠縣北二里有故鄠城，即古扈國也。

29. 蔕倒茄於藻井

善注引《聲類》曰:「蔕,果鼻也。」

案:《說文》:「蔕,瓜當也。」二者正合。而《老子》「深根固柢」,「柢」亦作「蔕」,則「蔕」當為「柢」之假借也。

「茄」,薛注云:「藕莖也。」

案:《爾雅》:「荷、芙蕖,其莖茄,其根藕。」《說文》即本《爾雅》。惟藕从水,為蕅。似注「藕」字當是「荷」。但「茄」亦作「荷」。《詩・澤陂》箋:「芙蕖之莖曰荷。」陸氏璣《疏》同。《正義》據樊光注有「蒲」與「茄」。蓋三家詩「茄,居何切」,古與「荷」通也。《說文》引杜林說,以蓮為藕根,乃其異名耳。而郭氏《爾雅音義》云:「蜀人以藕為茄。」又云:「北方人以藕為荷。」故此注釋「茄」,亦可謂「藕莖」矣。

30. 玉碣

注引《廣雅》:「碣,礩也。」云:「碣與舄,古字通。」

案:今《廣雅》:「礎、碩,礩也」中脫「碣」字,而此注及後《景福殿賦》注,又《集韻》《類篇》所引皆有之。王氏《疏證》曰:「《眾經音義》十八引《淮南》許注云:『楚人謂柱碣曰礎。』碣之言藉也,履謂之舄。義與此同。《墨子・備城門篇》:『柱下傳舄』,舄即碣也。」

31. 繡栭

注云:「栭,斗也。」

案:《說文》「栭」字云:「屋枅上標也。」引《爾雅》:「栭謂之楶楶,子結切,音節。即《論語》《禮記》之山節,蓋同音借字也。」

又云:「楶,欂櫨也。」「欂櫨,柱上枅也枅又謂之栱,一物數名,見後《魏都賦》。」郝氏謂:「《禮器》《明堂位》正義引李巡云:『栭謂欂櫨也,一名楶。皆謂斗栱也。』斗栱,言方木似斗形而拱承屋棟。故《釋名》云:『斗在欒兩頭,如斗也。斗負上員穩也。』」似「栭」、「枅」非二物。段氏則謂張載注《靈光殿賦》曰:「栭,方小木為之,栭在枅之上。枅者,柱上方木。斗又小於枅,亦方木也。然後乃扛梁焉。『靈光層櫨曲枅』之下曰『芝栭攢羅』,又《景福殿賦》『蘭栭積重』之下曰『欑櫨各落』,此可證栭與枅非一物。《爾雅》渾言之,許則析言之也。」

余謂《說文》既引《爾雅》而先言「栭為枅上標」，是亦謂栭即枅，但為其標耳，枅則言其本也。

32. 鏤檻文棍

善注引《聲類》曰：「棍，屋連綿也。」

案：《說文》：「棍，梠也。」又云：「櫋，屋櫋聯也。」《釋名》曰：「梠，或謂之櫋。櫋，緜也。緜連榱頭使齊平也。」是「連緜」即「櫋聯」之義，皆謂屋檐也。此處「文棍」承上「鏤檻」而言。則段氏云「軒檻之飾，與屋梠相似者」是也。注引王褒《甘泉頌》「編瑇瑁之文棍」，亦正謂此。但注與屋檐混而為一，則非。

又案：《方言》：「屋梠謂之櫺。」郭注：「即屋檐也。」《廣雅》「檐」、「櫺」皆訓「梠」，而「梠」與「棍」為一。「櫺」本「檻」之稱，既以「櫺」為「梠」，則亦可以「棍」為「檻」，義得通矣。

33. 丹墀

注引《漢官典職》曰：「丹漆地，故稱丹墀。」

案：《說文》：「墀，涂地也。禮天子赤墀。」段氏云：「蓋出《禮緯含文嘉》之文。《爾雅》地謂之黝。然則惟天子以赤飾堂上而已，故漢未央殿青瑣丹墀，後宮則玄墀而彤庭也。《魏都賦》注：『丹墀，以丹與蔣離合用塗地也。』『蔣』疑是『將』字。」

余謂《漢書・梅福傳》「涉赤墀之塗」，應劭注云：「以丹漆泥塗殿上也」，與此注正合。皆言「塗地」，後人但為「階墀」之稱耳。

34. 設切厓隒

注引《說文》曰：「隒，厓也。」

案：《廣雅》即本《說文》。王氏《疏證》云：「《爾雅》：『重甗，隒。』孫炎注：『山脊有重岸也，水厓亦謂之隒。』《王風・葛藟》傳：『以漘為水隒』，是也。」觀此賦語，則殿基亦借斯稱矣。隒之言廉也，《鄉飲酒禮》「設席于堂廉」，鄭注：「側邊曰廉」，是其義也。

余謂「切」為門限，已見《西都賦》。門限乃堂之邊際，故以「厓隒」言之。《書・顧命》「夾兩階戺」，傳云：「堂廉曰戺。」「戺」，从戶，亦門限也。

35. 坻崿

注引《廣雅》曰：「山坻，除也。」

案：「山」字誤衍。王氏《疏證》云：「《說文》：『除，殿陛也。』《漢書．王莽傳》『莽自前殿南下椒除』，顏注：『除，殿陛之道也。』除之言敘也，階級有次敘也。坻與墀通。」

余謂《說文》：「坻，小渚也。」此處言殿基，則「坻」當為「墀」之借。但上已有「丹墀」，故指殿陛言，與塗地別。「除」、「坻」亦雙聲字也。注又引《文字集畧》曰：「崿，崕也。」蓋與垠崿之崿，同音通用。

36. 棧齴

善注：「齴，音眼。」

案：《玉篇》：「齴，露齒皃。」王延壽《王孫賦》云：「齒齷以齴齴」，此當謂殿之階級，鱻次相排而上如齒也。《集韻》云：「棧齴，高峻皃。」又「巉嵃，山皃。」蓋字異而義同。

37. 仰福帝居

薛注云：「福猶同也。」

案：「福」之訓「同」，未見他書。顏師古《匡謬正俗》云：「副貳之字，本為福字，从衣，畐聲。《西京賦》『仰福帝居』，傳寫譌舛，轉衣為示，讀者便呼為福祿之福，失之遠矣。《東京賦》『順時服而設福』，竝為副貳。」

余謂从衣、从示之字，形似易淆。《說文》《玉篇》皆無「福」字。惟《廣韻》《集韻》有之，《廣韻》云：「衣一福」，今作「副」。《集韻》云：「衣一稱。」此處非从衣之義，當作「副」。若《東京賦》語，正所謂「衣一稱」者，而今本乃作「副」，殆非小顏所見之本也。

又案：錢氏大昕《養新錄》引《清波雜志》言「『有田方為福』，蓋『福』字從田、從衣。」而駁之云：「福从示，不从衣。宋人不講小學，故多誤解。」據此知从衣之「福」，既許、顧二家所無。則所謂「衣一福」者，直本是「福」為「副」之借音字，後人乃因之作「福」字耳。

38. 猛虡趪趪

薛注云：「縣鐘格曰筍，植曰虡。」

案：《考工記．梓人》注：「樂器所縣，橫曰簨，植曰虡。」《禮記．檀弓》

注：「橫曰簴，植曰虡。」《詩·靈台》毛傳：「植者曰虡，橫者曰栒。」「簨」、「簴」、「栒」俱與「筍」同。又有《瞽傳》：「植者曰虡，衡者為栒。」衡亦即橫字也。後《東京賦》「崇牙張」下，「設業設虡」下，兩引皆「橫」字。知此處「格」字亦當作「橫」。而胡氏《考異》本未及。薛又云：「趪趪，張設貌。」《玉篇》「趪」字引此賦語，謂「作力貌。」又「趪趪，武皃。」蓋「虡」為猛獸之形，故云爾，於義為長。

39. 重以虎威章溝，嚴更之署

薛注云：「虎威、章溝，未聞其意。」

案：今本《三輔黃圖》云：「虎威、章溝皆署名。漢有長水、中壘、屯騎、虎賁、越騎、步兵、射聲、胡騎八營，宿衛王宮，周廬直宿處。」近孫氏星衍因薛語，疑此條為後人所加。但《說文》明云「嚴更之署」，是二者為署名可知。至其命名則「虎威」，或取「武猛」之意。而「章溝」無傳，故薛云「未聞」與。

40. 衛尉八屯

薛注云：「衛尉帥吏士周宮外，於四方四角立八屯士。」善引《漢書》曰：「衛尉掌門衛屯兵。」

案：善注所引見《百官表》，《表》內無「八屯」之名。五臣注舉長水等八校尉，與《黃圖》同。何氏焯從之。孫氏《補正》亦引徐氏鯤云「確有依據」。

余攷《玉海》云：「漢宮城門內為南軍，宮衛屯兵屬焉，衛尉主之。京城門外為北軍，京輔兵卒隸焉，中尉主之。」後載此賦語。又云：「注引八校尉，非也。校尉、北軍、衛尉、南軍，宮門四面皆有八軍，每門各有二司馬，凡八司馬，故曰八屯。城門之八屯，與此異。」此說為長。張氏《膠言》又引「《元帝紀》初元五年，顏注云：『衛尉有八屯，衛侯司馬主衛士徼循宿衛，每面各二司馬，故謂宮之外門為司馬門。』」正《玉海》之說，與薛注亦合。善注屢引《黃圖》，此條果係原本，不應不采。然則孫所疑後人加者，殆即本五臣注而為之與？若葉氏樹藩別據《後漢·百官志》衛尉所屬南宮南屯司馬等，但彼處祗七門，乃舉「旅賁令丞」以足之，未免牽強。不知西京官制，中興每有省並，原不盡合也。

41. 植鎩懸猷

善注引《說文》曰：「鎩，鈹有鐔也。一曰鋋，似兩刃刀。」

案：今《說文》無「一曰」下七字。段氏以此為李善解語，當是也。後「都邑游俠」下，善引《漢書》曰云云。又「一云」，即其例矣。「鋋」或誤作「鋌」。

善注又引《方言》曰：「盾或謂之猷。」

案：「猷」當作「瞂」。今《方言》作「瞂」，或體也。《說文》：「盾，瞂也。」「瞂，盾也。」互相訓。段氏謂：「《秦風》『蒙伐有苑』，毛傳：『伐，中干也。』《木部》及韋昭曰：『大楯曰櫓』，則『中干』次之。毛析言之，《方言》及許統言之。作『伐』者，假借字。」

余謂《史記》蘇秦說韓云「吷芮」，索隱曰：「吷與瞂同謂盾也，芮謂繫盾之紛綬。」「吷」亦同音借字耳。

42. 門衛供帳

善注曰：「已見上。」

案：注語因前「衛尉」已引《漢書》也。但《玉海》云：「漢有郎衛，有兵衛。《舊儀》曰：『殿外門舍屬衛，殿內門舍屬光祿勳。』內外相關，即《周官》宮正、宮伯之職。」然則同為宿衛而實異，此蓋郎衛也。《玉海》引「《楊惲傳》『召戶將尊』，師古曰：『戶將，官名，主戶衛，屬光祿。』又『江充移劾門衛』，『王嘉坐戶殿門失闌，免。』注：『守殿門』。」下亦以賦語為證。

43. 獲林光於秦餘

善注引《漢書音義》瓚曰：「林光，秦離宮名也。」

案：《漢書．郊祀志下》：「成帝時，震電災林光宮門。」孟康曰：「甘泉，一名林光。」師古曰：「漢於秦林光宮旁，別起甘泉宮，非一也。」而元王氏士點《禁扁》所載，仍從孟康之說，非是。據《三輔黃圖》「甘泉宮中有林光宮」，則二宮實在一地，故或合言之。觀此賦於「林光」下接云「處甘泉之爽塏」，本自分明。

44. 通天訬以竦峙

善注：「訬，高也。」

案：桂氏《札樸》云：「訬，借字，當為杪。《說文》：『杪，榴高也。』」余謂今《說文》作「相高」。「相」，蓋「榴」之形似而誤。「昌」即「曶」字，與「忽」通。故《玉篇》曰：「杪，木忽高也。」段氏以為「杪者，言其杪末之高。」「杪忽」亦連屬字也。若「訬」之本訓，則《說文》云：「擾也。一曰訬，獪。」《吳都賦》「輕訬之客」，是其義矣。而《思玄賦》「舒訬婧之纖腰」，則又借「訬」為「眇」。

45. 翔鶤仰而不逮

善注引《穆天子傳》：「鶤雞飛八百里。」郭璞曰：「鶤，即鵾鷄也。」

案：鶤鷄有三：一《爾雅．釋畜》「雞三尺為鶤。」郭注：「陽溝巨鶤，古之名雞。即《楚辭．九辯》『鵾雞啁哳而悲鳴』，楊子《太玄經》『鶤雞朝飛踤於北，嚶嚶相合，不輟食』」者是也。一《淮南．覽冥訓》「軼鶤雞於姑餘」，高誘注以為「鳳皇別名也。」一張揖《上林賦》注「昆雞似鶴，黃白色。」《說文》：「鶤，鶤鷄也。」段氏謂「許意不謂雞獸，亦不謂鳳皇。故其字厠於鶝、鴃、鵝、鴷之間，蓋與張說同也。」此處詞主夸張。薛注「鶤，大鳥」，而善引《穆天子傳》，殆與《淮南》所言為一物矣。後文「駕鵞鴻鶤」，善亦引《上林賦》注。蓋皆非《爾雅》所云「三尺」者也。故善於兩處竝不引《爾雅》為證。近人釋《爾雅》者，尚未明晰。

46. 圜闕竦以造天，若雙碣之相望

善注引字書曰：「圜，亦圓字也。」

案：注于「圓闕」無證。前《西都賦》「設璧門之鳳闕」已引《關中記》「圓闕有金鳳」。然似與「鳳闕」為一。而《寰宇記》引《三輔舊事》云：「建章宮周廻數里，殿東別起鳳闕，高二十五丈。又於東門北起圓闕，高二十五丈，上有銅鳳皇。」下即引此賦二語。又古歌辭云：「長安城西有雙闕，上有雙銅雀，一鳴五穀生，再鳴五穀熟。」「銅雀」，即銅鳳皇也。據此，則「鳳闕」與「圓闕」，葢二闕，故賦云「若雙碣」矣。

47. 鳳騫翥於甍標，咸遡風而欲翔

薛注：「遡，向也。謂作鐵鳳皇，令張兩翼，下有轉樞，常向風如將飛者。」

案：《說文》「洴」字云「向也。」重文為「遡」。《詩．大雅》「如彼遡

風」，毛傳訓「遡」為「鄉」。「鄉」即「向」也。正此文所本，而李注失引。曰「咸」者，所作鐵鳳非一也。「遡」或借作「愬」，本書《西征賦》「愬黃卷以濟潼」，又《七命》「遡九秋之鳴飆」，注竝云：「愬與遡通」是也。後《魏都賦》張注引此二語，「咸」作「感」，「遡」亦作「愬」。下乃駁之云：「此鳳之有定有住，尚向風而無方，則不宜言愬風也」，未免於泥。

48. 狀亭亭以苕苕

案：「苕苕」字，尤本如是作，毛本同。或疑「苕」為「岧」之誤，本有作「岧岧」者。然《說文》無「岧」字，《廣韻》《集韻》有之，而今韻本亦未收。六臣本作「迢迢」。《說文》「迢」字在《新附》中。蓋「苕」本借字，後人作「岧」，猶「葻」之為「嵐」也。本書謝靈運《述祖德詩》「苕苕歷千載」，亦作「苕」，但此言其高，彼言其遠。凡物之高者，仰望即遠，義得通。然則此處作「苕苕」，恐未必誤也。

49. 跱游極於浮柱

薛注云：「三輔名梁為極」。

案：《漢書・枚乘傳》「單極之綆斷幹」，注引孟康曰：「西方人名屋梁為極」，與此注同。《說文》：「極，棟也。」「棟，極也。」兩字互訓。其「宗」字云「棟也」，引《爾雅》「宗廇謂之梁。」彼郭注：「屋大梁也。」《說文》又云：「廇，中庭也。」《玉篇》：「廇，又作霤。」是「宗」、「廇」中央既謂之梁。而《釋名》云：「棟，中也。居屋之中也。」「極」亦訓「中」，見《詩・氓》與《思文》等篇。毛傳則「極可通稱為梁矣。」段氏欲刪《說文》「宗」下「棟也」二字，似非。

50. 察雲師之所憑

薛注云：「雲師，畢星也。」

案：《通志》引甘氏云：「畢主街巷陰雨，天之雨師也。」《周禮・大宗伯》鄭注：「以箕為風師，畢為雨師。」疏云：「《春秋緯》『月離於箕』，風揚沙，故知風師箕也。《詩・小雅》『月離于畢，俾滂沱矣。』是雨師畢也。」前《東都賦》注引《風俗通義》亦同。而此注獨異，豈以興雲即致雨，故亦得稱雲師與？善引《廣雅》「雲師謂之豐隆。」王氏《疏證》曰：「《淮南・天文訓》：『季春三月，豐隆乃出，以將其響。』《思玄賦》：『豐隆軯其震霆兮』，竝以豐隆為雷師。」《離騷》「吾令豐隆乘云兮」，明是屬雲，而王逸注「雲師」、「雷師」兼言之。然《開云占經》云：「五車，東南星，名司空，其神曰雷公。西南星名卿，其神曰豐隆。」則「豐隆」、「雷公」非一神也。如《楚辭・九章》「願寄言於浮云兮，遇豐隆而不將。」司馬相如《大人賦》「貫列缺之倒景兮，涉豐隆之滂濞。」楊雄《河東賦》「云霏霏而來迎兮，澤滲灕而下降。鬱蕭條其幽藹兮，滃汎沛以豐隆。」皆謂「豐隆」為「雲師」，於義長矣。

51. 非都盧之輕趫，孰能超而究升

注引《說文》曰：「趫，善緣木之士也。」

案：今《說文》作「善緣木走之才。」段氏云：「《吳都賦》『趫才悍壯，此焉比廬。』成公綏《洛褉賦》『趫才逸態，習水善浮。』又張注《列子・說符篇》『異伎，云僑人。』郭注《山海經》『長股國』，言『有喬國，今伎家僑人象此。』僑人，今俗謂之踹僑，僑即趫字。」

余謂後《赭白馬賦》「捷趫夫之敏手」，注引《廣雅》：「蹻，健也。」是「趫」與「蹻」通。其《序》內「趫迅」，注引《詩》「四牡有蹻。」毛傳：「蹻，壯貌。」今《詩》作「驕」。是「蹻」又與「驕」通也。葢字異音同，皆與「善緣」義近。本賦後文言「都盧尋橦」，殆如今走索盤竿之戲，此則但言其健捷耳。

52. 旗不脫扃

薛注云：「扃，關也。謂建旗車上，有關制之，令不動搖曰扃。」

案：「扃」之用不一：有在戶者，《說文》：「扃，外閉之關也。」有在鼎者，《儀禮・士昏禮》「設扃鼎」，注：「扃所以扛鼎也。」有在車者，左氏《宣十二年傳》「脫扃」，杜注：「扃，車上兵闌也。」又服注：「扃，橫木校輪間，一曰車前橫木也。」而此則制旗所用。葢「扃」字从戶，本為戶之關。引伸之義，凡橫木以為關鍵者，皆可有扃之名也。《左傳》釋文引薛綜《西京賦》注：「扃，所以止旗也。」與此注異，豈本有是語而刪之與？

53. 結駟方蘄

薛注云：「蘄，馬銜也。」

案：「蘄」，不得為「馬銜」，當是「靳」之假借字。「靳」、「蘄」，音形皆

相近。《史記・太史公自序》「孫靳」，《集解》引徐廣曰：「靳，一作蘄」，可知其通用矣。《說文》：「靳，當膺也。」左氏《定九年傳》「吾從子如驂之靳」，疏云：「驂馬之首，當服馬之胸，胸上有靳，故云『吾從子如驂當服馬之靳』。」《詩・小戎》毛傳云：「游環，靳環也。」段氏謂：「游環在服馬背上，驂馬外轡貫之，以止驂之出，故謂之靳環。」「靳」亦或作「靷」，蓋所以制馬者，故與「銜」義通。但「銜」在口，而「靳」在胸，為異耳。

54. 甍宇齊平

薛注云：「甍，棟也。」訓已見前文「鳳騫翥於甍標」下。

案：《說文》：「甍，屋棟也。」《左傳》杜注、《國語》韋注竝同。程氏瑤田《通藝錄》曰：「甍者，蒙也。凡屋通以瓦蒙之曰甍，故其字從瓦。《晉語》：『譬之如室，既鎮其甍矣，又何加焉。』謂蓋構既成，鎮之為甍，則不復有所加矣。若以甍為屋極，則當施榱桷，覆茅瓦，安得云無所加？《左傳》『慶舍援廟桷而動於甍』，則甍為覆桷之瓦可知。言其多力，引一桷而屋宇為之動也。若以甍為屋極，則太公之廟，必非容膝之廬，所援之桷，必為當檐之題，題之去極甚遠，安得援題而動於極也？天子廟制，南北七筵，諸候降殺以兩，則五筵也。陂陀下注又加長焉，極之去檐，幾三丈矣。況題接於交，交至於極，亦必非一木，何能遠動之乎？」王氏《廣雅疏證》謂：「程說與內、外《傳》皆合，確不可易。《廣雅》『甍謂之甑』，《方言》作『瓴謂之甑』，每、夢一聲之轉。甑之言霤也，《說文》：『霤，屋水流也。』甍為霤所從出，故又謂之甑矣。」

余謂《釋名》云：「屋脊曰甍，甍，蒙也。在上覆蒙屋也。」所稱屋脊，非指屋極，正謂瓦脊也，今人猶沿此稱。若以為屋極在椽瓦之下，不得云「覆蒙」。《說文》：「宇，屋邊也。」《詩・豳風》「八月在宇」，釋文：「屋四垂為宇」，引《韓詩》：「宇，屋霤也。」若以甍為棟，《易》言「上棟下宇」，「棟宇」字固可連文，然棟在屋內極高處，而宇下垂，何得齊平？惟為覆瓦，勢雖斜注而鱗次相接，自覺其齊平，故不曰「棟宇」，而曰「甍宇」也。又前言「鳳騫翥於甍標」，薛注謂「作鐵鳳皇㠯屋上，當棟中央。」既云屋上，知不在椽瓦之下矣。若棟則不應著鐵鳳，即有之，亦無「騫翥」之狀。此語蓋即《西京賦》所云「上觚稜而棲金爵」者也。彼注引《三輔故事》曰：「建章宮闕上有銅鳳皇，金爵則銅鳳也。」亦云「闕上非屋內也。」又引應劭曰：「觚，八觚有隅者也。」若棟安得有八觚？惟瓦脊及檐角始有之。由斯以言，甍之非棟明甚。段氏屢改《說文》字，獨於此不謂其有誤，乃云《左傳》「援廟桷動于甍」，未詳其說，殆亦知其不可通矣。

55. 武庫禁兵，設在蘭錡

薛注云：「錡，架也。」

案：後《吳都》、《魏都》二賦具有「蘭錡」。此處善注引劉逵曰：「受他兵曰蘭，受弩曰錡。」「蘭」字當从竹，《說文》：「籣，所以盛弩矢，人所負也。」段氏引「《史記·信陵君傳》曰：『平原君負韊矢』，韊即籣字。《字林》作韊。《玉篇》作韊。《索隱》曰：『如今之胡鹿而短。』胡鹿，《廣韻》作『弧簶，箭室也。』」然則「籣」乃受弩，與劉說異。「錡」字無他證。惟《說文》：「錡，鉏鋤也。」《集韻》以鉏鋤為機具，今之機似椸架，此錡殆與相類。椸亦从竹，《爾雅》「竿謂之箷」，郭注云「衣架」。「錡」與「椸」、「箷」，又音相近也。或以受兵器，故字从金。若《召南》之錡為釜屬，《豳風》之錡為鑿屬。蓋三器之名同一字矣。

56. 如虎如貙

注引《爾雅》：「貙、獌，似貍。」

案：《說文》「貙」下，「獌」下，兩引此文。而「獌」下以為狼屬。釋文引《字林》同。《爾雅》別有「貙，似貍。」則大者名貙獌，小者即名貙，非二物也。郭注云：「今山民呼貙虎之大者為貙豻。」蓋貙、獌聲之轉也。《字林》亦云：「貙似虎而五爪」，故此處與「虎」竝言。而《吳都賦》劉注即以為虎屬也。貙為虎屬，亦以立秋殺獸。郝氏謂：「漢有貙劉之祭。鄭注《夏官·射人》云：『今立秋有貙劉。』後漢《禮儀志》：『貙劉之禮，祠先虞。』劉、膢通，《漢書·武帝紀》『膢五日』是也。」若《子虛賦》所稱「貙豻」，郭注云：「貙似貍而大」，即謂此「貙」矣。下又云：「犴，胡地野犬也，似狐而小。」彼處分「貙」、「犴」為二，與注《爾雅》「貙」、「犴」為一物者異。蓋又本之《說文》及高誘《淮南注》為說也。

57. 商旅聯槅

注引《說文》曰：「槅，大車枙也。」

案：「槅」，《考工記·車人》作「鬲」，偏旁省也。「枙」，即車部之軶。

《小爾雅・廣器》:「衡,軶也。」《一切經音義》引作「枙」,是同字矣。《詩・韓奕》「鞗革金厄」,「厄」,又「軶」之省也。《釋名》曰:「槅,扼也。所以扼牛頸也。馬曰烏啄,下向叉馬頸似烏開口向下啄物時也。」段氏謂:「通曰軶,大車之軶曰槅。」此賦「五都之貨殖」云云,正謂大車。下文「冠帶交錯,方轅接軫」,則謂乘車是已。

58. 東至鼎湖

薛注云:「鼎湖在華陰東。」

案:《史記・封禪書》:「黃帝鑄鼎於荊山下,既成,有龍垂胡髯下迎黃帝,後世名其處曰鼎湖。」《漢書・郊祀志》同。晉灼曰:「荊山在馮翊褱德縣今富平縣。」胡氏《錐指》云:「《唐志》虢州湖城縣有覆釜山,一名荊山。《元和志》山在縣南,黃帝鑄鼎處。」晉說非也。湖城本漢湖縣,今為閿鄉縣,屬河南府陝州。洪氏《圖志》同。《方輿紀要》云:「閿鄉西至陝西華陰縣百十里」,故薛以為在華陰東也。考《史》、《漢》前文「天子病鼎湖甚。」《日知錄》曰:「湖當作胡,鼎胡,宮名。《漢書・楊雄傳》『南至宜春、鼎胡、禦宿』是也原注《三輔黃圖》宜春宮在長安城東南,御宿苑在長安城南,則鼎胡當在其間。故卒起幸甘泉而行右內史界。《索隱》以為湖縣絕遠,且無行宮。梁氏玉繩則云:『湖、胡,古通用。如湖陵縣,漢多作胡陵,可證。』又《漢志》『京兆湖縣』,《通典》曰『鼎湖即此。』」

余謂鼎湖當為荊山之近地。後《羽獵賦》注晉灼引《黃圖》「鼎湖宮在藍田」,《索隱》亦然。《索隱》並引韋昭曰:「地名,近宜春。」又云:「湖本屬京兆,後屬弘農。恐非。」鼎湖處此,正同顧說。而顧轉議之,何耶?孫氏星衍校《黃圖》,訂今本在湖城縣之非,而作在藍田。蓋晉灼、司馬貞所見古本可據也。且此賦及《羽獵賦》俱承《上林》言,上林即雄跨,不應至潼關外之閿鄉。惟藍田在今西安府東南九十里。子云《傳》言「南」,本書有「東」字,與藍田合。宜春,亦在東南,正相近。平子言「東」,省耳。《漢志》褱德下明云「荊山在南褱德在東北而山在南,則已近藍田」,何得舍此而舉覆釜山當之?覆釜之別名荊山,殆後人謂湖縣以鼎湖得名而傅會其說。不知《漢志》「湖」下云:「有周天子祠,故曰胡,武帝更名湖。」錢氏坫謂「胡為周厲王名之故,與鼎湖不相涉。」然則荊山亦從《漢志》,鼎湖宜從《黃圖》。薛注先誤,而胡氏、洪氏竝沿舊,似失考。

59. 邪界細柳

薛注云：「細柳，在長安西北。」

案：《史記・周勃世家》：「文帝後六年，以河內守亞夫為將軍，軍細柳。」《正義》引《括地志》云：「細柳倉，在雍州咸陽縣西南二十里。」《元和志》於「咸陽」云：「細柳倉，漢舊倉也。周亞夫軍次細柳，即此。張揖言在昆明池南，恐為疏遠。」又於「萬年縣」即漢長安云：「細柳營在東北三十里，相傳周亞夫屯軍處。非也。」於「長安縣」云：「細柳原，在西南三十三里。別是一細柳，非亞夫屯軍之所。」據此，則細柳有三。而亞夫屯軍實在咸陽，咸陽正在長安西北也。《方輿紀要》引「或說文帝時昆明未鑿，徐厲軍渭北，劉禮、亞夫軍渭南，內外聯絡，以防衛京城，安知其非是？」此特想當然語，且原在西南，與此注亦不合。而《續漢志》長安下有細柳聚，劉昭注：「前書周亞夫所屯處」，則亦張揖之說矣。若今直隸景州亦有細柳營，乃因州為亞夫所封條侯之地，故致誤耳。

60. 繞黃山而欵牛首

善注曰：「《漢書》右扶風槐里縣有黃山宮。」

案：「槐里」，於唐為興平縣，今同。《元和志》云：「漢黃山宮在縣西南三十里。武帝微行，西至黃山宮，即此也。」《方輿紀要》云：「宮在渭水北。《宮闕簿》謂『漢惠帝二年建。』武帝建元三年，北至池陽，西至黃山，南獵長楊，東遊宜春。又宣帝地節中，霍雲多從賓客獵黃山苑中」是已。若《西山經》：「皐塗之山，又西百八十里，曰黃山。」郭注則疑「非今始平槐里縣之黃山也。」

注又引《三輔黃圖》曰：「甘泉宮中有牛首山。」

案：《元和志》於鄠縣云：「牛首山，在縣西南二十三里，南接終南，在上林苑中，澇水所自生」，即引此賦語。鄠縣有甘泉宮，乃隋代所造。漢之甘泉宮則在雲陽，似與「牛首」非一地矣。

又案：《中山經》：「吳林之山，又北三十里，曰牛首之山。」郭注云：「今長安西南有牛首山，上有館，下有水。未知此是非。」郝氏謂「彼在霍太山之南，當在今山西浮山縣界。」《寰宇記》：「神山縣黑山，在縣東四十四里，一名牛首。」則非鄠縣之山甚明。

61. 羣獸駓騃

善注引薛君《韓詩章句》:「趨曰駓，行曰騃。」

案：此與《後漢書・馬融傳》注引同。蓋《吉日篇》「儦儦俟俟」之異文。彼毛傳云:「趨則儦儦，行則俟俟」，正合薛義。《說文》:「儦，行皃。」引《詩》「行人儦儦」。「俟，大也。」引《詩》「伾伾俟俟」。「伾伾」，即《駉篇》「以車伾伾」。傳曰:「有力也。」「儦」、「伾」，雙聲字。又《說文》:「駓，黃馬白毛也。」《爾雅・釋獸》:「黃白雜毛曰駓。」是「駓」為馬之名，以其从丕，亦可為馬趨之狀，音義皆通。「騃」者，《說文》云:「馬行仡仡也。」「儦」、「伾」、「俟」竝从人，此言獸之行，則作「駓」、「騃」為正。

《文選集釋》卷三

《西京賦》下　張平子

1. 椶

注引郭璞《山海經》注：「椶，一名並閭。」

案：《說文》：「栟櫚，椶也。」《廣雅》同。《南都》《吳都》賦俱作「栟櫚」；《上林》、《甘泉》賦則作「並閭」，一也。而《上林賦》「仁頻並閭」，二者竝言。郭注引孟康乃曰：「仁頻，椶也。」善引《仙藥錄》：「檳榔，一名椶。」謂「仁頻，即檳榔也。」《說文》：「槇，木也。」疑即謂「仁頻」。然則「仁頻」雖亦有「椶」名，而非「並閭」矣。《說文》但云「栟櫚，可作萆。」「萆，雨衣也。」而《廣雅疏證》謂：「栟櫚之聲，合之則為蒲。《玉篇》《廣韻》竝云：『椶櫚，一名蒲葵。』今人多取栟櫚葉作扇。《晉書．謝安傳》『蒲葵扇五萬』，即此。」段氏據《南方艸木狀》：「蒲葵如栟櫚而柔薄，可為簦笠，出龍川。是蒲葵與椶樹各物。謝安之蒲葵扇，今所謂芭蕉扇也。椶葉縷析，不似蒲葵葉成片，可作笠與扇。」段說是也。

2. 枏

注引《爾雅》：「枏，梅。」郭璞曰：「枏木似水楊。」

案：今郭注云：「似杏，實酢。」與此所引異。《說文》：「梅，枏也，可食。」重文為「楳」。別有「某」字云「酸果也」，字从甘。蓋「梅」、「枏」為大木，非酸果之「某」。郭注「似杏，實酢。」《玉篇》、《廣韻》襲之，轉謂酸果有枏名，誤也。然《說文》云「可食」，則已先誤。段氏謂：「《毛詩·秦風》、《陳風》傳皆以枏訓梅。而於《召南》『摽有梅』，《曹風》『其子在梅』，《小雅·四月》『侯栗侯梅』無傳。此以知《召南》等之梅，今之酸果也。秦、陳之梅，今之楠樹也，判然二物。」後世以梅為酸果，而梅為枏之本義廢矣。

3. 棫

薛注云：「白蕤也。」善引《爾雅》：「棫，白桵。」

案：《爾雅》郭注云：「桵，小木叢生《廣韻》云：棫，木叢。有刺，實如耳璫，紫赤，可食。」《詩》「芃芃棫樸」，毛傳正本《爾雅》。《說文》同。又《詩》「柞棫拔矣」，疏云：「鄭箋：『柞，櫟也。棫，白桵也。』」陸《疏》引《三蒼》云：「棫即柞也。」二說未知孰是。郝氏謂：「《詩》每『柞棫』竝稱，當為二物。漢《郊祀志》有棫陽宮，而漢又別有五柞宮，柞又無刺，知與棫非一物也。」

余謂薛云「白蕤」與「白桵」異者。「桵」，即緌之音。蕤字从甤，《說文》：「甤，艸木實甤甤也。从生，豨省聲，讀若綏。」後《甘泉賦》「鸞鳳紛其銜蕤」，注引晉灼曰：「蕤，緌也。」《禮記雜記》注：「緌，讀如蕤賓之蕤」，故「蕤」可與「桵」通也。

4. 楩

注引郭璞《上林賦》注：「楩，杞也，似槐。」

案：此注惟見《史記·子虛賦》「楩枏豫章」下。二賦本合為一篇，故即以為《上林賦》耳。他書無以杞為楩者。「楩」、「枏」、「杞」、「梓」，古或竝稱。郭謂「楩即杞」，獨異。《說文》無「楩」字，《廣韻》有之，云「木名。」《集韻》云：「似豫章。」《漢書》顏注：「今之黃楩木也，楩與枏類。」《一切經音義》引樊光云：「荊州曰梅，揚州曰枏，益州曰赤楩。」是「枏」亦得「楩」之名，但別之曰「赤楩」，則非「黃楩」矣。

5. 葴

注引《爾雅》：「葴，馬藍。」郭璞曰：「今大葉冬藍。」

案：《說文》：「藍，染青草也。」「葴，馬藍也。」《子虛賦》說草有「葴」。《史記集解》引徐廣及本書注引張揖竝用《爾雅》「馬藍」為解。而《爾雅》

前有「葴，寒漿。」郭注：「今酸漿艸，江東呼為苦葴。」此別一物，但兩賦俱未明指何種，則不定是「馬藍」。故《史記索隱》即以為「酸漿」，與郭、張異說也。

6. 莎

注引《爾雅》：「薃侯，莎。」

案：彼郭注引《夏小正》曰：「薃也者，莎蓆。娖者，其實。」「薃」，一作「縞」。「蓆」，一作「隋」。「娖」，一作「緹」。《說文》：「莎，鎬侯也。」蓋許讀《爾雅》「薃侯」為句。徐鍇《說文系傳》以「侯」字下屬。邵氏《正義》從之。郝氏云「非也。」《廣雅》：「地毛，沙蓆也。」《本草別錄》：「莎，一名夫須。」「須」、「莎」、「蓆」，俱雙聲。「縞」、「鎬」，「隋」、「蓆」，「緹」、「娖」竝聲借字。《廣雅》又云：「其蒿青蘘也。」蒿亦鎬之聲借。莎可為蘘，故名青蘘，蘘即莎矣。段氏謂：「鎬、侯雙聲，莎、隨疊韻，皆絫呼也。單呼則曰縞，曰莎，其根即香附子。莎，籀文作䓕。《漢書・地理志》䓕題，省水，从尐，尐與少同也，俗誤作芯。」兩說竝通。

7. 茘芫

注引《說文》曰：「茘，草似蒲。」

案：今《說文》「茘」字云：「艸也。似蒲而小根可作刷。」《月令》：「茘挺出」。鄭注：「茘挺，馬薤也。」是鄭以茘挺為艸名。蔡邕《章句》云：「茘似挺」，高誘注《呂覽》云：「茘艸挺出」，則以「挺」下屬。《廣雅疏證》謂：「《顏氏家訓》引《易通卦驗》『茘挺不出』，又《逸周書・時訓篇》『茘挺不生』，知鄭注非臆斷矣。莛、挺，古同聲通用。《說文》：『莛，莖也。』茘草抽莖作華，因謂之茘挺是也。」顏氏又云：「江東謂之旱蒲。」故《子虛賦》說「苞茘」，以為「高燥則生」。彼注引張揖謂之馬茘，茘為馬薤，則亦稱馬茘耳。

注又引《爾雅》曰：「芫，東蠡。」

案：《爾雅》郭注云：「未詳。」郝氏謂：「《本草》『蠡實』，《別錄》：『一名茘實，又名劇草、吳普。一名劇茘華，又馬薤。』《通俗文》：『一名馬藺。』蘇頌《圖經》：『蠡實，馬藺子也。北人呼為馬楝子。』蓋茘、蠡聲同，蠡、藺聲轉。馬藺又轉為馬楝也。」以此參之，疑《本草》「蠡實」，即《爾雅》：「芫，東蠡也。」此賦「茘芫」竝言，以同類，因同名矣。

余謂《集韻》云：「芫，草名，葉似蒲，叢生。」與《說文》「茘似蒲」正合。「芫」，當為茘之屬，郝說似可從。翟氏灝補郭引《釋文》「芫，本亦作芫。」似謂「芫」之即芫。然「芫」為魚毒，別一物，此乃字之相近而誤耳。「芫」，附見後《吳都賦》。

8. 王芻

注引《爾雅》：「菉，王芻。」郭璞曰：「今菉蓐也。」

案：《說文》釋「菉」，正本《爾雅》，又引《詩》「菉竹猗猗」。今《詩》作「綠」，毛傳：「綠，王芻也。」《離騷》「薋菉葹以盈室兮」，王逸注亦用《爾雅》。《詩正義》引某氏云：「菉，鹿蓐也。」「菉」與「鹿」音同。又《說文》：「藎，艸也。」近邵氏、郝氏皆因《唐本草》云：「藎草，俗名菉蓐。」遂謂藎艸即王芻。郝氏並以「菮」、「菉」聲轉，謂菉即《說文》之菮艸。二說皆本之陳氏啟源《毛詩稽古編》。然《說文》「菉」、「藎」、「菮」三字分別各處，未必即為一物耳。

9. 莔

注引《爾雅》曰：「莔，貝母。」郭璞曰：「似韭。」

案：《說文》釋「莔」正本《爾雅》，字通作「蝱」。《管子・地員篇》：「其山之旁，有彼黃蝱。」又作「蝱」，《詩・載馳》毛傳：「蝱，貝母也。」《說文繫傳》引《詩》作「言采其莔」。蓋「莔」為正字，「蝱」、「蝱」，皆假借字也。《廣雅》以貝母為貝父。王氏《疏證》謂：「《神農本草》云：『貝母，一名空草。』《名醫別錄》云：『一名藥實，一名商草。』商字即莔之誤是也。」

余謂釋文引《本草》又有「一名苦華，一名苦菜，一名勤母」，數者皆異名而同實矣。

10. 臺

注引《爾雅》曰：「臺，夫須。」

案：《詩》釋文：「臺，如字。」《爾雅》作「薹」，而於《爾雅》釋文不著「南山有臺」，毛傳正用《爾雅》。《正義》引舍人云：「臺，一名夫須。」陸璣《疏》云：「舊說夫須，莎草也，可為蓑笠。」審是則「臺」即「莎」矣。此賦似不應上言「莎」，下復言「臺」。且今人以莎為蓑，不以為笠。《都人士》鄭箋云：「以臺皮為笠」，郭注本其義。豈莎草雖與臺具有夫須之名，而莎可為蓑，臺可為笠，相似而不同，故此賦亦分列與？

11. 戎葵

注引《爾雅》：「菺，戎葵。」郭璞曰：「今蜀葵。」

案：「菺」，《爾雅》作「菺」。《玉篇》云：「艸名。」注以形似，誤也。邵氏謂蜀葵、戎葵，皆言其大。《釋詁》云：「戎，大也。」《釋畜》云：「雞大者蜀。」是蜀亦為大。而說《本草》者，便謂從蜀中來，鑿矣。今蜀葵，四月後華，莖特高大，俗謂之丈紅花。又《爾雅翼》引《古今注》云：「戎葵似木槿而光色奪目。有紅、有紫、有白、有青、有黃，莖葉不殊，但花色異耳。」郝氏謂：「此說蜀葵是，而言黃則非。黃者，名黃蜀葵。葉如龍爪，雖冒葵名，實非葵類。崔豹、羅願竝以此為蜀葵，誤矣。」《廣韻》「戎」作「茙」，非。其《三十五馬》「檕」字下云：「檕穀，南人食之，或云戎葵。丑寡切。」是「戎葵」，又名檕。

12. 懷羊

注引《爾雅》：「瘣，懷羊。」郭璞曰：「未詳。」

案：「瘣」字與《玉篇》同。今本《爾雅》或作蒐。司馬溫公《類篇》云：「芋之惡者曰蒐。」《集韻》作蘶。翟氏灝謂：「《釋木篇》『魁瘣』，注云「根節磈磊也。」《漢書》稱芋曰『芋魁』。魁與瘣，語輕重差耳。『懷羊』之羊，疑即『芋』字。『羊』本作『芉』形，與『芋』似而譌」，說亦近是。郝氏則謂：「萬希槐《困學紀聞集證》引《大戴記・勸學篇》『蘭氏之根，懷氏之苞。』懷氏，即懷羊也。《荀子・勸學篇》作『蘭槐之根是為芷。』槐即蒐也，與蘭竝言，當是香草。」

余謂「槐」與「蒐」俱从鬼，音相近，故可通。「槐」又或作「櫰」，故亦與「懷」通也。

13. 樹以梛杞

善注云：「杞，即楩木也楩已見前。」《山海經》曰：「杞，如楊，赤理。」

案：嚴氏粲《詩緝》云：「《詩》有三杞：《鄭風》『無折我樹杞』，柳屬也。《小雅》『南山有杞』，『在彼杞棘』，山木也。『集於苞杞』，『言采其杞』，『隰有杞桋』，枸杞也。古多不分。」《說文》：「杞，枸杞也。」別無他訓。又「柜」字云：「柜木也。」《爾雅》：「椵，柜梛。」郭注引「或說梛當為柳。」

柜柳似柳，皮可以煮作飲。《廣韻》「柜」下亦云「柜柳」，而《孟子》趙注：「杞柳，柜柳也。一曰杞，木名也。」《詩》曰「北山有杞南誤作北」，已以杞柳與山木別言之。然則杞柳之杞，乃柜之聲近借字也。郝氏謂：「馬融《廣成頌》『柜柳楓楊』，《爾雅》釋文：『柜，郭音舉。』是柜柳即欅柳也案《水經·江水二篇》注：江夏有洰水，或作舉，此即柜、欅相通之證。欅柳多生山澗水側，俗呼之為平楊柳，或謂之鬼柳。鬼、柜聲相轉也。」

余謂《本草》引沈存中云：「陝西枸杞最大，高丈餘，可作柱，或可與山木相亂。若柳屬之杞，實柜柳，非山木也。」此賦上文云：「周以金堤」承「靈沼」而言，正在水側，即《山海經》所謂「如楊」者是已。不得以為「山木」，而又謂之「梗」，注乃混而一之。

14. 鱣鯉

注引《爾雅》郭注：「鱣，似鱘。」

案：《說文》「鱣」、「鯉」互訓，本《衛風》毛傳。《爾雅》：「鯉，鱣。」《詩》疏引舍人云：「鯉，一名鱣。」是謂《爾雅》以鱣釋鯉也。郭注乃分為各物，故云：「鱣，大魚。似鱘而短鼻，口在頷下，體有斜行，甲無鱗，肉黃，大者長二三丈，今江東呼為黃魚。」郝氏謂：「釋文：『鱘音尋。』《字林》云：『長鼻魚也，重千斤。』則鱣與鱘同，唯鼻為異耳。鱣亦呼鱘鱑魚。鱘、鱣聲相轉也。《江賦》謂之王鱣。」

余謂鱣、鱘相類，鱘即今鱘字也。鱣又與鮪類，鮪稱王鮪，故鱣亦稱王鱣矣。以目驗之，鱘鱑魚形狀與鯉迴別。《周頌·潛篇》既言鱣，復言鯉。此賦亦「鱣鯉」竝言，知非一物也。

又案：《詩》鄭箋：「鱣，大鯉也。」而毛傳於鱣云「鯉」，於鯉不云「鱣」。蓋毛意亦不以鱣為今赤鯉。段氏必云「惟三十六鱗之魚謂之鯉，亦謂之鱣。」又謂「鱣與鯉不必同形，而要為類，似屬強辭。」近李氏黼平《毛詩紬義》云：「《釋魚》鯉、鱣、鰋、鮎、鱧、鯇，皆以下一魚釋上一魚。郭注空列魚名，無復訓釋，非《爾雅》之例。不知鱣自名鯉，非謂今之赤鯉。」《水經·河水篇》注：「河水又南，得鯉魚水。」下舉鱣、鮪出鞏穴為龍事詳後《東京賦》。以為往還之會，乃得茲稱。如酈說，鱣渡龍門，而其水名鯉魚，則鱣之名鯉審矣。《玉篇》「鯉」云：「今赤鯶。」「鱣」云：「鯉也，大魚也。」最為明晰。

余謂物類同名者甚多，王逸以鯪魚為鯉亦見後《吳都賦》，鯪可名鯉，則鱣何魴名鯉，特不可與赤鯉混。李說較圓，竝存之。

15. 鱮

注引《詩》箋曰：「鱮，似魴。」

案：今箋下尚有「而弱鱗」三字。陸璣《詩疏》云：「鱮似魴，厚而頭大，魚之不美者。故里語曰：『網魚得鱮，不如啗茹。』其頭尤大而肥者，徐州人謂之鰱，或謂之鱅。幽州人謂之鴞鴟，或謂之胡鱅。」《廣雅》：「鰱，鱮也。」王氏《疏證》謂：「《埤雅》云：『鱮魚色白，北土皆呼白鱮。』故《西征賦》曰：『華魴躍鱗，素鱮揚鬐』也。」

余謂《說文》「鱮」、「鰱」二字相厠各釋而非互訓，或以為一物而二種乎？若《集韻》「鱮，一作魣」，則以與、予同聲，故有此體。

16. 鮦

注引《爾雅》郭注：「鱧，鮦也。」

案：彼邢疏云：「今鱧魚也。鱧與鮦，音義同。」《說文》鱶字云：「鮦也。」《本草》作「蠡」，云：「一名鮦魚。」《廣雅》作「鱺」，云：「鰑鮦也。」是皆聲借之字。而《說文》「鱶」為正體也。「鮦」之為「鱧」，近王氏、邵氏、郝氏皆從郭說。惟段氏注《說文》以「鱧」字劃分異處，與「鱯」、「魾」、「鰈」為一，遂力主「鱧」之非「鱶」，今亦未敢輒定。但《爾雅》「鱧」、「鯇」連文，舊說以「鯇」釋「鱧」，郭分二物，段以為妄。乃《說文》「鯇」字亦別存，不以屬「鱧」，此未免乖互耳。諸家竝稱鱧魚，俗謂之烏魚。《埤雅》云：「鱧，今玄鱧是也。有花文，一名文魚。其首戴星，夜則北向。」陶注《本草》：「舊言是公蠣蛇所變。然亦有相生者，至難死，猶有蛇性。」《韓詩外傳》南假子曰：「聞君子不食鱺魚，豈以其有蛇行而惡之與？」名鱺魚者，以其鱗細而黑。王氏謂「鱺之言驪。《說文》：『驪，馬深黑色』」是也。若鯇魚，郭注「今鯶魚」，段氏亦從之。陳藏器云：「鯇似鯉，生江湖。」李時珍云：「有青鯇、白鯇。白者味勝，俗名草魚，形狀迥殊。」則鯇之非鱧明矣。又《爾雅》下文有：「鰹，大鮦，小者鮵。」申釋「鱧」大小之異名。然則中者名鱧也。《說文》亦無「鰹」、「鮵」字。

又案：《韓詩外傳》所稱南假子語「鱺魚」，《說苑》作「鯢魚」。桂氏《札樸》云：「鯢名人魚，故不忍食。《異物志》『人魚似人形』是也。《本草》：『鯢魚，鰻鱺。』故通作「鱺」。」然則不食者，非烏魚惡其有蛇性矣，義較長。

17. 鯊

注引《詩》毛傳曰：「魦，鮀也。」

案：今《詩》作「鯊，鮀。」蓋用《爾雅》。彼郭注云：「今吹沙小魚，體圓而有點文。」《詩》釋文引舍人云：「鯊，石鮀也。」《正義》引陸《疏》曰：「魚狹而小，常張口吹沙，故曰吹沙。」而《說文》則云：「鮀，鮎也。」別有「魦」字云：「魦，魚也。出樂浪潘國，从魚，沙省聲。」《詩》釋文：「鯊，亦作魦。」許不以「魦」為「鮀」，自是所傳之異。段氏必謂「魦字非即鯊。」《說文》無「鯊」字，《毛詩》「鯊」，本作「沙」。《說文》「鮀」下當訓「沙也。」今本為後人所改，未免強辭。

18. 鷫鷞

注引高誘《淮南子》注：「鷫鸘，長頸綠色，其形似鴈。」

案：《正字通》云：「鷞，俗作鸘。」《禽經》云：「鸘飛則霜，鷺飛則露，其名以此。」《上林賦》「鴻鷫」，單稱「鷫」。郭注：「鷫，鷫鷞也。」《吳都賦》「鸘鵠」，單稱為「鸘」，一也。左氏《定三年傳》：「唐成公有兩肅爽馬。」疏引馬融說：「肅爽，鴈也，其羽如練，高首而修頸，馬似之。」與高誘注合。若《說文》「鷫」字云：「鷫鷞也。五方神鳥，西鷫鷞。」則是鳳屬，非此物矣。

19. 奮隼歸鳧

六臣本「奮」作「集」。

案：胡氏《考異》云：「『集隼』與『歸鳧』對文，猶楊子云以『鴈集』與『鳧飛』對文也。」薛與李亦必作「集」。

余謂薛注「奮，迅聲也。」則正文作「奮」不作「集」可知。「奮隼」與「歸鳧」正對，一「奮」一「歸」方不複，與楊子雲以「集」對「飛」相合，六臣本非。

20. 前後無有垠鍔

注引《淮南子》：「出於無垠鄂之門。」許慎曰：「垠鍔，端崖也。」

案：《一切經音義》八引《說文》曰：「圻，地圻咢也圻即垠，今《說文》垠字云：「地垠也」，脫咢字。」本書《七發》注引同。而咢則增土旁作堮，咢亦或作鄂。《甘泉賦》注：「鄂，垠鄂也。」《長笛賦》注引《字林》同。此處又借鋒鍔之鍔為之《說文．刀部》作㓵，而《金部》無鍔字。但注既引《淮南》「垠鄂」

字，則許注「鍔」字，殆「鄂」之誤，亦當云：「鍔與鄂通。」

21. 柞木翦棘

注云賈逵《國語》注：「槎，邪斫也。柞與槎同。」

案：金氏甡云：「《周頌》『載芟載柞』，注：『除木曰柞。』《周禮》柞氏掌攻草木。何必借『槎』字作解。」

余謂《說文》「槎」字訓與賈同。又「栞」字云：「槎識也。」《禹貢》「隨山刊木」，古文「刊」作「栞」，謂斫木以為表識也。韋昭注《國語》則但云：「槎，斫也。」是斫木之義，「槎」為正字。「柞」本木名，與「槎」音相近。《周頌》、《周禮》之「柞」，皆「槎」之假借，金氏轉以議善注，非也。

22. 麀鹿麌麌

薛注云：「麌麌，形貌。」善引《毛詩》：「麀鹿攸伏。」

案：《小雅・吉日篇》：「獸之所同，麀鹿麌麌。」毛傳：「麌麌，眾多也。」鄭箋：「麕牝曰麌。」蓋本《爾雅》「麕，牡麌，牝麜」之文。今本「麌」、「麜」互倒，當以鄭箋正之。箋又曰：「麌復麌，言多也。」《說文・鹿部》無「麌」字。《口部》「噳」字云：「麋鹿羣口相聚皃。」引《詩》「麀鹿噳噳」。今見《大雅・韓奕篇》，彼釋文云：「噳，本亦作麌。唐石經《小雅》作麌，《大雅》作噳。」從釋文本也。《吉日》正義云：「麌麌，眾多。」與《韓奕》同。則正義本二經，俱作「麌」，即釋文亦作之本也。然「噳」為正字，「麌」乃假借字。鄭以「麌復麌」為多，恐非。此注不引《吉日》、《韓奕》而獨引《靈臺》，竝無「麌麌」字，尤失之。

23. 六駮駮

薛注云：「天子駕六馬。駮，白馬而黑，畫為文如虎。」

案：《說文》「駁」字云：「馬色不純。」《爾雅》則曰：「騂，白駁。」《詩・東山》「皇駁其馬」，毛傳同。蓋騂本赤色之馬，而發白色，亦可謂「色不純」也。《廣雅》以為朱駁，駮與駁同，但此注非用此義。《說文》又有「駮」字云：「獸，如馬，倨牙，食虎豹。」正本《爾雅》。是許意駮、駁異字。而《易・說卦傳》「乾為駮馬」。王廙云：「駮馬能食虎豹，取其至健也。」則駮獸亦可通作駮矣。

《逸周書・王會篇》：「義渠以茲白，茲白者，若白馬，鋸牙，食虎豹。」

是「茲白」即駮也。郭注《爾雅》引《山海經》云：「有獸名駮，如白馬而黑尾。」乃薛注「白馬而黑」所本也。《說苑·辨物篇》云：「駮之狀有似駮馬，今君之出，必驂駮馬而畋，虎所以不動者，為駮馬也。」此賦上敘田獵事，故用「駮」，與《說苑》合。但「駮」為獸，似馬，非真馬。薛言「畫為文」，當亦作駮獸之狀，正以服虎，而轉云「如虎」，恐非。後《子虛賦》「駕馴駮之駟駮」，《史記》作「駁」。彼注引張揖曰：「駮如馬，白身黑尾。一角，鋸牙，食虎豹，擾而駕之，以當驅馬也。」則謂真以駮獸為駕矣。至《詩·秦風》「隰有六駮」，毛傳用《爾雅》「如馬，倨牙，食虎豹」之文，箋不易傳。正義引王肅曰：「言六，據所見而言也。」此云「天子駕六馬」，與《詩》意異。若《一切經音義》引「魏黃初三年，六駮再見於野。」《北齊書·循吏傳》：「張華原遷兗州刺史。先是，州境數有猛獸為暴。自華原臨州，忽有六駮食之。」郝氏謂「駮為名，六為數，二書俱將『六駮』為名，失之誣是也。」

又案：《詩》正義引陸《疏》云：「駮馬，梓榆也。其樹皮青白駮犖，似駮馬，故謂之駮馬。下章云『隰有樹檖』，皆木相配，不宜云獸。」此自是《詩》之異義。然亦言其「似駮馬」，則「六駮」之駮，固屬獸名矣。

24. 倚金較

薛注云：「黃金以飾較也。」《古今注》曰：「車耳重較，文官青，武官赤。或曰：車蕃上重起如牛角也。」

案：注所引「或說」，亦《古今注》之文。今作「在車轝上重起如兩角。」然錢氏坫《車制考》引《漢官儀》曰：「孝景六年，令千石、六百石朱轓。」「轓」，即《說文》之「軬」。《太玄積首》：「君子積善，至於車耳。測曰：至於轓也。」此皆可為「軬」字加證。阮宮保元《車制圖解》謂：「《太玄》『轓』字或作『蕃』，『蕃』與『藩』同，乃車前後之有蔽者。如《爾雅》之『竹前簾』，《詩》之『簟茀』是也。此字與車耳之『轓』迥別，俗書多誤。」然則《古今注》「轝」字當作「轓」，而薛注中「蕃」字正「轓」之誤也。

善注又引毛詩曰：「倚重較兮」。《說文》曰：「較，車輢上曲鉤也。」

案：此引《說文》與本書《七啟》注同。「較」，《說文》作「較」。「鉤」字，今本作「銅」。《衛風》「重較」，毛傳云：「卿士之車。」戴氏震云：「左右兩較，故曰重較。毛傳因《詩》辭傅會耳。」段氏則謂：「荀卿及《史記·禮書》云『彌龍以養威』，彌，許書作靡。解云『乘輿金耳也。』皆謂較為龍形，而飾以金。司馬氏《輿服志》『乘輿金薄繆龍，為輿倚較』，下文『公列侯安車倚鹿』，是較辨尊卑。故劉熙曰：『較在箱上，為辜較也。重較，其較重，卿所乘也。』毛公語必有所受之矣。」

余謂《詩》釋文云：「較，車兩旁上出軾也。」《正義》曰：「《輿人》注：『較，兩輢上出軾者。』」則「較」謂車兩傍，今謂之「平較」。但《周禮》無「重較」、「單較」之文。故戴氏云「然段氏所說」，乃言其飾於「重較」，仍未晰。惟《車志圖解》云：「《說文》：『輒，車兩輢也。从車，耴聲。』『耴，耳下垂也。』『軓，車耳反出也。』蓋車輢板通高五尺五寸，其下三尺三寸，直立軫上，軫上之輪，崇三尺三寸，與直輢前式同。高若過此三尺三寸之上，則漸向外曲，勢反出乎輪之上，象耳之耴，故謂之輒。以其反出，又謂之軓。至其直立軫上，上曲如兩角之木段氏較之言角也，則謂之較。重出式上，故名重較。古人『重較』，惟卿大夫之車有之，至漢猶然。《禮》『士乘棧車』，棧車者，木立軫上，不曲如棧也。若大夫墨車、卿夏縵以上，則竝名軒，有車耳《說文》：「軒，曲輈轓車。」轓，即幡也。」三代法物，以別等衰，端在乎此。以此說「重較」，而毛義始明。至本賦云「金較」，則如段氏所引諸書是也。

25. 璿弁玉纓

六臣本「璿」作「瓊」。

案：左氏《僖二十八年傳》「楚子玉自為瓊弁、玉纓」，《說文》引作「璿弁玉纓」。故此處「瓊」亦作「璿」。彼杜注云：「弁以鹿子皮為之。瓊，玉之別名，次之以飾弁及纓。《詩》『會弁如星』。」是「弁」、「纓」屬人說。而此薛注則云：「弁，馬冠也。」與《左傳》似未合。但賦承上文專言車馬之飾，若以「璿弁玉纓」為人所服，則文義齟齬。雖據《左傳》，或不用其本義，故善不增引《傳》文，薛注正有斟酌，段氏亦從其說也。

26. 建玄弋，樹招搖

薛注云：「玄弋，北斗第八星名，為矛頭，主胡兵。招搖，第九星名，為盾。今鹵簿中畫之於旗，建樹之以前驅。」

案：「弋」，當作「戈」。《史記・天官書》：「北斗杓端有兩星，一內為矛，招搖。一外為盾，天鋒。」孟康曰：「近北斗者招搖，一為天矛。」《星經》云：「玄戈一星，在招搖北，一曰天戈。」是「玄戈」即天鋒也，與薛語互異，宜從《史記》為正。或此注有倒誤與？善注又引《禮記》：「招搖在上，急繕其怒。」彼鄭注云：「招搖星在北斗杓端，主指者。」孔疏以招搖為搖光。釋文亦云：「招搖，北斗第七星。」近金氏鶚謂《星經》言：「招搖一星，次北斗柄端，主兵，芒角動則兵起。」然則招搖在搖光之端，非即搖光也。蓋北斗原有九星之稱。劉向《九歎》「訊九魁與六神」，王逸注云：「九魁，謂北斗九星是也。」以「九星」言之，則招搖即搖光也。以「七星」言之，則招搖為在北斗杓端，其說自可通。

余謂《星經》及《步天歌》俱云「玄戈一星」，而《隋書・天文志》則云「二星」，已不相合。《步天歌》於搖光左有天槍三星，《星經》亦云：「天槍三星在北斗柄東，主天鋒。」是以天槍為天鋒，非玄戈矣，其說又異。且鄭注但言「招搖在杓端」，不謂其在七星之外。故孔、陸兩家俱指為搖光，招搖與搖光名亦正相類。《步天歌》竝未於搖光外別出招搖，疑孔、陸說可從。至以北斗為九星者，《史記索隱》引徐整《長歷》云「其二陰星不見」，則見者止七星矣。玄戈之為盾，《史記》明云「在外」。晉灼曰：「外，遠北斗也，在招搖南與《星經》言在北亦異。」是玄戈實在斗外，不在斗中，其不得以為斗之第八星，而轉以招搖為第九星明甚，薛注殆誤也。

27. 屬車之簉

薛注云：「大駕最後一乘懸豹尾，以前為省中侍御史載之。」

案：《東京賦》「屬車九九」，則共八十一乘。此言其最後者，故曰「簉」。「簉」，見後《長笛賦》。《續漢書・輿服志》云：「屬車皆皀蓋赤裏，木轓，戈矛，弩箙，尚書、御史所載。最後一車懸豹尾。豹尾，以前比省中。」劉昭注引《小學漢官篇》：「豹尾過後，罷屯解圍。」胡廣曰：「施於道路，豹尾之內為省中。故須過後，屯圍方得解。皆所以備不虞也。」《淮南子》曰：「軍正執豹皮，所以制正其眾。」《禮記》「前載虎皮」，亦此義。《水經・江水篇》引《漢官儀》與昭所引略同。稱「省中」者，衛宏《漢舊儀》云：「冗從吏僕射，出則騎從，夾乘輿車，居則宿衛，直守省中門戶。」注云：「省中，禁中也。成帝外家王禁貴重，朝中為諱禁，故曰省。」而本書《西征賦》注引作「孝元皇后父名禁，避之，故曰省。可知道路即屬車之內，為禁地，以比省中矣。」《志》又云：「侍御史十五人掌察舉非法」，注引蔡質《漢儀》曰：「其二人更直，執法省中。」是侍御史亦宜隸屬車，但在豹尾之前耳。

善注引《古今注》曰：「豹尾車，周制也，所以象君子，豹變尾，言謙也今《選》注有誤字。」

案：下又云：「古軍正建之，今惟乘輿得建焉。」殆本之《淮南子》。但恐軍正，即從乘輿者，未必其自行得建也。後世不用車乘輿後持豹尾槍者數十騎，猶沿其制，而周制不可考。

28. 寔俟寔儲

善注引《說文》曰：「儲，具也。」

案：今《說文》：「儲，偫也。」本書《羽獵賦》注引作：「儲，偫待也。」下「待」字當是誤衍。後《海賦》注引作：「儲，積也。」左太沖《詠史詩》注又引作：「儲，蓄也。」曹子建《贈丁翼》詩注則謂：「蓄積之以待無也。」與此各異。段氏以為兼舉，演《說文》語，蓋非原文，是已。

29. 徒搏之所撞㧙

薛注於上「竿殳之所揘畢」云：「揘畢，謂撞㧙也。」此又云：「撞㧙，猶揘畢也。」

案：《說文》：「撞，卂擣也。」「卂」為部首云：「疾飛也。从飛而羽不見。」然則「卂擣」者，疾擣也。孫氏《補正》引之，「卂」作「刊」，音戟。「擣」作「搏」，殆據誤本矣。「㧙」者，《方言》云：「南楚凡相椎搏曰㧙，或曰揔。」《列子．黃帝篇》「攩㧙挨扰」，《廣雅．釋詁》：「㧙，擊也。」是「撞㧙」為有徵矣。若「揘」字，《說文》所無。《玉篇》於「揘」字云：「抗、揘，拔也。」又於「抗」字云：「抗、揘，擊也。」《廣韻》則「揘」為「拔」，《集韻》則「揘」為「擊」，未免參差。而《集韻》別出从木之「楻」云：「楻畢，撞㧙也。」當即本此賦而失之。

余疑「揘」與「撞」音形皆相近。「畢」，一作「𩰲」，即「㧙」之音。直是聲義竝同，而別異其體。故薛氏亦以「揘畢」與「撞㧙」為一。《選》賦中類此者頗不少，特詞家推避法耳。

30. 朱鬘

薛注云：「絳帕額」。善引《說文》曰：「鬘帶，髻頭飾也。」

案：段氏謂：「帕乃帞之誤。」然帕、帞，雖二字，音義竝同。今《說文》作「帶結飾也」，脫「頭」字。「髻」作「結」，「結」與「髻」通也。《廣雅・釋器》:「帞頭,幧頭也。」《方言》云:「自關而西,秦晉之閒曰絡頭,南楚江湘之閒曰帞頭。自河以北,趙魏之閒曰幧頭。其偏者謂之鬢帶,或謂之鬟帶。」則《說文》之「鬟帶」,猶《方言》之「鬢帶」矣。王氏《廣雅疏證》謂:「鄭注《問喪》云:『今時始喪者,邪巾貊頭。』釋文:『貊作袹。』《漢書・周勃傳》『太后以冒絮提文帝』,應劭曰:『陌,額絮也。』帕、袹、貊、陌並通。陌與冒,一聲之轉。」而失引《說文》。《說文》「鬟」字亦與「帞」、「貊」等字通也。《詩・皇矣》「貊其德音」,《禮記・樂記》引作「莫其德音」,蓋同音借字。

31. 鬣髽

薛注云:「露頭髻。」善引《通俗文》曰:「露髻曰鬣,以麻雜為髻,如今撮也。」

案:「鬣」當為「鬣」之誤。《說文》:「鬣,束髮,少小也今本脫「小」字,此从《廣韻》引。」「髽,喪結也。」鄭注《士喪禮》「婦人髽於室」云:「既去纚而以發為大紒。如今婦人露紒,其象也。」又注《喪服》云:「髽,露紒也。猶男子之括發,斬衰括發以麻,則髽亦用麻也。」蓋以麻自項而前交於額郤,繞紒如箸幧頭焉。然則許以鬣為小髻,鄭以髽為大髻,雖稍異,而其為露髻則同。故薛氏但以「露頭髻」解之。至善所增注,既引《通俗文》以證「鬣」,宜兼引鄭注以證「髽」方備。

32. 圈巨狿

薛注云:「巨狿,麔也,怒走者為狿。」

案:今字書無「麔」字。巨言其大,故麔即从巨,然不知何據。後《羽獵賦》「斮巨狿」,與此同。彼注引服虔但曰「獸名也」,《玉篇》亦本之。「巨狿」,即貜狿,別見《子虛賦》。

33. 摣狒猬

「狒」,薛注作「𩳁」。

案:《說文》作𥝌云:「周成王時,州靡國獻𥝌。𥝌,人身,反踵,自笑,笑即上唇弇其目。食人,北方謂之土螻。」引《爾雅》曰:「𥝌𥝌如人,被髮,讀若費,一名梟陽。」郝氏謂:「《說文》所稱,《周書・王會篇》文也。彼文作『費費』,今《爾雅》作『狒狒』,竝聲借字是也。」若《吳都賦》「梟羊」

下，劉注引《爾雅》作「萬萬」。《吳都賦》又云「萬萬笑而被格」，則與此薛注鸓字，皆𪃿之形似而訛也。郭注《爾雅》「狒狒」云：「梟羊也。」引《山海經》曰：「其狀如人，面長，脣黑，身有毛，反踵，見人則笑。」《吳都賦》注所引正郭語，而直以為《爾雅》之文；「反踵」作「及踵」皆誤。「梟羊」之羊，《說文》作「陽」，同聲通用。「梟」亦或作「嘄」，《淮南・氾論篇》：「山出嘄陽」，高誘注：「嘄陽，山精也。」又《說文》所謂「土螻」，與《西山經》說「土螻，狀如羊而四角」頗不同。《爾雅》郭注：「俗呼之曰山都。」而於《海內南經》注又云：「《海內經》謂之贛，巨人也。」數者字既互異，名亦各殊，實一物耳。

34. 批窳狻

薛注云：「窳，窫窳也。類貙虎，亦食人。」

案：「窫窳」，《爾雅》作「猰貐」。《吳都賦》注引《山海經》作「猰貐」。《爾雅》云：「猰貐，類貙，虎爪，食人，迅走。」《說文》同。此注正本之，則「亦」字當為「爪」之形似而訛。又《海內南經》云：「窫窳，龍首，居弱水中。」《海內西經》云：「窫窳，蛇身，人面。」《北山經》云：「其狀如牛，而赤身人面，馬足。」所說各異，若物類相感。《志》引孫炎云：「獸中最大者，龍首，馬尾，虎爪，長四尺，善走，以人為食。」高誘《淮南・本經篇》注：「猰貐，狀若龍首，或曰似貍，善走而食人。」此兼《爾雅》與《海內南經》而言。郝氏謂：「此物既類貙，貙似貍，不應龍首。但非所經見，亦無從定其孰是矣。」

薛注又云：「狻，狻猊也，一曰師子。」

案：《爾雅》：「狻麑，如虦貓，食虎豹。」「麑」與「猊」同。郭注：「即師子也，出西域。」《穆天子傳》曰：「狻猊日走五百里。」《說文》「狻」下正用《爾雅》之文。「麑」下云：「狻麑，獸也。」不以為「師子」。是許意與郭殊矣。薛云：「一曰師子。」蓋亦存異說也。又《說文・虎部》：「虓，虎鳴也。一曰師子。」然則「虓」乃「師子」別名。《詩・大雅》：「闞如虓虎」，毛傳：「虓虎，虎之自怒虓然。」許前義正合。郝氏謂「以師子與虎，狀其威猛」，即用許之後一義，亦通。

35. 陵重巘，獵昆駼

薛注云：「山之上平下小者曰巘。昆駼，如馬，歧蹄，善登高。」

案：注「跂」字當為「枝」。《爾雅》：「騉駼，枝蹏趼，善陞甗。」郭注說「甗」，正本薛氏「甗與巘通」，見後《長笛賦》。《爾雅》釋文：「騉，本亦作昆。趼，本或作研。」引舍人云：「研，平也。謂蹏平正。善陞甗者，能登山隒也。枝蹏者，枝足也。」李云：「騉駼，其迹枝平似研，亦能登高歷危險也。」孫云：「騉駼之馬，枝蹏如牛而下平。」郭注同孫。是「趼」當作「研」。若《說文》「趼」字云：「獸足企也。」郝氏謂「企訓為直，非諸家之義矣。」又《爾雅》連上有「騉，蹏趼，善陞甗」之文，諸所說與此文無弗同者，惟少「駼」、「枝」二字，遂「騉蹏」連文。郭注秦時有「騉蹏苑」。《漢書・百官公卿表》有「昆蹏令丞」。應劭曰：「昆蹏，好馬名也。」《玉篇》亦云：「騉蹏，馬名。」

余疑秦苑之名，或以此馬蹏獨異為稱，未必騉駼外別有騉蹏之馬。豈《爾雅》本祗一條，後人傳寫，或脫，或不脫，遂誤分為二與？至薛云「如馬」，下又云「昆駼之獸」，則以為獸名。蓋因賦言「獵昆駼」，故不以為即馬也。

36. 杪木末，擭獑猢

薛注云：「獑猢，猨類而白，腰以前黑，在木表。」

案：《上林賦》作「獑胡」。《史記》又作「蟖胡。」《集解》引徐廣曰：「蟖，音在廉反。似猨，黑身。」《索隱》引張揖云：「蟖胡，似獮猴，頭上有發，腰以後黑。」《漢書》注及本書注引竝與《索隱》同。薛、張二說，一以為「腰以前」，一以為「腰以後」，正相反。《說文》又作「斬𪕮」，云：「鼠黑身，白腰若帶，手有長白毛，似握板之狀，類猨蜼之屬。」《廣雅》作「鼶鶘」，《玉篇》同。《廣韻》云：「鼶鶘，似猨，黑身白腰，手有長白毛，善超坂絕巖也」，蓋本《說文》。諸家所傳各異若此。

37. 收禽舉胔

薛注云：「胔，死禽獸將腐之名也。」

案：《詩・車功篇》：「助我舉柴」，毛傳：「柴，積也。」鄭箋：「舉，積禽也。」《說文》引《詩》作「𢍁」，亦云「積也」。此賦蓋以同音借作「胔」，注乃如「胔」字本義解之。李注亦從薛，而不引《詩》語，非也。

38. 五軍

善注曰：「即五營也。」《漢官儀》有「五營」。

案：前衛尉為南軍，而此則北軍。文帝置中壘，中興省之，但置中候。《續志》曰：「北軍中候一人，掌兼五營，即五校也。」《吳漢傳》：「發北軍五校。」方氏以智《通雅》云：「魏、晉逮江左，皆置五校。蓋齊內政、楚荊尸即有中、前、後、左、右五營。漢以後因之耳。」

39. 聯飛龍

薛注云：「飛龍，鳥名。」

案：焦氏竑《筆乘》云：「飛龍者，鳳頭龍尾，其文五色，以象五方。一名飛廉，一名龍雀。」據此知合二名而呼之也。方氏《通雅》又云：「沈存中以為獸，今船尾畫之，以呼風，世稱為飛虎。殆因《三輔黃圖》言其能致風氣，文如豹故也。」此賦語與《上林賦》「椎蜚廉」同，亦見《西都賦》。

40. 釣魴鯉

案：魴魚，固所習見，而義亦異。《說文》：「魴，赤尾魚也。」籀文作「鰟」。《詩・汝墳》「魴魚赬尾」，即《左傳》所謂「如魚竀尾，衡流而方羊也。」故毛傳云：「魚勞則尾赤，非本赤尾也。」許說非。《爾雅》：「魴，魾。」，郭注：「江東呼魴為鯿，一名魾，音毗。」「鯿」、「魴」、「魾」，俱聲相轉。「魴」，古讀如旁也。《說文》「鯾」與「魴」相次，「鯾」即「魴」也。又以「魾」為大鱯，則此「魾」，亦「魴」之大者矣。《爾雅》「魴，魾」下接「鮤，鮆」。郝氏謂釋文引《廣雅》云：「魾，鮤。」今《廣雅》闕。又引《埤蒼》云：「鮤、鮆、魾也。」竝與上「魾」字相屬。《詩・九罭》疏引《釋魚》有「鱒」、「魴」，樊光引此《詩》，是樊讀「魴」，與上文「鱒」相屬，「魾」與「鮤」、「鮆」相屬。張揖本其說，而郭不從，故於「鮤，鮆」云「未詳」。《廣雅疏證》謂「《爾雅》以鮆釋鮤，非以鮤、鮆釋魾。」《廣韻》及《龍龕水鏡》竝云「鰻」、「鮆」，魚名，或是此也。

又案：桂氏《札樸》云：「以魴為鯿，始誤於《詩》毛傳。孔疏遂斷云：『魴尾本不赤，獨《說文》以魴為赤尾魚。』余在沅江買得一魚，鱗白而尾赤，肉細多脂，形似赤鯉，益信許說有據。《釋魚》：『魴，魾。』『魾，大鱯。』《爾雅》何嘗以魴為鯿耶？今之鯿，豈無勞者，絕不見赤尾，是知魴、鯿不同物矣。」此說獨異，存以備參。

41. 鰋

《說文》作「鰻」，云：「鮀也鮀，已見前。」重文為「鰋」。又云：「鮎，鰻也。」蓋《爾雅》「鰋」、「鮎」連文。孫炎曰：「鰋，一名鮎。」即《說文》之義也。郭璞以為二魚。而「鮎」，別名「鯷」見《蜀都賦》「鮷」下。其注鰋云：「今偃，額白魚。」郝氏謂《書大傳・大誓篇》「中流，白魚入於舟中」是也。又《廣雅》：「鮊，鱎也。」鮊之言白。《玉篇》：「鱎，白魚也。」王氏謂：「鮊，一作鮱。《石鼓文》：『又鱄又鮱』，鄭樵云：『鮱即鮊字。鱎，一作橋。』《說苑・政理篇》：『夫投綸錯餌，迎而吸之者，陽橋也。』鱎之言皜。《孟子》趙注：『皜皜，甚白也。』今白魚生江湖中，鱗細而白，首尾俱昂，大者長六七尺，一名鯫。《說文》：『鯫，白魚也。』《古今注》：『白魚赤尾者曰魟，一曰魧。或云雌者曰白魚，雄者曰魟。』」段氏則云：「《史記・貨殖傳》『鯫千石』，張守節曰：『雜小魚也。』鯫是小魚之名，故《漢書》『鯫生教我』，服虔注：『鯫，音淺。鯫，小人皃也。』」

余謂段說是。「鯫」與「鮊」，雖俱為白色，而大小迥殊，種類非一，不得以「鯫」為「鮊」，即不得以「鯫」為「鰋」矣。

42. 鮋

注亦但云「魚名。」

案：《說文》：「鯈，鯈魚也。」《爾雅》：「鮂，黑鰦。」郭注：「即白鯈魚，江東呼為鮂。」是「鮂」即「鯈」矣。釋文：「鯈，本亦作鮋。」《玉篇》：「鮂或作鮋。」郝氏謂「鮋、鮂形近，疑相涉而誤也。」孫氏星衍說：「鯈，古多為鰷，鰷字缺壞作黑耳。」《莊子・秋水篇》「鯈魚出游從容」，《音義》云：「即白鯈魚也。」《淮南・覽冥訓》：「不得其道者，若觀鯈魚。」高注：「鯈魚，小魚。」若《山海經・北山篇》：「彭水鯈魚，其狀如雞而赤毛，三尾，六足，四首。」此則異物，非一類也。鯈又作鰷。《詩・周頌・潛》箋：「鰷，白鰷也。」段氏謂今白�條。蓋鯈字變為鰷，因音變為條矣。

余謂鯈，舊為直由切，今音迢，然蕭、尤韻本通，故條亦从攸聲也。「鮋」，亦見《江賦》「鰐鯟鰷鮋」。彼注引郭璞曰：「舊說鮋似鱓，鱓即今之黃鱔，黃質黑文，不得與白鯈相似。」豈郭意不以鮋為鯈與？且《爾雅》明云「黑鰦」，而以白鯈釋之，何以相反？疑本「鯈」字，而「鯈」為「鰷」之假借。如孫說也。

43. 𩣡潛牛

善注引《說文》曰：「𩣡，絆馬也。」

案：今《說文》作「馽」，云：「絆馬足也。从馬，○其足。《春秋傳》曰：『韓厥執馽前』，讀若輒。」重文為「縶」。此从「中」者，隸變也。莊子云：「連之以羈𩣡」，即此。

注又引《南越志》：「潛牛，形角似水牛。」

案：後《上林賦》「沈牛」注引同。據《續漢志》交阯郡下苟漏注引《交州記》曰：「有潛水牛上岸共鬭，角軟，還，復出。」《水經・葉榆水》注亦云：「句漏縣江中有潛牛，形似水牛，上岸鬭，角軟，還入江，角堅復出。」注所引當謂此。而薛注但云「水處」。《上林賦》郭注亦以「沈牛」為即水牛。兩賦皆作夸辭，則雖地勢遠隔，似非長安宜有之物。要其意，殆不指常畜而言矣。

44. 蓬藕拔

薛注云：「蓬，芙蕖。」

案：《說文》：「蓬，蓬麥也。」此上所敘皆水中之物，且「蓬」與「藕」相連，故知非「蓬麥」。蓋「蓬」為「蕖」之同音借字。《公羊・定十五年經》：「齊侯、衛侯次于蓬篨。」《穀梁》作「蕖篨」，是「蓬」、「蕖」通用之證。

45. 跳丸劍之揮霍

善無注。

案：葉氏樹藩謂：「戰國時，有蘭子者，以技干宋元君。以雙枝長倍其身，屬其踁，並趨竝馳，弄七劍迭而躍之，五劍常在空中。」此蓋《列子・說符篇》，而未箸出處。又《舊唐書・音樂志》「梁有跳劍伎」，然皆未及「丸」。考《後漢書・西域傳》注引魚豢《魏畧》云：「大秦國多奇幻，跳十二丸巧妙。」《三國志》注亦引《魏畧》云：「太祖遣邯鄲淳詣臨菑侯植。植得淳，甚喜，延入坐，不先與談。時天暑熱，遂科頭拍袒，胡舞跳丸擊劍。」是「丸劍」本胡舞，漢時已有。本書《舞鶴賦》「丸劍雙止」，正與此同。後白居易《立部伎歌舞》「雙劍跳七丸」，亦用之。

46. 洪涯立而指麾

薛注云：「洪涯，三皇時伎人。倡家託作之。」

案：後郭璞《遊仙詩》「右拍洪崖肩」注引此語。「涯」作「崖」，字通用也。彼又引《神仙傳》曰：「衛叔卿與數人博，其子度曰：『向與博者為誰？』叔卿曰：『是洪崖先生。』」據此知洪涯，蓋古之仙者。注中「伎」字當為「仙」之誤。不然，三皇時安得有伎人乎？上聯云：「女娥坐而長歌，聲清暢而蝼蛇。」合之此語與郭詩「姮娥揚妙音，洪崖頷其頤」，正一例矣。

47. 複陸重閣

薛注云：「複陸，複道閣也。」

案：左氏《昭四年傳》「日在北陸」，服注云：「陸，道也。」故注以「複陸」為「複道」。何氏焯校本疑「陸」為「陛」，孫氏《考異》亦據之。然「陛」乃階級之名，與此殊不合。「陸」字非誤，何說未可從也。注「閣」字衍。

48. 眳藐流眄

薛注云：「眳，眉睫之間。」

案：《說文》無「眳」字。惟《廣雅・釋言》：「眳，睛讀也。」《廣韻》引《字林》云：「眳，睛不悅目皃。」義似不合。《詩・齊風》「猗嗟名兮」，毛傳本《爾雅・釋訓》「目上為名。」郭注：「眉眼之間。」是「眳」，古祗作「名」矣。《玉篇》引《詩》又作顯，云：「顯，眉目間也。」本亦作「名」。郝氏則謂：「《檀弓》云：『子夏喪其子而喪其明。』《冀州從事郭君碑》：『卜商號咷，喪子失名。』是『名』與『明』通矣。《詩》本借『名』為『明』，故下句「美目清兮」，傳云：「目下為清」，以『清』、『明』對文，為《爾雅》補義」，說當是也。

49. 此何與於殷人屢遷，前八而後五。居相圮耿，不常厥土

善注引《尚書》曰：「自契至成湯八遷。」《尚書序》曰：「盤庚五遷。」又曰：「河亶甲居相，祖乙圮于耿。」

案：此所引《尚書》亦《書序》之文，當作《尚書序》曰：「自契至於成湯八遷」，又曰：「盤庚五遷」，今本誤也。

八遷之地，曩無的證。梁氏玉繩《史記志疑》云：「《本紀》止言湯之一遷，餘皆不載。」攷《書》疏曰：「《世本》昭明居砥石。」《荀子・成相》曰：「昭明居砥石，遷于商。」《左傳》：「相土居商邱。」是三遷也。《竹書》：「帝芒三十三年，侯商遷于殷。帝孔甲九年，殷侯復歸商邱。」是五遷也。《路史・

國名紀》云：「上甲居鄴。」是六遷也。而《水經注》十九又引《世本》云：「契居蕃。」是七遷也，並湯為八。《經典釋文》謂八遷，惟見四。孔仲達數砥石、商邱及亳為三，而連契之居商為四遷，非也。若陳氏逢衡據《竹書》云：「帝癸十五年，商侯履遷于亳，謂南亳，穀熟是也。二十八年，商會諸侯于景亳，謂北亳，蒙縣是也。湯十八年即位，居亳，謂西亳，偃師是也。」則湯一身而三遷，合八遷，為十遷矣。

余謂帝癸十五年為湯，元年不應初嗣位而即遷都。當是本居南亳，後乃遷於西亳。若北亳，特為會諸侯之所，非都也，湯實止一遷耳。至後之五遷，《書》釋文引馬云：「五邦，謂商邱、亳、囂、相、耿也。」《正義》引鄭云：「湯自商徙亳，數商、亳、囂、相、耿為五。」然觀此賦，言前八後五。則《正義》云：「湯一人再數者，非是。」惟《竹書》云：「仲丁元年，自亳遷于囂。河亶甲元年，自囂遷于相。祖乙元年，自相遷于耿。二年圮于耿，自耿遷于庇。南庚三年，遷于奄。」正合盤庚以前五遷之數。《書》所謂「于今五邦」也。《偽孔傳》釋《書序》「圮于殷」，以為「亶甲子圮于相，遷于耿。」《困學紀聞》已斥其未通。而近人胡氏天游又辨耿非祖乙所遷。考《水經·汾水篇》：「又西過皮氏縣南」，注云：「汾水西逕耿鄉城北，故殷都也。帝祖乙自相徙此，為河所毀。故《書敘》曰『祖乙圮于耿』」。杜預曰：「平陽皮氏縣東南，耿鄉是也。」則祖乙遷耿，酈道元亦言之。與馬、鄭及《竹書》合矣。胡氏專主《史記》「祖乙遷于邢。」李氏惇《羣經識小》則兼言遷耿，復遷邢。蓋本之《皇極經世》及《通志·三王紀》，正《竹書》之說也。《史記索隱》云：「邢音耿。」近代本亦作耿，是以邢、耿為一，不知《竹書》作庇。徐氏文靖《統箋》云：「庇與邢，當是一地。《世紀》『紂自朝歌北築沙邱臺』，沙邱在鉅鹿東北七十里。《括地志》『在邢州平鄉東北二十里』。則《史記》謂『祖乙遷邢』者，當即《竹書》所云『遷庇』者也。蓋是時未有邢國，自周公子靖淵始封商時，謂之庇也。」

余謂此說得之。王氏夫之《尚書稗疏》云：「庇，邶也。汲縣之邶城也。」殆因「邶」與「邢」，字形相似，故致參差與？《統箋》又云：「南庚遷奄，《郡國志》魯國即奄國，《定四年傳》祝鮀曰：『因商奄之民，命以伯禽。』其曰『商奄』者，或以商嘗遷此故也」，此說亦通。《書正義》引《汲冢古文》云：「盤庚自奄遷于殷。」《史記·項羽本紀》索隱亦引之，則遷奄之說，固可從耳。

50. 方今聖上同天號於帝皇

薛注云：「天稱皇天。帝，今漢天子號皇帝，兼同之。」善注引《尚書刑德放》曰：「帝者，天號也。」

案：孔氏廣森《經學卮言》云：「鄭君說《書》『曰若稽古』，以『稽』為『同』，『古』為『天』。《商頌》『古帝命武湯』，箋亦云：『古帝，天帝也。』蓋古文師說如是，張平子賦『聖上同天』，即用《書》『稽古』之語。初學讀其賦，而昧其義者多矣。」此說勝薛、李二注。李雖據緯書「天號」字，今核之全句，文理似未安，不若從鄭義。惟其「同天」，所以為帝皇之號較明。或因次句「掩四海而為家」，長短相稱。然此處句法本參差，並非一律。何氏焯校本「聖上」斷句，下六字為句，豈不知「同天」二字成處與？

《文選集釋》卷四

東京賦　張平子

1. 始於宮鄰，卒於金虎

薛注云：「鄰，近也。謂幽王近於宮室，惑於褒姒，卒有禍敗也。金虎，西方白虎神，主金。金，白也。」善曰：「應劭《漢官儀》曰：『不制之臣，相與比周。比周者，宮鄰金虎。言小人在位，比周相進，與君為鄰。貪求之德堅若金，讒謗之言惡若虎也。』」

案：葉氏樹藩曰：「石氏《星經》云：『昴者，西方白虎之宿。太白者，金之精。太白入昴，金虎相薄，主有兵亂。』楊用修謂李善不知引《星經》而謬自為說。如楊氏解，則『金虎』當指戰國，合上『宮鄰』之指褒姒，『始』、『卒』纔見確實。而下文『嬴氏搏翼』云云，脈絡亦貫。善於陸士衡《答賈長淵》詩中『金虎習質』句，曾引《星經》，此何以獨援應劭之說？至王融《曲水詩序》中『宮鄰昭泰』注仍贅應說，更屬未安。」

余謂此說於「金虎」義固較長，而「宮鄰」屬幽王無左證。若陸詩專用「金虎」，故善引《星經》。王序專用「宮鄰」，則非引應說而何引耶？且彼處下句云「荒憬清夷」，似上句謂讒邪屏退，內君子而外小人之意。

又案：漢徐岳《數術記遺》云：「余以天門金虎，呼吸精泉。」北周甄鸞注亦引《星經》語。又云：「周宣王時，有人採薪於郊間。歌曰：『金虎入門，呼長精，吸玄泉。』時人莫能知其義。老君曰：『太白入昴，兵其亂。』此以幽王為宣王。」

余疑「宮」為宮闈，「鄰」為臣鄰，「宮鄰」猶言宮府。《國語》宣王時有「檿弧箕服之謠」，周《春秋》有「女鳩之訴」，見《繹史》所引，是宮闈事也。殺杜伯非其罪，左儒死之，見《說苑》。因之，殺司工錡及祝，亦見周《春秋》，是臣鄰事也。即幽王嬖褒姒，正是宮闈。時多小人在位，如皇父等，正是臣鄰；其後致驪山之禍，是兵亂也，故曰「始於宮鄰，卒於金虎。」葉氏說不應遠及戰國，下文「秦氏搏翼」，則別言之耳。應說遺卻「宮」字，但云「比周相進，與君為鄰」，已未免牽率，而釋「金虎」尤非。至《曲水序》「宮鄰昭泰，荒憬清夷」，當亦謂宮府之間，昭明安泰，而荒服自向化也。義似可通矣。

2. 楚築章華於前

薛注云：「《左氏傳》曰：『楚子成章華之臺於乾谿，一朝叛之。』」

案：宋沈氏括《夢溪筆談》云：「《左傳・昭七年》：『楚靈王成章華之臺，與諸侯落之。』杜注：『臺在華容城中。』華容即今之監利，非岳州之華容也。有章華故臺，在縣郭中，與杜說符。而亳州城父縣有乾谿，其側亦有章華臺，臺基下往往得人骨，云楚靈王戰死於此。商水縣章華之側，亦有乾谿。薛綜注《東京賦》引《左傳》乃云『楚子成章華之臺于乾谿』。皆誤說，《左傳》實無此文。章華與乾谿，元非一處。」

余謂薛氏引《傳》文，惟「楚子成章華之臺」一語，「於乾谿」三字當下屬。《昭十三年傳》「觀從從師于乾谿，而遂告之。」杜注：「告使叛靈王。」《傳》又云：「師及訾梁而潰」，正此所謂「於乾谿，一朝叛之」也。薛注非誤，乃沈氏失其句讀耳。至其地，則賈誼《新書》曰：「翟王使使者之楚，楚王欲誇之，饗客章華之臺，三休乃至上。」知必近楚都，自以在監利者為准。監利，今屬荊州府。乾谿，在今亳州，相距甚遠。而《元和志》於城父有章華臺，監利轉無之。《寰宇記》城父下引《新序》「楚王起章華之臺，為乾谿之役」，殆不免傅會。若宋之商水縣，唐為溵水縣。《元和志》「乾谿臺在縣北三里。」《寰宇記》引陸賈《新語》：「楚靈王起章華之臺，為乾谿之館，作乾谿之臺。」似乾谿別一臺。又云：「章華臺在縣西北。」《春秋後語》：「楚襄王為秦將白起所偪，北保于陳，更築此臺。」然則商水之章華乃襄王非靈王。而《寰宇記》言靈王所築，在華容。乾谿水，在城父縣南，固不誤也。

3. 趙建叢臺於後

薛注引《史記》曰:「趙武靈王起叢臺。」

案:《天平御覽·居處部》亦引《史記》趙武靈王「建藂臺於邯鄲」。考《趙世家》「武靈王十七年,為野臺。」《正義》引《括地志》:「野臺,一名義臺,在定州樂縣西南。」而「叢臺」未及,疑「義」與「叢」形近或致誤。但《寰宇記》於邯鄲既出「叢臺」,而定州新樂縣別有「義臺」,是兩臺也。本書鄒陽《上書》云:「全趙之時,武力鼎士,袨服叢臺之下者,一旦成市,不能止幽王之湛患。」注引韋昭曰:「高帝子,幽王友也,呂後殺之。」何氏焯乃謂《漢書》注言「臺為友所建」,注竝無此語。《高後紀》:「元年,趙叢臺災。」顏注明云:「本六國時,趙王故臺也。」當是幽王時未災之先甚盛,故陽云爾,非即幽王所建。觀此賦承上「七雄奢麗」言之可知,何說非。其見他書者,《水經·濁漳水篇》注云:「牛首水東逕叢臺南,六國時,趙王之臺也。《郡國志》『邯鄲有叢臺。』劉劭《趙都賦》曰:『結雲閣於南宇,立叢臺于少陽。』今遺址尚在。」《後漢書·馬武傳》「光武拔邯鄲,與武登叢臺」,是也。若《寰宇記》商水縣有叢臺云:「楚襄王所築,非趙之叢臺,名同事異」,則「叢臺」亦有二矣。

薛注又云:「太子圍之三月。」

案:《趙世家》言武靈王自稱主父,廢太子章而立吳娃之子何。後欲兩王之,未決。章作亂,公子成與李兌距難。章敗,往走主父。成、兌因圍主父,主父欲出不得,探爵鷇而食之。三月餘,餓死沙邱宮。武靈王前呼成為叔,則是因太子而受圍,非太子圍之也,注誤。

4. 湯武誰革而用師哉

薛注云:「革,改也。言誰遣革改殷紂、夏桀而用師哉。」

案:此解未免費辭。下用「師」,即是革命矣,不應上又言「改革」,以致累疊。蓋古多以「革」為「亟」。《詩·大雅》「匪亟其欲」,《禮記·禮器》引作「匪革其猶」。《檀弓》「若疾革」,釋文:「革,本作亟。」是「亟」與「革」通也。「誰」,何也。言何必亟亟於用師也,語似較順。

5. 西阻九阿

善注引《穆天子傳》曰:「天子西升九阿。」郭璞曰:「今新安縣十里有九坂。」

案：《水經・洛水篇》「又東北出散關南。」注云：「洛水東逕九曲南，其地十里，有坂九曲。」亦引《穆天子傳》為證，與此正合。郭云「新安」者，酈注下云：「洛水又東與豪水會，水出新安縣密山，南流歷九曲東，而南流入于洛」是也。《方輿紀要》於宜陽縣云：「九曲城在縣東三十里，高齊置城於此，以備周。」「新安」與「宜陽」，《漢志》俱屬弘農郡，今仍為縣，竝屬河南府。宜陽北至新安六十里。

6. 東門于旋

薛注云：「謂東有旋門，在成臯西南十數里。阪形周屈，故曰于旋。」

案：「成臯」，《漢志》屬河南郡，注云：「故虎牢，或曰制。」師古曰：「《穆天子傳》云：『七萃之士，生捕獸，即獻天子，天子畜之東虢，號曰獸牢。』《續志》作『成睪』，睪與臯同。」劉昭注云：「有旋門阪，縣西南十里。」見《東京賦》。又《水經・河水五篇》注云：「河水東逕旋門坂北，今成臯西大阪。升陟此阪，而東趨成臯。曹大家《東征賦》曰：『望河洛之交流，看成臯之旋門。』即此。」《方輿紀要》謂：「成臯城、虎牢城，皆在今開封府汜水縣，縣有旋門關。後漢中平初，置八關都尉，此其一也。」

7. 盟津達其後

薛注云：「孟津，四瀆之長，故武王為諸侯約誓於其上。《尚書》曰：『東至于盟津。』盟津，地名，在洛北。都道所湊，古今以為津。」

案：薛氏既釋「孟津」，下又引《書》，與他注不類。且「盟津，地名」數語，乃東晉《孔傳》之文，非薛所及見，疑為李注增引。而今本脫「善曰」二字。「孟津」，《史記》《漢書》竝作「盟津」。左氏《隱十一年傳》：「王與鄭人蘇忿生之田，有盟。」杜注：「即盟津。」「盟」與「孟」，古字通也。閻氏若璩云：「孟津地本在河北，其漸譌而南也，自東漢始。考更始二年，使朱鮪等屯洛陽，光武亦令馮異守孟津以拒之。是時，孟津猶在北。安帝永初五年，羌人寇河東至河內，百姓驚奔，南渡河，使朱寵將五營士屯孟津。靈帝中平六年，何進謀誅宦官，使丁原燒孟津，火照城中。城中者，洛陽城中也，則已移其名于河之南矣。」

余謂杜預言河陽縣南孟津。河陽，今為懷慶府孟縣。津在縣西南。南渡，即河南府孟津縣。蓋兩岸相距之地，故本在北，而南亦稱之也。《方輿紀要》云：「孟津亦曰富平津，亦曰陶渚，自古設險之所。」

8. 太谷通其前

注云：「太谷，在輔氏北，洛陽西也。」《洛陽記》曰：「太谷，洛城南五十里，舊名通谷。」

案：此注當亦上屬薛，下屬李。「西」與「南」互異，「西」殆「南」之誤。後《洛神賦》「經通谷」，善注引華延《洛陽記》與此同。「太谷」作「大谷」，一也。《方輿紀要》云：「大谷在河南府東南五十里，亦曰大谷口。靈帝時，八關之一也。初平二年，孫堅討董卓進軍大谷，距洛陽九十里。堅蓋軍於登封縣界。王世充置谷川，以在大谷口而名。今有大谷關。」薛云「輔氏」者，左氏《宣十五年傳》「秦桓公伐晉，次于輔氏。」杜注：「晉地。」今陝西同州府朝邑縣西北十三里有輔氏城，本《漢志》左馮翊臨晉縣地也。

9. 迴行道乎伊闕

薛注云：「伊闕，山名也。」善引《史記》吳起曰：「桀之居伊闕。」

案：此所引見《起傳》對魏武侯語，云：「夏桀之居，左河、濟，右泰、華，伊闕在其南，羊腸在其北。」據《竹書》，桀始居斟鄩，十三年遷於河南。《逸周書・度邑解》武王曰：「吾將因有夏之居，南望過于三塗，北詹有河。」是在大河之南矣。《水經・伊水篇》「又東北過伊闕中」，注云：「伊水又北入伊闕。昔大禹疏以通水，兩山相對，望之若闕。伊水歷其間北流，故謂之伊闕。《春秋》：『昭公二十六年，趙鞅使女寬守闕塞』是也。陸機曰：『洛有四闕，斯其一焉。東巖西嶺，竝鐫石開軒，高甍架峯，西側靈巖下，泉流東注，入于伊水。』傅毅《反都賦》曰：『因龍門以暢化，開伊闕以達聰』也。」《方輿紀要》謂：「闕塞山在河南府西南三十里，亦曰龍門，亦曰伊闕山，一名闕口山，一名鍾山，又為龍門龕。」《左傳・定六年》「鄭伐周闕外」，即伊闕之外也。亦靈帝時「八關」之一。宋祁曰：「伊闕，洛陽南面之險也。自汝、潁北出，必道伊闕。」

10. 邪徑捷乎轘轅

薛注云：「轘轅，阪名也。」善引《漢書》曰：「沛公從轘轅。」薛綜曰：「轘轅阪十二曲，道將去復還，故曰轘轅。」臣瓚曰：「在緱氏東南。」

案：上注本出薛綜，下又別引其說，豈連文而離析其辭與？洪氏《圖志》云：「轘轅山在偃師縣東南，接鞏、登封二縣界，上有關。」左氏《襄二十一年傳》：「欒盈出奔楚，過周，王使候出諸轘轅。」杜注：「緱氏東南有轘轘關。」《漢志》緱氏縣屬河南郡，其故城在今偃師縣南。又有緱氏山，《國策》張儀曰：「秦下兵三川，塞轘轅、緱氏之口。」「轘轅」，亦河南八關之一也。

11. 太室作鎮

薛注云：「太室，嵩高別名也。」

案：「嵩高」，即《禹貢》之「外方」，《左傳》謂之「太室」。《漢志》潁川郡崈高下云：「武帝置，以奉太室山，是為中嶽。」古文以崈高為外方山也。胡氏《錐指》謂：「金吉甫不以嵩高為外方，而別據《唐志》陸渾山，一名方山者當之，非是。」

12. 揭以熊耳

善注引《尚書傳》曰：「熊耳山在宜陽之西。」

案：《方輿紀要》於河南府引《志》云：「府境山名，熊耳者有三：盧氏之熊耳也。宜陽之熊耳也。陝州之熊耳也。」在陝州者，《錐指》謂《唐書．地理志》虢州湖城縣有熊耳山，今在陝州東北五十里。雖同在豫境，與伊、洛無涉。在宜陽者，《水經．洛水篇》「東北過宜陽縣南」，注云：「水北有熊耳山，雙巒競舉，狀同熊耳。」此自別山，不與《禹貢》「導洛自熊耳」同也。昔漢光武破赤眉樊崇，積甲仗與熊耳平，即是山也。宜陽，《漢志》屬弘農郡，今仍為縣，屬河南府。而《錐指》以為熊耳在宜陽者，為後起之名，則亦非導洛之熊耳矣。在盧氏者，《漢志》盧氏下云：「熊耳山在東，伊水出。」又《山海經》「蔓渠之山，伊水出焉」，《水經》同。酈注云：「《淮南子》曰：『伊水出上魏山。』《地理志》曰：『出熊耳山，即麓大同，陵巒互別耳。』」洪氏《圖志》謂近時《陝西通志》言《禹貢》熊耳山在雒南縣東南百二十里，今考諸地志既不云洛南縣有熊耳山。以地理計之，漢上洛故城，即今商州治所。《圖經》今雒南縣在州北少東九十里。若熊耳，又在雒南東南百二十里，則反在漢故縣東南二十餘里矣。而《通志》引班固「上雒縣熊耳山在東北」之文為證，又自相矛盾也。惟今盧氏縣熊耳山卻在商州東北，明《禹貢》熊耳，在今盧氏無疑。至胡氏渭又以商州西山當之，與《漢志》亦不合，皆不足辨。

余謂胡氏本意亦主在盧氏，而又引《山海經》「熊耳之山，伊水出焉。」郭璞曰：「熊耳在上雒縣南。」《括地志》云：「熊耳山在商州上洛縣西十里。」以為此山自上洛至盧氏緜亘二百餘里，洛水出上洛，伊水出盧氏，總屬《禹貢》之熊耳，蓋以二者為一爾。據洪言盧氏熊耳在商州東北，正與《漢志》在上雒東北者合，是一山也。今盧氏別屬陝州曩屬河南府，州在雒南東北。若熊耳在其西南，安得與盧氏之山相連乎？至賦語，但敘洛陽形勢，似熊耳之在府境者，難以確指。然上文云「泝洛背河」，自當從「導洛」言之。且此句承上「太室」而言。薛注：「揭，猶表也。」表者，謂在其外也。李注主宜陽，宜陽距府祗七十里，而太室在今登封縣，縣距府百二十里，不得云外。惟盧氏在府西南三百四十里，正在太室之外，則釋此賦亦以在盧氏者為是，李注非也。

又案：《水經・洛水篇》：「出上雒讙舉山。」酈注以冢嶺山證之，是冢嶺即讙舉矣。《漢志》上雒縣既云冢嶺山，又云熊耳、獲輿山。《錐指》疑「讙舉」是「獲輿」形似之誤，則又混熊耳於冢嶺。趙氏一清以為「連麓異名」，當是也。《水經》下云：「東北過盧氏縣南。」酈注云：「洛水逕陽渠〔1〕關北，陽渠水南出陽渠山，即荀渠山也。《山海經》曰：『熊耳之山，浮豪之水出焉，西北流注於洛』，疑即是水。荀渠，蓋熊耳之殊稱，若大行之歸山也。故《地說》曰：『熊耳之山，地門也，洛水出其間』，是亦總名矣。」然則「熊耳」，一名「陽渠」，又名「荀渠」，名既各出，地更交錯，奚怪乎異說之紛耶。

【校】

〔1〕「陽渠」，《水經注校證》作「隖渠」，以下同。

13. 厎柱輟流

薛注云：「厎柱，山名也，在河東縣東南。」

案：《方輿紀要》於山西解州平陸縣云：「本漢大陽縣地，屬河東郡，厎柱在縣東南五十里。」則河東乃郡名，非縣名也。《禹貢》「東至于厎柱」，傳云：「在西虢之界。」《錐指》謂：「西虢，今河南府之陝州是也。」據《漢志》陝下云：「故虢國，又曰北虢，在大陽。東虢，在滎陽。西虢，在雍州。」或以陝屬弘農郡，故稱雍州。抑疑下三語系顏注。雍州，殆當為陝州與？今平陸縣南與陝州接界，所舉地不同者，各隨方言之耳。《水經・河水四篇》「東過大陽縣南，又東過砥柱間。」注云：「昔禹治洪水，山陵當水者鑿之，故破山以通河。河水分流，包山而過，山見水中若柱然，故曰砥柱。三穿既決，水流踈分，指狀表目，亦謂之三門矣。」全氏祖望曰：「趙冬曦《三門賦序》云：『砥柱山之六峯，皆生河之中流，夏后所鑿，其最北有兩柱，相對距崖而立，即所謂三門也。』都穆曰：『砥柱在陝州東五十里黃河中《紀要》作四十里，循河至三門，中曰神門，南曰鬼門，北曰人門。水行其間，聲激如雷，而鬼門尤為險惡。舟筏一入，鮮有得脫。三門之廣約二十丈，其東百五十步，即砥柱。崇約三丈，周數丈，以三門為砥柱者，誤也。』」又《水經注》云：「鄭康成曰《地說》：『河水東流，貫砥柱，觸閼流，今世所謂砥柱者，蓋乃閼流也。砥柱當在西河，未詳也。』所說非是，西河當無山以擬之。自砥柱以下，五戶以上，其間一百二十里，河水竦石桀出，勢連襄陸，激石雲洄，澴波怒溢，合有一十九灘，水流迅急，勢同三峽，破害舟船，自古所患。」孫氏星衍《書疏》謂：「鄭以《地說》貫砥柱，當在西河者。《地理志》河東郡大陽不載砥柱，故疑其在西河也，酈非。鄭義而以三門為砥柱，五戶灘為閼流，恐非西漢已前之說。」王氏鳴盛《尚書後案》亦云：「砥柱與三門異地，鄭之分析當亦為此，酈說非。若西河者，鄭於《禮記・檀弓》注以西河為龍門至華陰之地。要之，華陰以下皆得稱之，若於華陰以上求砥柱，不但無山可當，而於經文序次亦不順矣。」

余謂此賦薛注：「輟，止也。」「輟流」，當即「閼流」之意。「閼」亦「止」也。蓋漢時有此說，故鄭及之耳。

14. 鐔以大岯

善注引《書》：「東過大岯。」

案：「岯」，今《書》作「伾」。《水經・河水五篇》注云：「河水東逕成皐大伾山下。《爾雅》曰：『山一成謂之伾。』許慎、呂忱等竝以為邱一成也今《說文》作再成，當是後人所改。孔安國以為再成曰伾，亦或以為地名，非也。鄭康成曰：『地喉也，沇出伾際矣。』然則，大伾在河內修武、武德之界，泲沇之水與滎播澤出入自此，然則大伾即是山矣。」孫氏《書疏》謂：「《漢書》集注臣瓚云：『今修武、武德無此山，成皐縣山又不一成也，今黎陽縣山臨河，豈是與？』蓋大伾在河南，薛、瓚求之河北修武、武德之界，故無此山。一成之山最卑，瓚又疑為高山，故以成皐山不一成，指黎陽大山當之，云『豈是』，尚屬疑詞。《隋・地理志》遂承其誤，云『黎陽有大伾山』。即今河南濬縣東南二里黎陽山，山甚高，不止一成，唐洪經綸刻石名為大伾，俱不足據。鄭所說謂在修武之西，武德之東，以北岸山言之。云在成皐者，南岸也。修武，河南縣名，今屬懷慶府。武德縣故城在今河南武陟縣東。」王氏《後案》

亦謂：「鄭所云蓋以河北岸之山言之。張揖云『在成皐』，蓋以河南岸之山言之。二說二而一者也。成皐差高大，張說尤密。疑大伾之名，南北岸皆得稱之。作《孔傳》者，似已欲主黎陽之說，故特改《爾雅》之文為『再成』。而顧氏、閻氏、胡氏遂據濬縣山頗高大，形實再重，謂《偽孔傳》改《爾雅》為確，舛矣。」

余謂此處善注引《韻集》曰：「鐔，劒口也。」《說文》則云「劒鼻也。」即《考工記》《曲禮・少儀》所謂「劒首」。程氏《通藝錄》曰：「劒鼻謂之鐔，鐔謂之珥，又謂之環，一謂之劒口。」賦云「鐔」者，李氏言「大岯之險，同乎劒口」，實則與鄭注「地喉」之說相合。沸、沇、滎、播之水，皆由此出也。

15. 溫液湯泉

薛注云：「泉在河南梁縣界中。」

案：《續漢志》梁縣屬河南尹，即今之汝州。《方輿紀要》云：「汝州西南四十五里有故梁縣城，又州西四十里有廣成澤，漢置廣成苑，有湯泉在苑中。泉有九源，東南流注於澤。」下引《志》云：「梁縣西南六十里有西湯，可以熟米一石。」此即《水經・汝水篇》注所云：「廣成澤水東南流，與溫泉水合」者也。若《洛水篇》注云：「北逕偃師城東，東北歷鄩中，鄩水注之，水出北山，鄩谿其水南流，世謂之溫泉水。」又《河水五篇》注云：「汜水北合鄤水，水西出婁山，至冬則煖，故世謂之溫泉。」二者皆屬河南郡，而注不及者。據馬融《廣成頌》云：「神泉側出，丹水涅池，怪石浮磬，燿焜于其陂。」正與此賦下句言「黑丹石緇」相符。殆惟梁縣之溫泉所出，故薛氏專舉之與？

16. 黑丹石緇

善注引《孝經援神契》曰：「德至于山陵，則出黑丹。」

案：《西山經》「女牀之山多石涅。」《北山經》「賁聞之山多涅石。」郭注「石涅」云：「即礬石也。楚人名為涅石，秦名為羽涅，《本草經》亦名曰『石涅』。」是以「涅石」、「石涅」為一物。今《本草經》無此語，蓋脫文也。郝氏謂：「吳氏據《本草》云：『黑石脂，一名石墨，一名石涅，南人謂之畫眉石《綱目》引《說文》云：「黛，畫眉石也。」今《說文》作黱。』與『礬石』不同。又引《本草》：『石涅，一名玄丹，又名黑丹。』亦引《援神契》並此賦語云

『黑丹流緇』。」

余謂如吳氏所引「石緇」為「流緇」，則下二字虛用，專指「黑丹」言矣。而善注下引張揖《子虛賦》注曰：「玄厲黑石，可用磨也。」於「石緇」別言之。攷《禹貢》「荊州貢礪、砥」，不定為黑色。《本草》有玄石與磁石同類，但不能吸鐵，又未言其可作礪也。惟《中山經》「陽華之山，其中多玄礵。」郭注云：「黑砥石，生水中。」《玉篇》「礵」字下亦云「黑砥石」，《子虛賦》之「玄厲」，當謂此也。若薛注云：「黑丹石緇，謂黑石雜色也。」似皆謂石，而丹亦為色，語殊未晰。

17. 王鮪岫居

薛注云：「山有穴曰岫。長老言：『王鮪之魚，由南方來，出山穴中，入河水，流行七八十里。釣人見之，取以獻，天子用祭。』」

案：《說文》「鮪」下引《周禮》「春獻王鮪」，與此注「獻以用祭」正合。其「出穴」云云，段氏以為「必古事如此，不然鮪出江中，何以西周能獻鮪也。」陸璣《詩疏》云：「河南鞏縣東北崖上，山腹有穴，舊說與江湖通。鮪從此穴而來，北入河，西上龍門，入漆、沮。」《漢書》李奇注：「鮪出鞏縣穴中，三月遡河上，能渡龍門之浪，則為龍。否則，點額而還。」

余謂高誘注《淮南・氾論訓》《修務訓》竝有此說。但既云不能渡則還，是渡者，即龍矣。何以西周又有鮪可獻。當是鮪本漆、沮所產，故《潛》詩詠之。《上林賦》「八川分流」，列魚名，亦及「䱀鱣䱀鱣，即鮪，見《吳都賦》」。然則鮪非鎬京所少也。

注又云：「其穴在河南小平山，未審所在。」

案：《水經・河水五篇》注云：「鞏縣北有山，臨河，謂之崟㟪邱，其下有穴，謂之鞏穴。言潛通淮浦，北達於河。直穴有渚，謂之鮪渚。成公子安《大河賦》『鱣鯉王鮪，暮春來游。』然非時及佗處則無，故河自鮪穴已上，又兼鮪稱。」酈氏所云「崟㟪邱」，疑即「小平山」之異名。

18. 能鼈三趾

善注引《山海經》曰：「陽狂水西南流，注于伊水中，有三足鼈。」

案：此所引見《中山經》「大𦲅之山𦲅當為苦」。實龜非鼈也，其言鼈者，亦見《中山經》「從山之水」。故郭注《爾雅》引《山海經》「從山多三足鼈，大苦山多三足龜。」此注誤也。注又引《爾雅》曰：「鼈三足曰能。」彼文與「龜三足賁」竝列。《論衡・是應篇》亦云：「鼈三足曰能，龜三足曰賁，能與賁不能神於四足之龜鼈」，則三足特異種耳。郭注又謂陽羨縣君山有池，水中出三足鼈，又有六眼龜。故其所作《江賦》云「有鼈三足，有龜六眸」也。

又案：左氏《昭七年傳》：「昔堯殛鯀于羽山，其神化為黃熊，以入于羽淵。」釋文：「熊音雄，獸名。亦作能，如字。一音奴來反，三足鼈也。」解者云：獸非入水之物，故是鼈也；一曰既為神，何妨是獸。《說文》及《字林》皆云：「能，熊屬，足似鹿。」然則「能」既熊屬，入為鼈類。今本作「能」者勝。近段氏及陳氏景華《內外傳攷正》俱從陸義，而王尚書引之復力辨「熊」字為是，「能」字為非。

余謂如許、呂兩家，無論傳文作「熊」、作「能」，總是獸，而非鼈。蓋獸之為「能」，與三足鼈之「能」，固同名而異物也。乃陸氏所稱入為鼈類，似本為熊，而入水為鼈，混合為一，未免附會。若《史記・夏本紀》張守節正義曰：「鯀之羽山，化為黃熊。熊音乃來反，下三點為三足也。」則謂「熊」字，从火，隸變作四點，此三點作「熊」，古無是字，尤屬臆說矣。

19. 乃龍飛白水

薛注云：「白水，謂南陽白水縣，世祖所起之處也。」

案：白水是鄉，非縣，殆字之誤耳。《漢紀》：「武帝元朔五年，以零陵泠道之舂陵鄉，封長沙定王子買為侯。至孝侯仁，以地形下溼，上書徙南陽。元帝許之以蔡陽白水鄉，徙仁為舂陵侯。」《地理志》：「舂陵，侯國。故蔡陽白水鄉」是也。《後漢書・光武紀》論云：「王莽惡劉氏，以錢文有金刀，改為貨泉，或以貨泉字文為白水真人，此其興兆矣。」《元和郡縣志》於棗陽縣云：「後漢世祖宅，在縣東南三十里，宅南有泉。《東京賦》所謂『飛龍白水』也。」又《水經・沔水下篇》注云：「沔水又東，合洞口水，出安昌縣故城東北大父山即大阜山西南流，謂之白水。又南逕安昌故城東，屈逕其縣南。縣，故蔡陽之白水鄉也。」蓋酈氏以白水為即洞水矣。

20. 欃槍

注引《爾雅》曰：「彗星為欃槍。」

案：彼郭注云：「亦謂之孛，言其形孛孛似掃彗。」故《春秋經》「彗」皆作「孛」。郝氏謂：「《天官書》云：『歲星之精生天棓、彗星、天欃、天槍。』

《天文志》云：『欃、槍、棓、彗雖異，其殃一也。』是《史記》《漢書》俱以彗星、欃、槍為非一星，與《爾雅》異。」

余謂《天官書》又云：「紫宮左三星曰天槍，右五星曰天棓。」是常有之星，非此「欃槍」矣。而《索隱》引石氏《星讚》曰：「槍棓八星，備非常之變。」《正義》曰：「占星不具，國兵起。」則亦有關於殃咎也。

21. 旬始

注引《史記》曰：「狀如雄雞。」

案：《天官書》云：「旬始出於北斗旁，狀如雄雞。其怒青黑，象伏鼈。」李奇曰：「怒，當音帑。」晉灼曰：「帑，雌也。或曰：怒，色青。」徐廣則曰：「蚩尤也。旬，一作營。」但上文云「蚩尤之旗，類彗而後曲，象旗。」晉灼引《呂氏春秋》「其色黃上白下」，則與「旬始」有別。或者如孟康說，同為熒惑之精，而其狀其色異與？又《楚辭・遠游篇》「造旬始而觀清都」，方氏《通雅》以為注者謂之皇天名。然《朱子集注》云：「旬始，星名。」近林氏雲銘《楚辭燈》所採皆舊注，正用《史記》語，則非謂皇天名可知。蓋下「清都」，始指帝之所居耳。

22. 昭仁惠於崇賢，抗義聲於金商

薛注云：「崇賢，東門名。金商，西門名也。」又「飛雲龍於春路，屯神虎於秋方。」薛注云：「德陽殿東門稱雲龍門，西門稱神虎門。」善注引《宮殿簿》：「北宮有雲龍門、神虎門。」

案：《方輿紀要》引《括地志》：「洛陽故城內有南宮、北宮，秦時已有之。漢五年，帝置酒洛陽南宮。後漢建武元年，車駕入洛陽，幸南宮，遂定都焉。」蔡質《漢儀》：「南宮至北宮，相去七里。」此賦上云「乃新崇德，遂作德陽。」薛謂：「崇德在東，德陽在西，相去五十步。」而《紀要》以崇德屬南宮，德陽屬北宮，則一為東西，一為南北，其相去里步。薛注與蔡質所記亦異。若雲龍、神武既為北宮德陽殿之門，則崇賢、金商當為南宮崇德殿之東、西門矣，故賦承上分敘之。

23. 濯龍芳林，九谷八溪

注云：「濯龍，池名。芳林，苑名。九谷、八溪，養魚池。」

案：《方輿紀要》云：「濯龍淵，在故洛陽城中，近北宮，中有濯龍池，

後漢為游宴之所。又華林苑，在故洛陽城內，西北隅與宮城相接，有東、西二門。魏文帝所起，亦曰芳林園。有景陽山在芳林苑西北，魏明帝景初元年所起土山也。齊王芳即位，始改芳林曰華林。」據此，以苑為魏造。然此賦已言「芳林」，當是漢舊，至曹魏益加侈麗。惟景陽山乃魏明帝所起，而《水經．穀水篇》注引孫盛《魏春秋》亦屬文帝。蓋誤以「景初」為「黃初」也，全氏祖望曾辨之。酈注又云：「景陽山之東，舊有九江。陸機《洛陽記》曰：『九江直作員水。水中作員壇三破之，夾水得相逕通。』《東京賦》『濯龍芳林』云云。今也，山則塊阜獨立，江無復髣髴矣。」然則此「九谷八溪」，即酈氏所稱「九江之水」也。

24. 淵游龜蠵

薛注云：「蠵，龜類也。」

案：《爾雅》說「十龜，二曰靈龜。」郭注：「涪陵郡出大龜，甲可以卜，緣中叉，似瑇瑁，俗呼為靈龜。即今觜蠵龜，一名靈蠵，能鳴。」郝氏謂：「郭云『緣中叉』者，《蜀都賦》劉注引譙周《異物志》『涪陵多大龜，其甲可以卜，其緣中叉。』叉與釵同，今本叉作文，字形之誤也。云『似瑇瑁』者，《玉篇》：「蠵蠵，似瑇瑁而有文。」然實二物，故《吳都賦》『摸瑇瑁，捫觜蠵』竝言之也。云『靈蠵』者，《禮器疏》引郭云：『今江東所用卜龜，黃靈、黑靈者』，此蓋與『天龜靈屬』一也。故《羽獵賦》亦云『抾靈蠵』矣。又云『能鳴』者，《說文》：『蠵，大龜也。以胃鳴者。』本《攷工記．梓人》文。鄭作『胷鳴』，云『榮原屬。』賈、馬作『胃』，賈云『靈蠵也。』『蠵』，《南都賦》作『鑴』，《說文》引司馬相如說，重文為『蝬』。」

25. 鵯鶋秋棲

注引《爾雅》：「鸒斯，鵯鶋。」郭璞曰：「匹鳥，腹下白也。」

案：今郭注云：「雅烏也。」本《詩．小弁》毛傳、《爾雅序》釋文。「雅」本又作「疋」，《廣韻》：「匹，俗作疋」，二字相混。而「鵯」字，郭亦音匹。又烏、鳥形近，故此注誤為「匹鳥」矣。《說文．鳥部》：「鵯，卑居也。」《隹部》：「雅，楚烏也。一名鸒，一名卑居。秦謂之雅。」《水經．灅水》注引孫炎曰：「卑居，楚烏。」犍為舍人以為「壁居」，《莊子》曰「雅賈」，馬融亦曰「賈烏」。郝氏云：「賈烏即雅烏，卑居作壁居，是卑讀如壁也。郭音匹，非。《詩》及《爾雅》『斯』字，蓋語辭，而劉孝標《類苑》遂立『鸒斯』之號，失之。」

余謂《詩》用語辭，如「螽斯」之類。《爾雅》則鳥名，單舉者甚多，何獨「鸒斯」著語辭？「螽醜奮」不云「螽斯」也，故《釋文》亦疑，而兩存其說焉。

26. 鶻鵃春鳴

注引《爾雅》:「鵰鳩，鶻鵃。」郭璞曰:「鶻鵃，似山鵲，頭尾青黑色。」

案：此注「頭尾」，蓋「短尾」之誤。《說文》:「鵰，鵰鳩也。」「鳩，鶻鵃也。」《詩·氓》傳云:「鳩，鶻鳩也。」是「鶻鳩」可單名鳩。以其多聲，又曰鳴鳩。《詩》「宛彼鳴鳩」,《月令》「鳴鳩拂其羽」是也。每以春來，故此賦云「春鳴」矣。《小宛》傳:「鳴鳩，鶻鵰。」《左傳》杜注同。邵氏謂因字形相涉而誤分為二名。古文周作𠂤，或省作舟。《大東》鄭箋:「舟當作周。」《考工記》注:「故書舟作周。」是「周」、「舟」二字相溷，从鳥，从隹，或相通用，故「鶻鵃」傳寫作「鶻鵰」是也。又名「滑鳩」,《莊子·逍遙遊篇》有「鷽鳩」，釋文引崔譔注「鷽讀為滑。」「滑鳩」，一名「滑鵰」，即毛傳所謂「鶻鵰」也。又名「鶻嘲」,《禮記》疏引郭音義云:「鵃音嘲」，後世即謂之「鶻嘲」。

余謂「鵃」與「嘲」通者，郭忠恕《汗簡》云:「嘲，《古文尚書》作呥。」蓋即《無逸篇》「譸張」之譸。「譸」或作「輈」，或作「侜」，或作「倜」。《汗簡》「呥」字，當為「啁」之譌。「啁」、「嘲」音相近也。但諸書以「鶻鵃」為「班鳩」，乃是鳩之大者。左氏《昭十七年》疏引舍人、樊光，暨高誘注《呂覽·季春紀》,《爾雅》釋文引《毛詩草木疏》皆然。《廣雅》謂之「鳻鳩」，鳻亦「班」字也。獨《方言》云:「其大者謂之鳻鳩，其小者謂之㣿鳩，或謂之鵴鳩，或謂之鴉鳩，或謂之鶻鳩。梁、宋之間謂之鷦。」《爾雅》釋文引《字林》亦云:「鶻鵃，小種鳩也」，蓋即本之《方言》。《左傳》疏又引郭璞以舊說及《廣雅》云「班鳩」為非。王氏《廣雅疏證》未定孰是。郝氏則謂「鵰鳩與雖非一物。」既以《廣雅》正《方言》之失，乃又謂「《方言》之鳻鳩，鳻與班雖同音而非同物」，未免矛盾。

余謂郭注《方言》「鳻音班」，則「鳻」即「鳻」之省也。不應又云「鳻鳩非班鳩。」疑《方言》傳寫倒亂，當是「其大者謂之鳻鳩，或謂之鶻鳩，其小者謂之㣿鳩」云云，如此則諸家皆通，而郝氏之說亦可無疑滯矣。且《方言》以「尸鳩」為「戴勝」，郭注云「非是。」王氏亦謂《廣雅》沿其誤，正與此處《字林》沿《方言》之誤相同。故戴氏震《疏證》云「『或謂之鶬鳩』句，雜入不倫。」

27. 鴡鳩

注引《爾雅》:「鴡鳩，王鴡。」郭璞曰:「鴡，鶬鶬類也。」案：此注「鶬鶬」字涉上文而誤，當作「鴡鳩，鵰類也。」郭又云:「江東呼之為鶚，好在江渚山邊食魚。」引《周南・關雎》傳曰:「鳥鷙而有別。」《說文》:「鴡，王鴡也。」《左傳》:「鴡鳩氏，司馬也。」杜注:「王鳩也。」《詩正義》既引陸《疏》「鴡鳩，大小如鴟，深目，目上骨露。」而下以楊雄、許慎皆曰「白鷢似鷹，尾上白」為非。蓋《爾雅》「鸞」、「白鷢」與「王鴡」各著。《說文》「鷢」字下乃云:「白鷢，王鴡也」，混合為一。故孔疏云:「然至楊雄之說，今《方言》所無。」又郭注《南山經》、高注《淮南・說林訓》皆云「雎謂之沸波」，近人引以釋王鴡。鵰又即鶚，《說文》則「王鴡」與「鵰」、「鶚」，畫分異處。郭氏此注亦不直以為即鵰、即鶚也。要之，皆鷙之類耳。

28. 麗黃

注引《爾雅》:「鶬鶊，鵹黃也。」郭璞曰:「鸝，黃黑也。」

案：今《爾雅》「倉庚」不从鳥。郭注云:「其色黧黑而黃，因以名云。」據《說文》:「離黃，倉庚也。鳴則蠶生。」「鵹，鵹黃也。一曰楚雀也，其色黎黑而黃。」二者不以類廁，蓋不謂一物。《爾雅》前有「倉庚」、「商庚」，與「鵹黃」、「楚雀」亦分著，許義正符。至篇末又綴此文，不應一鳥而數見。郝氏謂「必叔孫通、梁文所附益」，當是也。但諸書多合言之，故郭注「倉庚」云「即鵹黃也。」注「鵹黃」云「即倉庚也。」其字則《說文》「離」、「鵹」外，《字林》省作「鵹」，又作「鵹」。《月令》注作「驪」，《方言》作「鸝」，此賦又作「麗」，皆同音異體耳。惟《爾雅》別有「皇黃鳥」，或以為即「倉庚」。郭注:「俗呼黃離留，亦名摶黍《詩》釋文:「摶，徒端反。他書或作搏」。」郝氏謂「馬屬，黃白曰皇，此鳥名皇，知非鵹黃之鳥矣。」郭云「黃離留者，非。」段氏亦謂「黃鳥非倉庚，蓋今之黃雀也。」《方言》「鸝黃，或謂之黃鳥」，特《方言》之偶同耳。陸璣乃誤以「倉庚」釋「黃鳥」，二說皆是。

余謂《周南》毛傳:「黃鳥，摶黍也。」《小雅・黃鳥篇》「無啄我黍」，「無啄我梁」，「無啄我黍」，「摶黍」之名正謂此。《豳風》傳:「倉庚，離黃也。」即《說文》所本，是古說原自分明。若《逸周書・王會解》「方揚以皇烏」，孔注：「皇鳥配於鳳者也。」而邵氏引以證《爾雅》之「皇」，郝氏既同其說，又引《北山經》「軒轅之山有鳥曰黃鳥」，似謂一物。不若陳氏逢衡依孔注謂「即《爾雅》所云：『鷗鳥，其雌皇』」者為得矣。

29. 誃門曲榭

薛注云：「誃門，冰室門也。」

案：《水經・穀水篇》注云：「《洛陽諸宮名》曰：「南宮有誃臺、臨照臺」，下引此賦語及薛注為證。又云：「誃門，即宣陽門也酈又云：「宣陽，漢之小苑門也。」蓋魏晉後始有「宣揚」之名，見《方輿紀要》。門內有宣陽冰室。」《說文》：「誃，離別也。周景王作洛陽誃臺。」段氏謂：「誃臺，蓋誃門之臺也。誃者，誃之或體。《爾雅・釋宮》『連謂之簃』。郭云：『堂樓閣邊小屋，今呼之簃廚、連觀也。』」《說文・新附》有「簃」字，亦「誃」之異體。

余謂《爾雅・釋言》「斯誃，離也。」離，即別也。故徐氏鍇《說文繫傳》用《爾雅》之「簃」以釋「誃」，以為「小屋連於大屋」，實則別自為一區也。張氏《膠言》因引沈存中說謂「別門以對曲榭，無定處。」但「誃門」，本洛陽南面四門之稍西者，與此賦上言「於南」正合。薛注云：「臺有木曰榭」，亦《釋宮》文。然則云「榭」者，即「誃臺」也，都非泛言，仍從舊說為是。

30. 其西則有平樂都場，示遠之觀

薛注云：「平樂，觀名也。都，謂聚會也。為大場以作樂，使遠觀之遠下當有人字，謂之平樂，在城西。」下文善注又引華嶠《後漢書》曰：「明帝至長安《水經注》為永平五年，迎取飛廉並銅馬，置上西門平樂觀。」

案：《水經・穀水篇》注云：「又南逕平樂觀東。李尤《平樂觀賦》曰：『乃設平樂之顯觀，章祕偉之奇珍。』華嶠《後漢書》曰：『靈帝于平樂觀下起大壇，上建十二重五采華蓋，高十丈。壇東北為小壇，復建九重華蓋，高九丈，列奇兵、騎士數萬人，天子住大蓋下。禮畢，天子躬擐甲，稱無上將軍，行陣三匝而還，設祕戲以示遠人』」，下即引此賦語。又云：「今於上西門外無他基觀。惟西明門外，獨有此臺，巍然廣秀，疑即平樂觀也。」

余謂賦及薛注但云在西，未指何門。攷魏晉之西明門，本漢之雍門，為西面三門之正西，上西門亦在西面，而迤北，則地近相接。故酈氏之疑與華嶠所紀，稍有參差耳。若《方輿紀要》云：「隋末李密向東都，敗隋軍于平樂園，即故平樂觀也。」引胡氏曰：「漢魏平樂觀在洛城西，隋營新都，改為平

樂園，在都城之東。」此則城既移徙，而觀亦非其舊矣。

31. 龍雀蟠蜿，天馬半漢

薛注云：「蟠蜿、半漢，皆形容也。」

案：「龍雀」，即「飛廉」，已見前《西都賦》。又《水經注》引應劭曰：「飛廉，古人以良金鑄其象。」薛亦云：「天馬，銅馬也。」酈注又云：「飛廉，董卓銷為金，用銅馬徙于建始殿東階下。」張氏《膠言》謂：「半漢字不可曉。據注形容之語，蓋言天馬之高，其勢似可半霄漢耳。」然銅馬是置階下之物，安得云「半霄漢」。且古所謂形容語，皆雙字也，不應以「半霄漢」為形容，說殊迂滯。其下引方氏《通雅》「半漢，讀盤桓。」而謂「漢與觀、煥叶韻，不當讀平聲。」亦未知漢以前無四聲之分。

余謂「盤桓」與「半漢」太遠，疑「半漢」為「泮渙」之譌。《詩・卷阿》之「伴奐」，鄭箋云：「縱弛之意。」「伴」當為「泮」之借字，「奐」與「渙」通。即《訪落》之「判渙」，亦與「判換」通。後《魏都賦》「雲撤判換」，劉注云：「判換，猶恣睢也。」「恣睢」與「縱弛」義合。此處或作「泮」，蝕其偏傍則為「半」，「渙」、「漢」又音形皆相近也。賦意殆謂銅馬工製精巧，如有「恣睢縱弛」之狀，正薛注所謂「形容也」，如此與上「蟠蜿」字正相稱，似可備一義。

又案：《玉篇》《廣韻》竝有「駻驛」字，云「馬行也。」段氏謂此賦作「半漢」，蓋以「半漢」為「駻驛」之借音字，亦近是。但《說文》無「駻」字。其「驛」字云：「馬頭有發赤色者」，未見他義耳。

32. 八達九房

善注引「《大戴禮》曰：『明堂九室而有八牖。』九室，則九房也。八牖，八達也。」

案：今《大戴記・盛德篇》：「明堂，凡九室。一室而有四戶八牖。凡三十六戶，七十二牖。」又「九室十二堂，室四戶，戶二牖。」孔氏廣森補注云：「此據漢明堂言之，異於周制。故鄭君曰：『九室三十六戶七十二牖』，似秦相呂不韋作《春秋》時說者，所益非古制也。」江氏藩云：「明堂制度以為九室十二堂者，《大戴》外，班固《白虎通》、蔡邕《明堂》《月令章句》也。《大戴》言九室，二九四，七五三，六一八，此龜文之數，為術士九宮之法。十二堂之說，本《援神契》，皆出緯書。」據張衡賦，則東京明堂，但有九室，亦無十二堂也。《後漢書・光武紀》注引《建武圖》曰：「建武三十一年，作明堂十二，堂法日辰，九室法九州。」此說與賦乖異。《建武圖》不知何人所作，昔人皆云不可依據。平子目擊其制，當以為正。

余謂東京明堂既依《大戴禮》，班、蔡又同，未必平子獨異。此賦不及十二堂者，特文不具耳，江說非是。若鄭君云「非古制者」，蓋以《考工記・匠人》「五室」為主，與《太平御覽》引《周書》合。而《魏書・賈思伯傳》載其言曰：「《月令》亦無九室之文，原其制置，不乖五室。其青陽右个即明堂左个，明堂右个即總章左个，總章右个即玄堂左个，玄堂右个即青陽左个。如此，室猶是五，而布政十二。」是說欲為《考工》《月令》之調人，則江氏及汪氏中皆非之。要之，知周制與漢制不必盡同，又何事紛紛為哉。

33. 規天矩地

薛注云：「謂宮室之飾，圓者象天，方者則地也。」善引《大戴禮》曰：「明堂者，上圓下方。」

案：孔氏補注云：「此亦後代之制。《考工記》曰：『四阿重屋，古明堂檐有四阿。』明非上圓。」

余謂李注又引《三輔黃圖》曰：「明堂，方象地，圓象天。」章懷引《建武圖》亦云「上圜下方」，蓋皆據漢制而言，故此賦云。然若高誘注《呂氏春秋・孟春紀》云：「中方外圓，通達四出。」則畢氏沅校本以為「明堂，中外皆方」，不得如注所云也。

34. 授時順鄉

薛注引《月令》曰：「孟春，居蒼龍左个。」

案：明堂為四時布政令之地，而注獨及「孟春」者，以賦下文言「孟春元日」，故舉一時以例其餘耳。今《月令》作「天子居青陽左个」，此異者，豈所據有別本歟？抑或涉彼下文「駕青龍」而誤也？

35. 次席紛純

善注引「《周禮》：『莞席紛純，次席黼純。』謂二席俱設，互言之。」

案：此係《春官・司几筵》之文。所舉外，中間尚有「繅席畫純」。「次席」者，鄭注：「桃枝席，有次列成文。」即《書・顧命》之「篾席」也。孔傳：「篾，桃枝竹」，與鄭合。而鄭於《書》注則云：「篾，析竹之次青者。」

雖稍異而為竹則一。故薛注亦云:「次席,竹席也。」鄭又云:「紛如綬,有文而狹者。」即薛注「謂以組為緣」也。《周禮》上言「大朝覲」,《書》傳亦以篾席為見羣臣,覲諸侯之坐。此賦正敘覲禮,則「次席」宜矣。但《周禮》「次席」及《顧命》「篾席」皆「黼純」。《書》疏「黼純」是「白黑雜繒緣之」,非「紛純」也。今賦云『次席紛純』,故善以為互言。然席有三重,以上一重為準。《顧命》列四坐,各舉一席。而下二席,該於「重」字中,不得祗謂二席,又傅會以為竝設也。薛注於「紛純」,但順文釋義,未嘗分別言之。或者漢制不必盡同周制,否則先鄭讀「紛」為「和粉」之「粉」,與「黼」字為雙聲,殆因此而致誤與?

36. 發京倉,散禁財

薛注云:「京,大也。禁,藏也。」

案:何氏焯謂「『京倉』與『禁財』對舉,蓋京師之倉也。」孫氏《攷異》從之。然薛氏訓「禁」為「藏」,固虛字也。以「京」為「大」,而善注引《詩》之「如坻如京」,義亦正合,本不得如何說。

又案:《管子・輕重丁篇》有「新成」、「囷京」者二家。《說文》:「圜謂之囷」、「方謂之京」。《廣雅・釋宮》亦云:「京,倉也。」然則「京」正「倉」之名,義更顯。

37. 華轙

善注引《爾雅》:「載轡謂之轙。」郭璞曰:「在軾上,環轡所貫也。」

案:「在軾」二字,今本《爾雅》作「車軛」。《說文》「轙」字云:「車衡載轡者。」《論語》包咸注:「衡,軛也。」蓋轅耑著橫木,以戹馬領,名曰衡,亦曰軛。軛上施大環,以便總持,則謂之轙,即游環也。貫驂之外轡,以禁其出無常處,故曰游。若作「在軾」,乃《詩》所謂「觼軜」。《說文》:「軜,驂馬內轡,系軾前者」,引《小戎篇》為證,與「轙」非一物也。此注「軾」字,當為「軛」之誤。惟《爾雅》上言「鑣謂之钀。」郭注:「馬勒旁鐵。」《說文》:「鑣,馬銜也。」即《巾部》之「幩,馬纏鑣扇汗也。」《玉篇》亦云:「钀,鑣也。」而《說文》以「钀」為「檥」之重文。段氏謂:「獻聲與義聲,古合音最近,即羲尊、獻尊同音之理是也。」然一「钀」字,《爾雅》以為「鑣」之異名,《說文》又以為「檥」之或體,不可得而定矣。

38. 金鍐

善注引蔡邕曰：「金鍐者，馬冠也。高廣各五寸，上如玉華形，在馬髦前。」

又下句「方釳」，薛注云：「謂轅旁以五寸鐵鏤錫，中央低，兩頭高，如山形，而貫中以翟尾，結著之轅兩邊，恐馬相突也。」

案：如蔡、薛二家之說，是「金鍐」在馬頭，「方釳」在馬後也。此賦先言「金鍐」，又言「方釳」正同。而《說文．金部》無「鍐」字，其《夊部》「嵏」字云：「㓹蓋也。」鍐取嵏字之義，當是字本作嵏，後人加金旁耳。《說文》「釳」字云：「乘輿馬頭上防釳防，古多作方，插以翟尾、鐵翮、象角，所以防網羅釳去之。」段氏謂「許意馬頭無金鍐而有方釳也。」《續漢書．輿服志》注引顏延之《幼誥》曰：「釳，乘輿馬頭上防釳角，所以防網羅，釳以翟尾鐵翮象之也」，與許語合。

余謂《輿服志》有「乘輿金鍐」之文，注亦引蔡邕語。如薛注所引，則不應馬頭有「金鍐」，又有「方釳」矣。此固各據所聞，似當以此賦及蔡邕《獨斷》所云「一在馬頭，一在馬後」為準《獨斷》曰：「方釳，鐵也，廣數寸，在馬騣。後有三孔，插翟尾其中」。

39. 左纛

薛注云：「以旄牛尾，大如斗，置騑馬頭上，以亂馬目，不令相見也。」

案：「纛」，《說文》作「翳」。《毛詩》作「翿」。釋文：「纛，俗作纛。」是「翳」為正字，作「纛」者，从毎，不从毒也。《爾雅》：「翢，纛也。」「纛，翳也。」《玉篇》亦云：「翢，纛也。」「翿，翳也。」翳、翢竝同。翢从舟，與翢从周，一也。郭注《爾雅》云：「今之羽葆幢。」故《廣雅》「幢謂之翢。」《說文》：「翳，翳也。所以舞也。」郭亦云：「舞者，所以自蔽翳。」是纛本舞人之用。而《鄉射禮記》云：「君國中射，則以翿旌獲」，亦用之於射。《周官．鄉師》：「及葬，執纛以與匠師御匶而治役」，亦用之於喪。此「左纛」則彷其制而置於車。《史記．項羽紀》：「紀信乘黃屋車，傅左纛。」《集解》引李斐曰：「纛，毛羽幢，在乘輿車衡左方，上柱之柱或作注。」《漢書．高帝紀》注引同。又引蔡邕曰：「以犛牛尾為之，如斗。或在騑頭，或在衡。」應劭曰：「雉尾為之，在左驂，當鑣上。」師古以應說為非，蓋謂用犛牛尾，非雉尾也。旄牛即犛牛也。

40. 鑾聲噦噦，和鈴鉠鉠

上句本《魯頌》，下句本《周頌》。注中引《詩》似連文，非也。「和」上宜有「又曰」二字下「萬舞奕奕」，「鐘鼓喤喤」，注連引《詩》，亦同。與他處不畫一。「鑾」，今《詩》作「鸞」。

案：《說文》「鑾」字云：「鈴象鸞鳥之聲。」崔豹《古今注》「鸞口銜鈴，故謂之鑾。」是「鑾」正從「鸞」得義，故《毛詩》凡「鑾」字皆作「鸞」。「鉠鉠」，今《詩》作「央央」，亦同聲通用。

41. 重輪貳轄

案：《說文》「轄」字云：「車聲也。一曰轄，鍵也。」「鍵」字云：「一曰車轄。」又《舛部》云：「舝，車軸耑鍵也。兩穿相背，从舛，𥁕省聲。」是「轄」與「舝」一也。故本書潘正叔贈陸機詩，注引《泉水》詩「載脂載舝」，「舝」作「轄」。「轄」或从金。左氏《哀三年傳》「巾車脂轄」，釋文：「轄，本又作鎋。」《一切經音義》十六：「轄，古文舝、鎋二形。」《說文・金部》無「鎋」字。段氏謂：「《周禮・大馭》注『故書軹為軒。』杜子春云：『或讀軒為簪笄之笄。』蓋車軸耑為軎，兩軎左右出轂外，如笄之出髮，然有鐵舝以鍵之，又似笄之貫髮也。」

余謂軸所以持輪，故「重輪」與「貳轄」連言之。「貳轄」者，副轄也。《大行人》之「貳車」，《曲禮》之「貳綏」，注皆訓「貳」為「副」。《續漢書・輿服志》「乘輿貳轂兩轄」，劉昭注引蔡邕曰：「轂外復有一轂，抱轄其外，乃復設轄。」蔡說蓋《獨斷》之文，此注亦引之，惟「抱轄」作「副轄」為異。轄於車行則設之，「貳轄」者，取其固而不致脫也。但如《說文》「兩穿相背」之義，似每耑為「兩穿」，每穿鍵以一鐵亦本段說，是左右已各有二轄，此又因其重輪而加副轄，如《獨斷》說與。

42. 羽蓋威蕤

薛注云：「羽蓋，以翠羽覆車蓋也。」

案：上文「樹翠羽之高蓋」，謂次車，此則言乘輿也。《說文》：「翳，華蓋也。」翳之言蔽，蓋蔽於上，故名「翳」也。前《西京賦》「華蓋承辰」，後曹子建《求通親親表》「入侍華蓋」，注引劉歆《遂初賦》「奉華蓋於帝側」，皆是也。若《子虛賦》之「建羽蓋」，《漢書》顏注：「以雜羽飾」。蓋特因上有「張翠帷」之語，故別言之耳。

注又云「威蕤，羽貌。」

案：《說文》：「蕤，草木華垂皃。」冠緌亦曰蕤，《周禮》「夏采建緌」，《王制》「大綏小綏」，鄭君竝改為「緌」，皆下垂之義。後《景福殿賦》「流羽毛之威蕤」，注：「威蕤，羽毛之貌」，與此同。「威」或从艸，作「葳」，《南都賦》「望翠華兮葳蕤」，《子虛賦》「錯翡翠之葳蕤」，《甘泉賦》「昭華覆之威威」，注：「威猶葳蕤也。」《說文》無「葳」字，「威」當為「逶」之假借。《說文》：「逶池，衺去之皃。」《詩》「周道倭遲」，即「逶遲《白帖》作逶」，《韓詩》作「威夷」，是也。

43. 葩瑵曲莖

薛注云：「葩爪，悉以金作華形，莖皆曲。」引蔡邕《獨斷》曰：「凡乘輿車皆羽蓋金華爪。」

案：《說文》「瑵」字云：「車蓋玉瑵。」《續漢書·輿服志》：「乘輿、金根、安車、立車、羽蓋華瑵。」劉昭注引徐廣曰：「翠羽蓋黃裏，所謂黃屋車也。金華施橑末，有二十八枚，即蓋弓也。」《漢書·王莽傳》：「造華蓋九重，高八丈一尺，金瑵。」師古曰：「瑵讀曰爪。」段氏謂「瑵、蚤、爪三字一也，皆謂蓋橑末。」《說文》指爪字作「叉」，當云「車蓋玉叉也。」「瑵」、「叉」疊韻。他家云「金瑵」、「華瑵」者，謂金華飾之。許云：「玉瑵者，謂玉飾之」，故字从玉也。

余謂《集韻》「瑵」或作「釽」，蓋因以金為之，故从金耳。後王元長《曲水詩序》「重英曲瑵之飾」，注即引此賦語為證，而誤作《西京》。

44. 立戈迤戛

薛注云：「戈，謂木勾矛戟也。」

案：《說文》：「戈，平頭戟也。」《考工記》鄭注：「戈，今句孑戟也。」《廣雅》「戈」與「孑」皆訓為「戟」。蓋戈刃横出，故為句兵；矛直刃，則刺兵也，二者各殊。注中「矛」字與「孑」形似而誤。胡氏《考異》據《續漢書·輿服志》注所引無「木」字，「矛」作「孑」，是也。

注又云：「戛，長矛也。矛，置車上，邪柱之。」

案：《說文》：「戛，戟也。」《廣雅》《廣韻》皆本其語。「戛」、「戟」，雙聲字。此注殆以立者戈。既為戟，不應迤者「戛」，又為「戟」，故以「矛」別之。然古無是訓，不知何據。

45. 輂弩

善注引《說文》曰：「輂，車闌間皮篋以安其弩也。」

案：今《說文・玨部》「輂」字云：「車笭間皮匧，古者使奉玉所以盛之。从車、玨，讀與服同。」段氏謂：「輂以盛玉，故字从車、玨，會意。漢時輕車以藏弩，制沿於古也。」今本《續漢書・輿服志》「輂弩」二字，譌為「轓輒弩」三字。」

余謂善又引徐廣《車服志》曰：「輕車置弩於軾上」，此即《續漢志》劉注所引。「輿」誤作「車」，「志」下宜有「注」字，而胡氏《考異》本未及。

46. 通帛綪旆

善注云：「通帛曰旗。」

案：《周禮・司常職》「通帛為旜」。上文「重旜」，薛注正用其語。此「旗」字傳寫譌也。

注又引《國語》曰：「分魯公以少帛綪茷。」韋昭曰：「大赤也。」

案：左氏《定四年傳》「分康叔以綪茷。」杜注：「綪，大赤，取染草名也。」《說文》：「綪，赤繒也。以茜染，故謂之綪。」《雜記》注作「蒨旆」，「蒨」，即茜也。段氏謂「茜者，茅蒐也。」《韋部》云：「茅蒐染韋。一入曰韎。」然則必數入而後謂之「綪」，今不得其詳矣。「茜」與「綪」合韻而同音，故「茜染謂之綪」也。

余謂《說文・艸部》：「茷，艸木多。」《㫃部》：「旆，繼旐之旗也。」「茷」為「旆」之借字。《詩・六月》「白茷央央」，釋文：「茷，本作旆。」《左傳》疏亦云：「茷即旆也。」此注當有「茷與旆通」之語。

47. 雲罕九斿

善注引《說文》曰：「斿，旍施流也。」

案：今《說文・㫃部》「游」字云：「旌旗之流也。从㫃，汓聲。」又「旒」字訓亦同。當是「旒」為「游」之重文。《周禮》作「斿」，蓋「游」之省也。「流」者，段氏云：「旗之游如水之流，故得偁流也。」

余謂此注所引「旍」，即「旌」字。「施」，當為「旗」。而《說文》云：「齊欒施字子旗。」知「施」者，「旗」也，則義亦通。《集韻》《類篇》「流」作「旒」，亦俗字，而經典多有之。

又案：後《甘泉賦》「建光燿之長旓兮」，注引《埤蒼》曰：「旓，旌旗斿也。」是「游」亦曰「旓」。司馬相如《大人賦》作「髾」，蓋尤韻字，可與「蕭」、「肴」通耳。

48. 髶髦

薛注云：「髦頭茸騎也。」

案：《說文》：「髶，亂髮也。」「茸，艸茸茸皃。」音義略同。《太平御覽・儀式部》引《玄中記》：「秦時，終南山有梓樹，大數百圍，蔭宮中。始皇伐之，輒大風雨，飛沙石，人皆疾走，至夜瘡合。有一人不能去，夜聞鬼問樹：『秦王凶暴，得不困耶。』樹曰：『來即作風雨擊之，其奈吾何？』鬼曰：『秦王使三百人被頭，以赤絲繞樹伐汝。』樹無言，疾入報。案言伐斷中一青牛出，逐之入水，秦王因立旄頭騎。」葉氏樹藩又引魏文帝《列異傳》云：「秦文公時，梓樹化為牛。以騎擊之，不勝，或墮地。髻解被髮，牛畏之，入水，故秦置旄頭騎。」其事稍異。而摯虞《決疑錄要》注則引張華語，以為壯士之怒，髮踴衝冠，義取於此。應劭《漢官儀》曰：「舊選羽林郎旄頭，被髮為前驅。」今但用「髶士」。「旄頭」，別見後《羽獵賦》。

49. 虎夫戴鶡

善注云：「鶡，鷙鳥也。鬬至死乃止，令武士戴之，示猛也。」

案：《說文》：「鶡，似雉，出上黨。」《續漢書・輿服志》曰：「武冠，俗謂之大冠，環纓無蕤，以青系為緄，加雙鶡尾，豎左右，為鶡冠云。五官、左右虎賁、羽林、五中郎將、羽林左右監，皆冠鶡冠。鶡者，勇雉也。其鬬對一死乃止。故趙武靈王以表武士，秦施用焉。」劉昭注引徐廣曰：「鶡，似黑雉，出上黨。」荀綽《晉百官表》注曰：「冠插兩鶡，鷙鳥之暴疏者也。每所攫撮，應爪摧衂。天子武騎故以冠焉。」《御覽》引應劭《漢官儀》及董巴《漢輿服志》竝同。若「鷙」乃梟屬。陸璣《詩疏》以為水鳥之謹愿者，與「鶡」迥殊。注當本云「鶡，鶡鳥也。」下「鶡」字傳寫誤為「鷙」耳。至郭注《山海經》云：「鶡似雉而大，青色，有毛角，鬬死乃止。」此則《說文》所稱「鳻雀，似鶡而青，出羌中」者，郭蓋誤認。《漢書・循吏傳》顏注亦辨之，謂非虎賁所著也。

50. 戎士介而揚揮

薛注云：「揮，為肩上絳幟，如燕尾者也。」善注引《左傳》：「廚人濮曰：

『揚徽者，公徒也徽，當作微。見《羽獵賦》。』徽與揮古字通。」

案：《傳》語在《昭公二十一年》。《說文》:「微，幟也。以絳帛著於背下。」亦引《傳》文。又云:「若今救火衣然也。」《周禮》:「司常掌九旗之物，名各有屬。」鄭注:「屬，謂徽識也。」《大傳》謂之「徽號」。今城門僕射所被，及亭長著絳衣，皆其舊象。」孔疏:「徽識，謂在朝、在軍所用小旌。」《詩》「識文鳥章」，亦一物。「識」，今《詩》作「織」。彼疏云:「《史記》《漢書》謂之「旗幟」。「織」、「幟」皆與「識」同音通用。」《司常》又云:「皆畫其象，象有事，有名，有號。」鄭云:「三者，旌旗之細也。」是徽識即小旗之著於衣者，並與薛說合。

余疑雖著於衣，必插之肩背間，而有事亦可舉以指揮。傳云:「揚徽，揚者，舉也。」故徽或作揮，揮義亦通。段氏乃謂曰:「揚者旌旗，而非著背者，判為二事，殆不然其所被之人。」鄭言城門僕射，《續漢書·百官志》:「虎賁有左右僕射各一人，主虎賁郎習射。又尚書僕射一人。」注引蔡質《漢儀》曰:「僕射主封門。」劉昭曰:「獻帝分置左右僕射。」而《志》於城門別有校尉，但尚書僕射既主封門，鄭當指此，即大司馬職，所謂帥以門名也。《六月》箋釋「織文」云:「將帥以下，衣皆著焉。」疏云:「帥謂軍將至伍長，不見士卒，其有無不明，蓋亦各有之。」今觀《漢書·高祖紀》應劭注:「舊時，亭有兩卒，一為亭父。」《續志》「亭有亭長」，注引《風俗通》曰:「亭吏，舊名負弩，改為亭長，或謂亭父。」《廣雅·釋訓》:「亭父，更褚卒也。」《說文》:「褚，卒也。」「隸人給事者衣為卒。」卒衣有題識者。《方言》:「亭父，或謂之褚。」郭注:「褚，言衣赤也，音赭。」諸書所稱正鄭注「亭長，著絳衣者也。」然則徽識自兼士卒言之，故薛於「戎士」亦云「士卒也。」疏未詳考，而僅以肊定，何耶？至疏云「在朝、在軍」者，司常雖為軍事，而朝亦有之。鄭云:「徽識，所以題別衆官，樹之於位，朝者各就焉。《覲禮》:「公、侯、伯、子、男，皆就其旂而立，此其類也。」特朝事樹之於位，而在軍則綴之於身為異耳。」若此賦列敘「乘輿」、「扈從」之人，則徽識亦必著於衣可知。

51. **雷鼓**鼝鼝

善注引《毛詩》:「鼓鼝鼝。」

案：今《詩》作「鼓咽咽。」釋文:「咽，本又作鼝。」此即李氏所據之本也。「鼝」與「咽」音同，《說文》作「鼘」，引《詩》「鼗鼓鼘鼘」。而《商頌》作「淵淵」，《小雅．采芑篇》亦云「伐鼓淵淵」。「淵」與「咽」，皆假借字也。此作「灥」者，「淵」本从㶜，遂加水旁，而又移「淵」於上耳。

52. 冠華秉翟

薛注云：「冠華，以鐵作之，上闊下狹，以翟雉尾飾之，舞人頭戴，一行羅列八人，謂今麥策花也。」

案：如薛說，合二者為一，但冠為首之所戴，秉乃手之所執，固當有別。蔡邕《獨斷》曰：「建華冠以鐵為柱，卷貫大珠九枚。今以銅為珠，形制似縷簏《續志》劉昭注引作「其狀若婦人縷鹿」。《記》曰：『知天文者服之』，《左傳》曰：『鄭子臧好聚鷸冠』，前圖以為此制是也。天地、五郊、明堂、月令，舞者服之。」《續漢志》同，而皆不言「翟」。疑薛氏誤以「鷸」為「翟」也。善注既引《獨斷》語，兼引《詩》「右手秉翟」，則「翟」非冠之所有，似得之。又劉昭注引薛綜曰：「下輪大，上輪小。」與此處「上闊下狹」正相反，亦未知孰是。

53. 致高煙乎太一

案：《周禮．大宗伯》「禋祀」，鄭注云：「禋之言煙。周人尚臭，煙氣之臭聞者。」《尚書》「禋于六宗」，《大傳》「禋」作「煙」，袁準《正論》曰：「禋者，煙氣烟熅也。」是「禋」與「煙」義通。故此賦言「高煙」，即所謂明禋也，而注未之及。

54. 供禘郊之粢盛

薛注云：「禘郊，謂祭天於南郊也。」

案：《國語．周語》：「禘郊之事，則有全烝。」《魯語》天子曰：「入監九御，使潔奉禘郊之粢盛。」《楚語》：「天子親舂禘郊之盛」，又「禘郊不過繭栗」，與《王制》「祭天地之牛，角繭栗」正合。故此注亦以「禘郊」連言，皆為祭天。薛氏蓋猶是鄭君之說，而不同王肅以下諸家謂禘祭專屬宗廟也。下善注引「《禮記》：『王者禘其祖之所自出』，鄭玄曰：『禘，大祭也。』又曰：『天子籍田千畝，以事天地，以為粢盛。』」亦從薛義，而不以他說汨之。

55. 決拾既次

善注引《毛詩》語同。

案：今《詩》「次」作「佽」。毛傳：「佽，利也。」《說文》：「佽，便利也。」引《詩》亦作「佽」，「一曰遞也。」此則與「次」義同。鄭箋云：「謂手指相次比也。」正為「遞」之意。《漢書・百官公卿表》更名「左弋」為「佽飛」。「佽」或作「次」，即《呂覽・知分篇》所稱「次非」也。是「佽」、「次」通用，故《周禮・繕人》注引《車功》詩亦作「次」。

56. 彫弓斯彀

薛注云：「彫弓，有刻畫也。」

案：《詩・行葦》「敦弓既句」，毛傳：「敦弓，畫弓也。」「天子敦弓」，疏引定四年《公羊傳》何休注「天子彫弓」云：「敦與彫，古今之異。」釋文：「敦音彫。」蓋「敦」、「彫」為雙聲字。《說文・隹部》：「彫，鷻也」，《鳥部》：「鷻，雕也」，互相訓，是二字通。「彫」，亦或借「雕」為之。但據《說文》「弴，畫弓也。」是「敦」本「弴」之假借。《孟子》則作「弤」，亦雙聲字也。「天子彫弓」，原出《荀子》。

注又云：「彀，張也。」

案：《詩》釋文：「句，古豆反。」《說文》作「彀」，云：「張弓曰彀。」疏引此賦語為證。謂「彀」與「句」字雖異，音義同。段氏則云：「句，讀倨句之句。」毛傳曰：「天子之弓，合九而成規。」是此弓倨多句少。言「句」，以見其倨也，不得云「句即彀。」

余謂《詩》疏云：「傳言此者，明『既句』是引滿之時也，以合九成規。」此弓體直，今言「既句」，明是挽之，所解已晰。且觀此賦語，知漢人本以「彀」、「句」同聲，「句」即為「彀」矣。段說殆未然。

57. 日月會于龍狔

此《國語》成句，善注引以證。又引賈逵曰：「狔，龍尾也。」《月令》：「孟冬，日在尾。」《漢書》曰：「東宮，蒼龍。」

案：「狔」字，《廣韻》《集韻》俱作「豵」，是宜从豕與從豕異，不从犬也。尾為蒼龍七宿之一。丹玄子《步天歌》云：「尾九星，如鉤，蒼龍尾。」蓋象其形，故有「龍尾」之號。《月令》疏謂「《三統術》：『十月節，日在尾十度。』《元嘉術》：『十月中，日在尾十二度。』」則歲差已不同矣。

又案：「豵」，《玉篇》作「豝，音丁角切。」《廣雅・釋親》云：「州、豚，臀也。」王氏《疏證》謂「豝與豚義相近。《玉篇》：『豚，尻也。』《廣韻》

云：『尾下竅也。』又《爾雅．釋畜》『馬白州，驠』，《北山經》『倫山有獸焉，其州在尾上』，郭注竝云：『州，竅也。』」據此知「州」、「豚」皆與「豝」通。而《廣韻．五覺》既有「豝」字，云「龍尾」，復於《五十候》出「豵」字，是一義為兩字兩音。然「豵」亦「州」之聲近也。

58. 中畋四牡

薛注云：「中畋馬，謂調良馬，可用獵者。」

案：此似讀「中」字為去聲，未免不辭。據左氏《哀十七年傳》「渾良夫乘衷甸兩牡」，「衷」與「中」通。《國語．晉語》「衷而思始」，注：「衷，中也。」是也。《周禮．司服》「凡甸冠弁服」，注：「甸，田獵也。」是「甸」與「田」通用。「田獵」字或又作「畋」，亦借「佃」為之。左氏《昭二十年傳》「齊侯至自佃」，釋文：「佃，本亦作田。」《孝經》注「田獵」，釋文：「田，本作佃。」故《說文．人部》「佃」字下引《傳》文曰：「乘中佃。中佃，一轅車也。」《左傳》杜注：「衷甸，一轅卿車」，正與許合。此處上言「御小戎，撫輕軒。」《詩．秦風》鄭箋云：「小戎，羣臣之兵車。」「輕軒」，即《續漢志》所謂「輕車，古之戰車也。」蓋田獵宜輕便，故不用平時之乘車。中畋而四牡者，取其捷也。此當依《說文》引《左傳》釋之。

59. 次和樹表

薛注云：「軍之正門為和也。表，門表也。」善曰：「《周禮》：『大閱，虞人為表，以旌為左右和門。』」

案：《大司馬職》先言「表貉」，「誓民」，注云：「立表而貉祭也。」又言：「虞人萊所田之野為表，百步則一，為三表，又五十步為一表。」注云：「表所以識正行列也。四表，積三百五十步，左右之廣，當容三軍。」下乃言「和門」，注云：「軍門曰和。今謂之壘門，立兩旌以為之。」疏引《穀梁．昭八年傳》「置旃以為轅門」是也。據此，似「門」與「表」別，但表名和表，亦曰桓表。《說文》：「桓，亭郵表也。」段氏云：「《檀弓》注：『四植謂之桓』，然二植亦謂之桓，一柱上四出，亦謂之桓。《漢書》『瘞寺門桓東』，如淳曰：『舊亭傳於四角面百步築土四方，有屋，屋上有柱出，高丈餘，有大版貫柱四出，名曰桓表。縣所治夾兩邊各一桓。陳、宋之俗言桓聲如和，今猶謂之和表。』師古曰：『即華表也。』」

余謂桓表與桓圭、桓楹同義。《禹貢》「和夷底績」，鄭注讀「和」為「桓」，是「和」、「桓」通用字。曰「華表」者，「和」與「華」，「歌」、「麻」韻通也。鄭既言表分左右，而門亦分左右。當是即表之地，設旌旗為門表，曰和表，故門亦曰和門，蓋二而一矣。賦文「次」字，宜從注。一作「敘」，本之《周禮》「羣吏各帥其車徒，以敘和出。」然則「敘和」與「樹表」固遞言之，而非兩不相屬也。

60. 升獻六禽

善注引鄭司農曰：「六禽，雁、鶉、鴽、雉、鳩、鴿也。」

案：今《周禮》注有「鷃」，無「鴽」。「鴽」為黃鴽，一舉千里之大鳥，恐非常供。《內則》云：「雉兔鶉鷃」，又云：「爵鷃蜩范」，皆有「鷃」，則作「鷃」是也。「鷃」，《說文》作「鴳」，云：「雇也。」「雇」即「鳸」。

61. 薄狩于敖

注引《詩》「薄獸于敖」。

案：今《詩》作「搏獸于敖」。然此賦外，如《水經注》《初學記》《後漢書・安帝紀》注引《詩》皆作「薄狩」。蓋「薄狩」與「搏獸」二字竝音近，故通用也。左氏《昭十七年傳》注「水火合而相搏。」釋文：「搏，本作薄。」《公羊・桓四年傳》「冬曰狩」，何注：「狩，猶獸也。」《漢書・郊祀志》云：「今郊得一角獸曰狩。」又《漢張遷碑》：「帝游上林，問禽狩所有。」是「獸」亦可作「狩」也。

薛注又云：「敖，鄭地，今之河南滎陽也。」

案：「敖」，亦作「隞」，即「囂」也。《水經・濟水一篇》注云：「又東逕敖山北，其山上有城，即殷帝仲丁所遷。」皇甫謐《帝王世紀》曰：「仲丁自亳徙囂于河上，或曰敖矣。秦置倉於其中，故亦曰敖倉城也。」又《竹書》：「仲丁元年遷於囂。」徐氏《統箋》云：「《括地志》：『滎陽故城，在鄭州滎澤縣西南十七里，殷時隞地也。』《一統志》：『敖山，在鄭州河陰縣西北二十里。秦時，敖氏築倉其上，因以名山。』非也。」

余謂左氏《宣十二年傳》「晉師在敖、鄗之間」，杜注：「二山在滎陽縣西北。」是以敖、鄗皆為山。江氏《考實》疑鄗乃邑名，當是也。若《桓六年傳》「先君獻武、諱二山」，杜注：「二山具敖也，以其鄉名山。」此敖山則魯地，非鄭地矣。

62. 剛癉必斃

薛注云：「癉，難也。言鬼之剛而難者盡死也。」

案：《漢書・王莽傳》「正月剛卯」，晉灼注：「剛卯，面作兩銘，皆有『庶疫剛癉，莫我敢當』之語。」亦見《續漢書・輿服志》。《爾雅・釋詁》孫炎注：「癉，疫病也。」此言逐疫，故用「剛癉」字。

63. 斮獝狂

薛注云：「獝狂，惡戾之鬼名。」

案：「獝」，或从人。《甘泉賦》「抶僪狂」，與此同。《莊子・知北游篇》：「登狐闋之上，而睹狂屈。」釋文引李頤說：「狂屈佯張，似人而非也。」桂氏《札樸》以為「狂屈即僪狂。當是屈、僪音相近，特倒文耳。」

又案：「獝」、「僪」，皆《說文》所無。惟《辵部》「趫，狂走也。」然則此字正當作「趫」

64. 腦方良

薛注云：「方良，草澤之神。」

案：《周禮・方相氏》「毆方良」，鄭注：「方良，罔兩。」蓋音相近，故破其字。《史記・孔子世家》作「罔閬」。《說文・虫部》作「蝄蜽」，云「山川之精物也」，引《國語》「木石之怪夔、蝄蜽。」左氏《宣三年傳》杜注專以為「水神」，非是。善注於「方良」不引《周禮》，殊疏。下文「罔像」，薛注以為「木石之怪」，亦與《國語》「水之怪龍罔象」不合。

65. 囚耕父於清泠

薛注云：「清泠，水名，在南陽西鄂山上。」善注引《山海經》曰：「有神耕父處豐山，常遊清泠之淵，出入有光。」

案：後《南都賦》「耕父揚光於清泠之淵」，善注所引與此同。今見《中山經・耕玉篇》作「耕」，云「神名」。劉昭注《禮儀志》引此賦注，其注《郡國志》引《南都賦》注，竝云：「耕父，旱鬼也。」今注無此語，豈有脫文與？彼郭注云：「清泠水在西號郊縣山上。」郝氏謂：「《莊子・讓王篇》云：『舜友北人無擇，自投清泠之淵。』《呂氏春秋・離俗覽》作『蒼領之淵』，高誘注：『蒼領，或作青令。』《莊子》釋文引此《經》云：『在江南，一云在南陽郡西鄂山下。』所引蓋郭注之文，與此處薛注正同。則今本郭注『號郊』，當即『鄂』字之誤衍。」

余謂《方輿紀要》言「西鄂城，在今南陽府北五十里。」應劭曰：「江夏有鄂，故此加西。有豐山，在府東北三十里，其下有泉。」是所云「西鄂山」，即豐山。「清泠」，即豐山下之水也。薛、郭注「上」字當為「下」。若《莊子》釋文先云「在江南」，殆誤以《說文》之「泠水」，即班《志》之「清水」者當之耳。

66. 溺女魃於神潢

薛注云：「神潢，亦水名，未知所在。」善注引《山海經》曰：「大荒之中有山名不勾，有人衣青衣，名曰黃帝女魃，所居不雨。」

案：善注所引見《大荒北經》。《經》先言「有山名不勾，海水入焉」，下別云「有係昆之山」，乃及「女魃」。此注連屬「不勾」，誤也。《經》下文又云：「叔均言之帝，後置之赤水之北。」然則此賦所稱「神潢」，當即指「赤水」矣。《經》又云：「所欲逐之者令曰神，北行，先除水道，決通溝瀆。」郭注言「逐之必得雨，故見先除水道。今之逐魃是也。」郝氏謂《藝文類聚》一百卷引《神異經》案：《神異經》不知何人所作，託之東方朔。《詩・云漢》正義亦引其文云：「南方有人，長二三尺，袒身，而目在項上，走行如風，名曰魃。所見之國大旱，赤地千里。一名狢，遇者得之，投溷中，乃死，旱災消。」是古有「逐魃」之說。

余謂「魃」字，《玉篇》引《文字指歸》作「妭」。《太平御覽》及《後漢書》章懷注引《山海經》亦俱作「妭」。《說文・鬼部》：「魃，旱鬼也。」《女部》：「妭，婦人美貌。」則「妭」為「魃」之假借字。《周禮・秋官》有「赤犮氏」，鄭注：「赤犮，猶言捇拔也。」「犮」即「魃」之省。《說文》引《周禮》作「赤魃」，而《神異經》作「狢」者，又「魃」之雙聲字也。

67. 殘夔魖與罔象

薛注云：「夔，木石之怪，如龍有角。」善引《說文》曰「魖，耗鬼也。」

案：桂氏《札樸》云：「《說文》：『夔，神魖也。』夔、魖，是一物。下文『野仲』、『游光』，皆一物名。夔、魖不得為二。此沿孟康《楊雄傳》注之誤。」

余謂《甘泉賦》「捎夔魖而抶獝狂」，二者各一物，桂說是也。薛注「如龍有角」，正《說文》語，當連及上「神魖」也。蓋「魖」為耗鬼，「夔」乃鬼之神者耳，即「魖」也。「夔，一足，越人謂之山繅」，見韋昭《國語注》。「繅」，亦作「魈」。《廣韻》「山魈出汀州，獨足鬼也。」若《大荒東經》:「流波山有獸，狀如牛，蒼身而無角，一足，出入水則必風雨，其光如日月，其聲如雷，名曰夔。黃帝得其皮為鼓，聲聞五百里。」是其行狀本不合，殆因「一足」而得「夔」之名，故段氏以為彼獸也，非鬼也。但薛注又云「鱗甲光如日月」，似合《山海經》而一之，段議其非。至所自說，既云「夔魖」連文，固為一物。而於「魖」下，又以此賦「夔」、「罔象」與「魖」為三物，亦未免矛盾。

68. 殪野仲而殲游光

薛注云:「野仲、游光，惡鬼也。兄弟八人，常在人間作怪害。」

案:《海外南經》云:「有神人二八，連臂為帝司夜于此野。」郝氏謂「野仲、游光，兄弟各八，正得十六，疑即此」，當是也。惟「野仲」，無他見。「游光」，亦見馬融《廣成頌》「捎罔兩拂游光」，又《廣雅》云:「火神謂之游光」，而《法苑珠林・六道篇》引《王子》云「木精為游光」。則一屬火，一屬木，不同薛語，未詳何據。

余謂「游光」，殆即《易・繫辭》「精氣為物，游魂為變」之義與？

69. 魑蜮

善注引《漢舊儀》曰:「魊，鬼也。魊與蜮，古字通。」

案:《說文》:「蜮，短狐也狐當作弧，見《詩毛傳》。似鼈，三足，以氣射害人。」蓋蜮雖物而能害人，自有鬼物憑之，故《詩》云「為鬼為蜮」。注於上文「毆除羣厲」下引《漢舊儀》曰:「顓頊氏有三子，一居若水，為罔兩蜮鬼。」而此又改「蜮」為「魊」。「魊」字，《說文》所無，非也。

70. 畢方

薛注云:「老父神，如鳥，兩足一翼者當作一足兩翼，此誤，常銜火在人家作怪災。」

案:《廣雅》:「木神謂之畢方。」王氏《疏證》「引《淮南・氾論訓》『木生畢方』，高誘注:『畢方，木之精也。狀如鳥，青色，赤腳，一足，不食五穀。』《韓非子・十過篇》:『畢方竝鎋，蚩尤居前。』「畢」或作「必」。《藝文類聚》引《尸子》云:『木之精氣為必方。』又《法苑珠林》引《白澤圖》云:『火之精者曰必方。狀如鳥，一足，以其名呼之，則去。』又云:『上有山林，下有川泉，地理之間，生精名曰必方，狀如鳥，長尾。』」以上諸書，證據甚詳，足補善注之缺。

余謂《淮南》《尸子》俱謂「木精」，正合《廣雅》。而《白澤圖》云「火精」，則與上「游光」，木、火互易。薛云「銜火」，當亦謂火之精。《西山經》云：「章莪之山有鳥焉，其狀如鶴，一足，赤文青質而白喙，名曰畢方，其鳴自叫也，見則其邑有譌火。」蓋薛注所本也。若其字，《玉篇》《廣韻》俱作「鷝鴋」，乃後人加「鳥」旁耳。

71. 度朔作梗

善注引《毛詩》傳曰：「梗，病也。謂為人作梗病者。」

案：王氏觀國《學林》云：「今人正月旦，以桃木為版，書神荼、鬱壘而置於門，謂之桃符，即桃梗也。」《戰國策》「土偶人與桃梗語」，「桃梗」，即木偶人，削桃為之，粗有人形，故謂之梗，若所謂梗概者。

余謂《續漢書．禮儀志》記「桃印」云：「以桃為更，言氣相更也。」「更」乃「梗」之省。又敘「大儺」下云：「設桃梗、鬱儡、葦茭」，劉昭注引《風俗通》曰：「梗者，更也。歲終更始，受介祉也。」與《學林》釋「梗」字義雖異，而為桃梗則同。若《詩．桑柔》「至今為梗」，非此「桃梗」之梗。李氏顧援以為訓，《學林》駁之，是已。至賦上已言「作梗」，下復云「對操索葦」者，則《續漢志》所謂「夏以葦茭，周以桃更」，而「漢兼用之」也。

又案：薛注說度朔山事，善引《風俗通》。而《續志》注則引《山海經》曰：「東海中有度朔山，山上有大桃樹，蟠屈三千里，其卑枝門曰東北鬼門，萬鬼出入也。上有二神人，曰神荼，曰鬱壘。閱領眾鬼之害人者，執以葦索，而用食虎。黃帝象之，因立桃梗於門戶上，畫鬱儡持葦索，以御凶鬼。」與《論衡．訂鬼篇》引正同。今《山海經》無此文。《太平御覽．果部》不直引《山海經》，上稱衛宏《漢舊儀》，知是時《經》已脫。《學林》及戴氏埴《鼠璞》所引當本《論衡》，或劉昭至李善亦不引《經》而轉引《風俗通》，豈唐初即佚耶？《風俗通》本據《黃帝書》，其書無存。世傳《軒轅黃帝傳》出道家中，云：「東海有度索山，山有神荼、鬱壘神，能禦凶鬼。帝制驅儺之禮以象之。」語殊畧。「度朔」作「度索」者，或曰「此山以竹索懸而度也。」「朔」，蓋「索」之同音而誤。

72. 齊急舒於寒燠

善注引《尚書》曰：「謀恒寒若，豫恒燠若。」

案：「謀」當為「急」，六臣本、毛本已正之。「豫」字乃《孔傳》本，《正義》云：「鄭、王本作舒。」又自《史記》《漢書》及各史志多作「舒」。「舒」與「豫」，義固通也。但此賦正文作「舒」，注如作「豫」，當云「豫與舒通。」今無此語，知注本作「舒」矣。則不獨「謀」字誤，即「豫」字亦誤。殆校者據今本《尚書》所改也。

73. 左瞰暘谷

胡氏《考異》曰：「暘，當作湯。注同。《蜀都賦》『汩若湯谷之揚濤』，注云：『湯谷，已見《東京賦》。』即指此，可證也。」

案：《西京》《蜀都》兩賦注引《楚辭》作「陽谷」，與《說文・土部》《後漢書》注竝同。《西京賦》及此處，兩引《淮南子》作「暘谷」，蓋本之《尚書》。《說文・日部》引《書》亦作「暘」。今《淮南・天文訓》《墬形訓》皆作「暘谷」，但《史記索隱》云：「暘谷，舊本作『湯谷』。《淮南子》曰：『出湯谷，浴于咸池。』」則「湯谷」亦有他證明矣。據此，是舊本《淮南》固作「湯谷」也。《論衡・說日篇》亦作「湯谷」，乃相傳各異，故不能畫一耳。又《蜀都賦》注引《淮南》作「湯谷」，而無「已見《東京賦》」語。惟《吳都賦》「包湯谷之滂沛」，注：「湯谷，已見上文。」當謂《蜀都》，亦非謂《東京》也。《考異》本有誤。

74. 圉林氏之騶虞

薛注云：「林氏，山名也。」善引《山海經》曰：「林氏有珍獸，大若虎，五采畢具，尾長於身，其名騶吾，乘之日行千里。」

案：此所引見《海內北經》云「林氏國」，則非山名矣。郝氏謂：「《周書・史記篇》云：『昔有林氏召離戎之君而朝之』，又云：『林氏與上衡氏爭權，俱身死國亡』，即此國。《尚書大傳》云：『散宜生之於陵氏，取怪獸，大不辟虎狼間，尾倍其身，名曰虞。』鄭注：『虞，騶虞也。』是以『虞』即此『騶吾』，則『於陵氏』，即『林氏國』。『於』為發聲。『陵』、『林』，聲近。『虞』、『吾』，亦聲近。《周禮》賈疏引經作『鄒、吾，古字假借也。』」

余謂如《山海經》及《博物志》《淮南子》之說，直以「騶虞」為千里馬，而《詩》毛傳云：「騶虞，白虎，黑文，不食生物。」則以為仁獸，其形狀亦異，似別一物。《文選》中如《封禪文》「白質黑章，其儀可嘉」，《景福殿賦》「騶虞承獻，素質仁形」，皆與毛同。而此賦用《山海經》，固各不相侔也。若《東都賦》之「梁鄒」，則即非馬，又非仁獸，此自所傳不同，無庸混而一之。

75. 擾澤馬與騰黃

善注引《陰嬉讖》曰：「聖人為政，澤出馬。」

案：《漢書．武帝紀》：「元狩二年，馬生余吾水中。」又「太始二年，渥洼水出天馬。」《禮樂志》有《天馬歌》《志》於「渥洼」作「元狩三年」，與《本紀》不合，蓋即所謂「澤馬」也。

注又云《山海經》曰：「大封國有文馬，縞身朱鬣，名曰吉良，乘之壽千歲。」《瑞應圖》曰：「騰黃，神馬，一名吉光。」然「吉良」、「騰黃」，一馬而異名也。

案：《海內北經》云「犬封國曰犬戎」，此「大封」乃傳寫之譌。「吉良」，彼作「吉量」，「量」、「良」音同。郭注云：「《周書》曰：『犬戎文馬，赤鬣白身，目若黃金，名曰吉黃之乘，成王時獻之。』《六韜》曰：『文身朱鬣，眼若黃金，項若雞尾，名曰雞斯之乘。』《大傳》曰：『駮身，朱鬣，雞目。』」《山海經》亦有「吉黃之乘」，雖名有不同，說有小錯，其實一物耳。郝氏謂：「今《周書．王會篇》作『古黃』，《初學記》引同，郭云『吉黃』，是《經》之『吉量』，本或有作『吉黃』者。《藝文類聚》引又作『吉彊』，其引《瑞應圖》云：『騰黃者，其色黃』，非也。《經》言『縞身，朱鬣』，明非黃色。」

余謂「騰黃」與「乘黃」異。《周書》及《山海經》皆分別，知為二物。故陳氏逢衡以為「《符瑞圖》云：『騰黃者，一名乘黃，亦曰飛黃，或作吉黃，或曰翠黃。』但以『黃』字相附，遂類舉之，誤也。」「乘黃」，見後王元長《曲水詩序》。

76. 鳴女牀之鸞鳥

薛注云：「女牀，山名，在華陰西六百里。《山海經》曰：『女牀之山有鳥焉，其狀如鶴，五色文，名曰鸞鳥，見即天下安甯引《山海經》當為善注。』」

案：此所引見《西山經》上云「《西次二經》之首曰鈐山」，下隔「泰冒」、「數歷」二山，乃云「西南三百里，曰女牀之山」，則其里數與薛注不知合否？「如鶴」，今本作「如翟」。郭注云：「翟似雉而大，長尾，或作鵫。鵫，雕屬也。」又《爾雅》：「鸐，山雉。」郭云「長尾者」，與《說文》「翟，山雉，尾長者」正合。則「鸐」當作「翟」，俗加鳥旁耳。「鸐」與「鶴」，字形相似，故此注遂作「鶴」矣。郝氏謂：「《說文》云：『鸞，亦神靈之精也。赤色，五采，雞形。鳴中五音，頌聲作則至。周成王時，氐、羌獻鸞鳥。』《藝文類聚》引《決疑注》云：『象鳳，多青色者鸞』，與《說文》異。」

余謂此當是二種，故有「采鸞」，又有「青鸞」之名也。

77. 舞丹穴之鳳皇

注引《山海經》曰：「丹穴之山有鳥焉，其狀如鵠，五采，名曰鳳皇。是鳥也，飲食自歌自舞，見則天下安甯。」

案：此所引見《南山經》。「如鵠」，今本作「如雞」。而《史記・司馬相如傳》正義、《藝文類聚》、《初學記》及本書顏延之《贈王太常》詩注引此《經》，「雞」竝作「鶴」。此注作「鵠」，蓋「鵠」與「鶴」多相亂也，見後《辨命論》。「丹穴」者，《爾雅》：「岠，齊州以南，戴日為丹穴。」郝氏謂：「《御覽》引舍人云：『自中州以南日光所照，故曰丹穴。』《莊子・讓王篇》『逃乎丹穴。』《淮南・氾論篇》注：『丹穴，南方當日下之地也。』」

余謂《說文》言「鳳，出於東方君子之國」，與「丹穴」為南方異。蓋本稀有之物，第相傳自古，故所據遂致參差耳。

78. 黈纊塞耳

薛注云：「言以黃綿大如丸，懸冠兩邊當耳，不欲妄聞不急之言也。」善注引《大戴禮》：「黈纊塞耳，所以揜聰。」

案：《說文》「纊」，重文為「絖」，今《大戴》作「絖」。段氏謂：「絖，蓋『紞』之形似而譌。《禮緯》《客難》及此賦又作『纊』，薛氏遂緣辭生訓。而呂忱、顏師古從之。然黃綿塞耳，禮之所無。《士喪禮》『瑱用白纊』，豈有生時以纊充耳者？《魯語》『王后親織玄紞』，韋注：『紞所以縣瑱當耳者。』《齊風》『充耳以素，以青，以黃。』箋云：『素、青、黃，所以縣瑱，或名為紞。』瓊華、瓊瑩、瓊英，所謂瑱也。」

余謂段說當本之賈公彥曰：「古者瑱不用纊，士死則用白纊也。」《齊風》毛傳：「素，象瑱。青，青玉。黃，黃玉。」雖與箋異，亦不及「纊」。《左傳》「衡紞紘綖」，疏云：「紞者，縣瑱之繩，垂於冠之兩旁，若今條繩。」段因訂「絖」為「紞」，似已。但《說文》「冕」下云「垂鎣紞纊」，此「紞纊」連言，「纊」非誤字。而段云「瑱亦謂之纊」，未免牽強。且古書多言「纊」，不應皆誤。陳氏《禮書》:「據《魯語》:『紞皆玄色。』《詩》之『素』、『青』、『黃』,乃纊之別。士之襲禮皮弁、褖衣、緇帶之類,皆用生時物,孰謂瑱用白纊特死者之飾哉。」《左傳》「縛之如一瑱」,則縛纊以為瑱,瑱在纊下。陳氏《稽古編》亦言「纊所以縛瑱,而屬於紞,黃緜為之。」故「黈纊」說,似較勝,竝存焉。

又案:孔氏廣森《經學卮言》云:「古者充耳皆有紞,紞下乃綴玉、象之等。毛傳謂素即象瑱,則不當復出『瓊華』。素、青、黃,皆謂其紞之色,『尚之』者瑱耳。毛以素為士服,青為卿大夫之服,黃為人君之服,則得之。《士喪禮》『瑱用白纊』,是士以素也。《大戴記》『黈《莊子》作「黈」紞塞耳』,《玉篇》『黈,黃色。』是國君以黃也。」說與二陳氏合。而又云:「《國語》『王后親織玄紞』,紞,垂瑱之條也。然則天子充耳以玄歟?」

余謂《國語》言「紞」不言「紞」,如所說,仍混「紞」與「紞」,或者「紞」亦各如其「紞」之色,則與《禮書》異。要不得以「紞」為「紞」也。

附案:《廣韻》有「玧」字,云「充耳玉。」「兊」與「允」形相近,或誤其偏傍,遂作「紞」與?

79. 卻走馬以糞車

薛注云:「《老子》:『天下有道,卻走馬以糞。』河上公曰:『糞者,糞田也。兵甲不用,卻走馬以務農田。』然今言糞車者,言馬不用,而車不敗,故曰糞車也。」

案:注釋「糞車」,頗近牽強。何氏焯引《文字精誠篇》曰:「夫召遠者,使無為焉。親近者,言無事焉。惟夜行者能有之,故卻走馬以糞。車軌不接于遠方之外,是謂坐馳陸沈。」意蓋斷「糞車」為句。然核其文義,宜「糞」字句斷,「車」字下屬,竝不作「糞車」解。考《淮南子・覽冥訓》亦有此文云:「故卻走馬以糞,而車軌不接于遠方之外,是謂坐馳陸沈。」高誘注引《老子》釋之。彼于「車」上加一「而」字,文義顯然,則何氏所證非矣。惟明焦氏竑所輯《老子翼》注云:「糞,糞田,糞車也。」吳氏澂即引此賦語。又載唐陸希聲注:「雖有健馬,無所乘之,而糞車矣。」但從來注《老子》者數十家,以河上公《章句》為最古,未嘗有此說,豈平子偶誤讀《文子》語,而後人從而傅會之耶?

余疑平子賦本作「糞田」,因「車」字中為「田」字形,傳寫誤「田」為「車」。薛氏遂望文生訓,讀者不之察,仍其舊譌。如後張景陽《七命》云:

「卻馬於糞車之轅」，即用此賦，而不知「糞車」之殊為不辭，且其義難通也。

80. 仰不睹炎帝帝魁之美

薛注云：「炎帝，神農後也。帝魁，神農名。」

案：「神農」，本稱炎帝，而《賈子新書》云：「黃帝行道，炎帝不聽，故戰於涿鹿之野。」則是謂神農之後，與《史記》言「軒轅之時，神農氏世衰」正同。《潛夫論》云：「赤帝魁隗，身號炎帝，世號神農。」《帝王世紀》亦云：「炎帝徙魯，又曰魁隗氏。」故薛氏以帝魁為神農，但炎帝既屬神農後代，何以文法倒置，且不應衰德而稱其美。《路史・後記》謂「炎帝后有帝魁，黃帝后有帝魁」，因議薛注為非。據馬氏驌《繹史》引《外紀》云：「神農在位百四十年，帝臨魁八十年，此神農後之帝魁也。」《通鑑前編》言「黃帝二妃，方纍氏之女，曰節生休及清。黃帝崩，諸侯尊休為帝。有子曰嘻嘻，生季格格，生帝魁。此黃帝后之帝魁也。」善注亦引宋衷《春秋傳》曰：「帝魁，黃帝子孫也。」然此二「帝魁」，皆非聖德，不知賦意果誰屬？

余謂「炎帝」本指神農，連言「帝魁」者，與《潛夫論》所稱略同。「帝魁」即「魁隗」，非「臨魁」也，如此於文義為合。

81. 則大庭氏何以尚茲

薛注云：「大庭，古國名也。」善注引《莊子》曰：「昔容成氏、大庭氏結繩而用之見《胠篋篇》。」

案：左氏《昭十八年傳》「梓慎登大庭氏之庫」，杜注：「大庭氏，古國名，在魯城內」，與薛說同。《正義》曰：「大庭氏，古天子之國名也。先儒舊說皆云炎帝號神農氏，亦曰大庭氏。服虔云『在黃帝前』。鄭氏《詩譜》云『大庭在軒轅之前』，亦以大庭為炎帝也。」《繹史》引《春秋命歷序》亦云「炎帝號曰大庭氏，傳八世。蓋神農嘗徙魯，故其墟在魯也。」而《通鑑前編》獨言「大庭氏，亦曰朱顏氏，在神農以前。」元陳子桱《外紀》「朱顏」作「朱須」，又謂「包羲後大庭氏，與神農號大庭為二。」考《漢書・古今人表》，炎帝神農氏列第一等，大庭氏與榮成氏同列第二等。上古荒遠，固難臆定。若此賦「大庭氏」，疑亦屬神農，正承上「炎帝帝魁」而言之也。

《文選集釋》卷五

南都賦　張平子

1. 武闕關其西

注云：「武闕山為關在西。《漢書音義》文穎曰：『弘農界也。』」

案：「武闕」，即武關。《續漢志》「京兆尹商，故屬弘農。」注引《左傳·哀四年》「將通於少習。」杜預曰：「少習，縣東之武關。」《史記·貨殖傳》「南陽西通武關」，應劭曰：「秦南關也。」《方輿紀要》云：「武關，在今西安府商州東百八十里，東去河南內鄉縣百七十里。文穎曰：『在析西百七十里。』蓋析即內鄉也。今由河南南陽、湖廣襄、郢〔1〕入秦者，必道武關。而至長安，多由山中行，過藍田始出險就平。《志》曰：『武關之西接商洛、終南之山以達於岍、隴，武關之東接熊耳、馬蹬諸山以迄於轘轅，大山長谷，動數千里。』」

【校】

〔1〕「郢」，《讀史方輿紀要》作「鄖」。

2. 桐栢揭其東

注引《漢書》曰：「南陽之平陽縣有桐栢山。」

案：《漢志》南陽郡平氏下云：「《禹貢》『桐栢大復山在東南，淮水所出。』」《續志》同。此注「平陽」乃「平氏」之誤。段氏謂：「桐栢大復，以四字為山名。《說文》《風俗通》《水經》酈注竝與《漢志》同。單言桐栢者，省文耳。後世地志析為二山，非是。若《水經》所謂胎簪山即桐栢也。桑欽別為二，亦非。」

3. 湯谷涌其後

注引盛弘之《荊州記》曰：「南陽郡城北有紫山，山東有一水，無所會通，冬夏常溫，因名湯谷。」

案：《水經・湍水篇》注云：「湍水又歷太和川在魯陽縣，東逕小和川，又東，溫泉水注之，水出北山，七泉奇發，炎熱特甚。闞駰曰：『縣有湯水，可以療疾』，即《南都賦》所謂『湯谷涌其後』者也。然宛縣有紫山，山東一水，冬夏常溫，世亦謂之湯谷。非魯陽及南陽之縣故也。張平子廣言土地所苞，明非此矣。」

余謂酈說未然。宛正為南陽郡治，湯谷在城北，故曰「涌後」，淯水在縣南，故下云「盪胷」。「後」字、「胷」字，確不可易，不應轉捨此而偏舉魯陽之溫泉也。善注引盛《記》，為有見矣。

4. 淯水盪其胷

注引《山海經》曰：「攻離之山，淯水出焉。南流注于漢。」郭璞曰：「今淯水在淯陽縣。」

案：《說文》：「淯水出弘農盧氏山，東南入沔。」《水經・淯水篇》云：「出弘農盧氏縣攻離山」〔1〕，此即《山海經》之山名也。下云「東南過南陽西鄂縣西北，又東過宛縣南。」酈注以為即此賦所謂「盪胷」者也。「又屈南過淯陽縣東」，此即郭注所稱淯陽縣者，縣因以得名也。下云「又南過新野縣西。又西過鄧縣東〔2〕，南入于沔。」沔為東漢水，故亦云注于漢也。《說文》又引「或說曰，出酈山。」《漢志》南陽郡酈下有「育水出西北，南入漢。」是出酈山者，與出盧氏山者，異源而同流矣。若《方輿紀要》引《郡志》云：「淯水出嵩縣雙雞嶺。」「雙雞」，蓋功離之譌耳。而《漢志》復於盧氏下云：「熊耳山右有育水，南至順陽，入沔。」《續志》亦云：「盧氏有熊耳山，淯水出今本淯，誤作清。」《括地志》同此。則《水經》之所謂「均水」，酈注云：「均水，《地理志》謂之淯水」是也。趙氏一清云：「熊耳山之育水，酈氏以均水當之。《書敘指南》曰：『水經均州地，名龍井。』」今「龍井」之文，見《沔水篇》「育溪」注中，則「均」之為「育」，益可信。此與功離山之淯水，源流既不甚遠，而名稱又復相似，故詳辨之。如此乃《紀要》及郝氏注《中山經》竟混而一之，竝誤。

【校】

〔1〕「攻離山」，《水經注校證》作「支離山」。

〔2〕「西」，《水經注校證》作「南」。

5. 推淮引湍

注引《山海經》曰：「翼望之山，湍水出焉見《中山經》。」郭璞曰：「今湍水逕南陽穰縣而入清也。」

案：《水經・湍水篇》云：「出酈縣北芬山。」酈注云：「出弘農界翼望山，東南流逕南陽酈縣故城東，《史記》所謂下析酈也。」「析」，即今內鄉縣。酈縣城在縣東北。《元和志》於臨湍縣云：「翼望山在縣西北二十里今本誤作二百，湍水出焉。」臨湍，本漢冠軍縣地，冠軍城在今鄧州西北四十里。酈注又云：「湍水逕穰縣為六門陂。」穰縣城亦在今鄧州東南二里，此即郭所稱者。郝氏謂：「《晉書・地理志》南陽無穰縣。太康中，置義陽郡，有穰。則郭注南陽當為義陽，字之譌也。」《水經》下又云：「湍水東過白牛邑南，又東南至新野縣，東入于淯。」段氏謂：「南陽之水，淯最大。據《水經注》，合魯陽關水、洱水、梅谿水、朝水、濁水、湍水、比水、白水入漢。」故此言「推淮引湍，三方是通」也。

6. 赭堊

注引《山海經》曰：「陸郈之山，其下多堊；若之山，其上多赭。」郭璞曰：「赭，赤土也。堊似土，白色也。」

案：此所引竝見《中山經》。《經》作「若山」，則「之」為衍字。郭釋「堊」語，非。此處之注，別見《西次二經》「大次之山，其陽多堊」下。郝氏謂：「《說文》云：『堊，白涂也。』《爾雅》云：『牆謂之堊，亦謂牆以白堊涂之也。』然據《北山經》，賁聞之山、孟門之山竝多黃堊，《中山經》蔥聾之山『多白堊，黑、青、黃堊』，明非一色，不獨白者名堊矣。」

7. 紫英

注引《本草經》曰：「紫石英生太山之谷。」

案：《中山經》有「太山」，與《東山經》之「泰山」為岱宗者異。然《本草》本云「紫、白二石英，俱生泰山」，即《魏志・高堂隆傳》所謂「鑿泰山之石英」也。是正指東嶽，與南都無與。據《漢志》，南陽郡安眾侯國下注引《博物記》曰：「有土魯山，出紫石英。」而注不引，非也。安眾城，在今南陽府西南三十里。

8. 青雘

注引《山海經》曰：「景山之西曰驕山，其下多青雘。」郭璞曰：「雘，黝屬。」

案：《中次八經》：「荊山之首曰景山，東北百里曰荊山，又東北百五十里曰驕山。」此言「景山之西」，誤也。《說文》云：「雘，善丹也。」段氏謂：「《南山經》曰：『雞山，其下多丹雘。』『侖者之山，其下多青雘。』則凡采色之善者，皆偁雘。蓋本『善丹『之名，移而他施耳。亦猶白丹、青丹、黑丹，皆曰丹也。」

余謂本書《赭白馬賦》「兼飾丹雘」，注云：「丹雘，二色也。」蓋以「雘」為青，故亦引郭此注。是對文則別，散文則通矣。「雘」，本从丹，或作「䨼」，非。

9. 丹粟

注引《山海經》曰：「景山，雎水出焉，其中多丹粟。」郭璞曰：「細沙如粟。」

案：郭注見《南次二經》「柜山多丹粟」下。善專舉「景山」者，為南都之地也。《禹貢》「荊州貢丹」，《職方氏》「荊州其利丹銀」。南陽，古屬荊州矣。又《王會解》「卜人以丹沙」，《荀子》「南海有丹干」，《本草》「丹砂生符陵山谷」，則所出不一。「丹沙」，即今之朱砂耳。

10. 太一餘糧

注引《本草經》曰：「太一禹餘糧，一名石腦，生山谷。」

案：「腦」，當為「腦」。《說文》「腦」，作「𡿺」，云「頭髓也。」此言石之髓也。《廣州記》曰：「甘溪水味極甘冷，旁有石，名禹餘糧。」與注說同。蘇氏恭分「太一餘糧」、「禹餘糧」，一物而以精粗為名，總呼之則曰「太一禹餘糧」。陳氏藏器云：「太一者，道之源，大道之師，即理化神君禹之師也。師嘗服之，故有太一之稱。蓋道家語耳。」

又案：《博物志》言「扶海洲上有篩艸，其實食之如大麥，名自然穀，亦名禹餘糧。世傳禹治水時，棄餘食於江中而為藥。」又《名醫別錄》陶注云：「南人呼平澤中一種藤，葉如菝葜，根作塊，有節而色赤，味似薯蕷，謂為禹餘糧。」然二者無「太一」之名。此處與金、石竝列，固當是石類，非草與藤矣。

11. 中黃瑴玉

注引《博物志》曰：「石中黃子黃石脂。」又曰：「欲得好瑴玉，用合漿，於襄鄉縣舊穴中鑿取，大如魁斗，小如雞子。」

案：此與「禹餘糧」本一物，故賦連言之。《本草綱目》云：「餘糧乃石中已成細粉也。其未凝者，蘇氏恭以為殼中未成餘糧黃濁水也，即黃石脂是矣。至堅凝則為石中黃子。」《抱樸子》云：「所在有之，沁水山尤多。打其石有數十重，見之赤黃溶溶，如雞子之在殼中也。」據此，似「瑴」當為「殼」。「瑴」乃「玨」之重文，雙玉也，與此未合。殆同音借字，抑或形近而誤與？

12. 松子神陂

注引習鑿齒《襄陽耆舊記》曰：「神陂在蔡陽縣界，有松子亭，下有神陂也。」

案：《續漢志》南陽郡蔡陽侯國下注亦引此文，「記」作「傳」，此「記」字誤。彼下又云：「中多魚人，捕不可得。」蓋「神陂」之所以名也。蔡陽為今襄陽府棗陽縣地，《方輿紀要》言其故城在縣西六十里。

13. 游女弄珠於漢皐之曲

注引《韓詩外傳》曰：「鄭交甫將南適楚，遵波漢皐臺下，乃遇二女，佩兩珠，大如荊雞之卵。」

案：張氏《膠言》謂今《外傳》無此文。《江賦》注引《韓詩內傳》，其事較詳。《內傳》散佚，不可知也。《琴賦》注於此事又引《列女傳》，今亦無此文。梁氏履繩云：「此出《列仙傳》，《選》注誤也。」

余謂注未言漢皐所在，據《續漢志》南郡襄陽下引《耆舊傳》曰：「縣西九里，有方山，父老傳云交甫所見玉女游處，北山之下曲隈是也。」《水經・沔水下篇》注亦云：「方山北，山下水曲之隈，漢女昔游處，故張衡賦云云。漢皐，即方山之異名。」然則漢皐為襄陽地，以其隈曲，故曰曲矣。趙氏一清云：「《初學記》《太平御覽》引《水經注》竝作『萬山』。《廣韻》《集韻》『万』同『萬』，傳寫遂作『方』耳。」

14. 嶵嵬

注引《說文》曰：「嶵嵬，山石崔嵬，高而不平也。」

案：今《說文》「嵬」為部首，但云「高不平也」，豈有脫誤與？注意似以「嶵嵬」即「崔嵬」。《詩》「陟彼崔嵬」，毛傳：「崔嵬，土山之戴石者。」「崔」、「嶵」音相近也。然《說文》別有「峯」字云：「辠也。」「辠」字云「山皃。」「辠」為「罪」之本字。前《西京賦》「上林岑以壘嶵」，即「峯辠」也。「壘」則「峯」之同音借字耳。「嶵嵬」，《甘泉賦》作「嶂隗」。

15. 鞠巍巍其隱天

注云：「鞠，高貌也。」

案：以「高」訓「鞠」，似望文生義。下「巍巍」已是言高，不應複疊。《爾雅·釋詁》：「鞠，窮也。」《說文》：「窮，極也。」此當謂窮極其「巍巍」，至於「隱天」也。

16. 天封大狐

注云：「天封，未詳，或曰山名也。」

案：《漢書·地理志》西河郡鴻門下有天封苑、火井祠。錢氏《斠注》引《郊祀志》「宣帝祠天封苑、火井于鴻門。」《離騷》有「封狐」，王逸注：「封狐，大狐也」，亦以此賦語為證，并謂「封狐，即封狼，星名。」此說固有據，但鴻門在今神木縣南，非南陽地，且與山無涉。賦於此處實言山，或山可因是以名之；抑或神其事，以為「列仙之陬」而借擬之與？

注又引《南郡圖經》曰：「大胡山，故縣縣南十里。」張衡云：「天封，大胡也。」

案：《水經·沘水篇》：「沘水出沘陽東北大胡山趙氏云：「沘陽，《漢志》《續志》皆作比陽，誤也。」」注云：「大胡山在沘陽北如東三十餘里，廣員五六十里」，下亦引此賦語為證。趙氏一清云：「《天平御覽》引注文作『大狐』，又云『胡，一作狐。』」《南陽圖經》云此注南郡，疑亦南陽之誤：「山有大石如狐。」范史《樊英傳》作「壺山」，音同通用。

余謂《元和志》「比水出比陽縣東南南與北異太湖山湖與胡異」，而湖陽縣與比陽，俱屬唐州。據酈注，湖陽名縣，因水入大湖而納。稱是湖陽者，湖水之陽，非以山名。不知《圖經》何云「故縣」也。又《方輿紀要》「大胡山在今唐縣東北三十里」，洪氏《圖志》則「在泌陽縣東北七十里」，二縣皆屬南陽府。

又案：《山海經・中次十一經》有「大騩之山」。畢氏沅校本疑即此賦所謂「大胡」，「胡」、「騩」聲相近。郝氏謂：「《水經注》不引此《經》『大騩山』，明『大胡』非『大騩』矣。此『大騩』又不言有水出，無以定之。」

余謂《十一經》所列多為南陽之山，故畢有此疑。而前《中次七經》亦有「大騩之山」，郭注在滎陽密縣。《水經注》云：「大騩，即具茨山也。」《莊子・徐無鬼篇》云：「黃帝將見大隗乎具茨之山。」據《莊子》語，似與此賦下言「列仙之陬」相合，但滎陽非南陽境耳。

17. 玉膏滵溢流其隅

注引《山海經》曰：「密山，丹水出焉，其中多白玉，是有玉膏。」

案：所引見《西山經》，「密」作「峚」。《初學記》引同。《穆天子傳》作「密」，蓋古字通也。《經》下云：「其原沸沸湯湯」，郭注：「玉膏涌出之貌也。」《河圖玉版》曰：「少室山，其上有白玉膏，一服即仙」，亦此類。郝氏謂《初學記》引《十洲記》云：「瀛洲有玉膏，如酒，名曰玉酒，飲數升輒醉，令人長生。」

余謂郭注所云「涌出」，即此「滵溢」之義。郭又注《穆天子傳》「黃金之膏」云：「金膏亦猶玉膏，皆其精汋也。」故本書《游天台山賦》「挹以玄玉之膏」，注引此《經》曰：「密山，是生玄玉，玉膏之所出。」《經》下文又云：「以灌丹木，丹木五歲，五色乃清，五味乃馨。」蓋謂有玉膏之水，木亦發其華滋也。言服而得仙者，道家之說耳。

又案：《中山經》別有「密山」，豪水之所出，在今河南新安縣。亦見《水經注・洛水篇》，《經》於彼但云「其陽多玉」，非此矣。

18. 檉

注云：「似栢而香。」

案：《爾雅》：「檉，河柳。」《詩・皇矣》「其檉其椐」，毛傳正本《爾雅》。《說文》亦同。陸璣《詩疏》云：「檉生河傍，皮正赤如絳。一名雨師，枝葉似松。」《廣雅》云：「雨師、檉，�也。」《爾雅翼》云：「天將雨，檉先知之，起氣以應。」郝氏謂「今驗天將雨，檉先華，羅願此語不虛也。」「檉」，亦謂之朱楊。《子虛賦》「檗離朱楊」，《史記索隱》引郭注：「赤莖柳，生水邊也。」郝氏又謂：「檉之為言赬也，樹皮赬赤，故被斯名矣。」

余謂如諸書所說，似與注稍異。李氏別無引證，非是。《本草衍義》云：「赤檉木，又謂之三春柳，以其一年三秀也。」《廣雅疏證》云：「今人庭院多植之，葉形似柏，而長絲下垂則如栁，北方謂之三川栁。」「三川」，即三春之轉也。據此，則目驗似柏，正合善注。

19. 楔

注引《爾雅》：「楔，荊桃。」郭璞曰：「櫻桃也。」

案：古無「櫻」字，「櫻」即「荊」之疊韻字也。《齊名要術》引《博物志》：「一名英桃。」高誘注《呂覽・仲夏紀》及《淮南・時則訓》竝云「鸎桃」。「櫻」、「鸎」、「英」，俱同聲通借耳。《月令》「羞以含桃」，鄭注：「含桃，櫻桃也。」《廣雅》與鄭注同。王氏《疏證》謂：「釋文：含，本作函。函與櫻，皆小貌。函，若《爾雅》『蠃，小者蜬。』櫻，若小兒之稱嬰兒也。」然則「含」正當作「函」，「櫻」本即「嬰」字，而後人加木旁矣。高誘乃云「鸎鳥所含，故言含桃」，未免傅會。又今時櫻桃皆至夏始熟，故《月令》之「薦寢廟必以仲夏」。而《蜀都賦》云：「朱櫻春熟」，彼注引《漢書》叔孫通曰：「古有春嘗果，今櫻桃熟可獻本書「今」誤作「令」，「獻」誤作「嘗」。」此特言其早熟者耳，非必蜀地所產，獨與他處異也。

20. 樓

注引郭璞《山海經注》曰：「樓似松柏有刺。」

案：此見《西山經》「厎陽之山厎當為底」。今本郭注：「樓，似松，有刺。」郝氏謂「李善所引『柏』字衍。《玉篇》《廣韻》本此注，竝無『柏』字。」

余謂《說文》「樓」字云「細理木也」，正郭注所本。若後《蜀都賦》劉注「楔，似松，有刺」，則段氏以為彼「楔」字乃「樓」之譌，是已。

21. 槾

注云：「槾，荊也。」

案：《說文》：「槾，杇也。」不以為木名。惟《集韻》云：「槾音萬，亦槾荊也」，殆即本此。《本草》有牡荊、蔓荊之名，唐注以蔓生者為蔓荊。《廣雅疏證》則謂：「蔓荊倘是蔓生，則《本草》當入《草部》，今乃列之《木部》上品，明非蔓生之物。」

余謂陶宏景《別錄》曰「蔓荊樹亦高大」，此「槾荊」，當即「蔓荊」也。

22. 杻

注引郭璞《山海經注》曰：「杻似桑而細葉」，下「橿」字注又引《爾雅》郭注：「似桑」。今本兩處皆作「似棣」，則「桑」字誤也。

案：《爾雅》：「杻，檍。」郭云：「材中車輞」，《詩・唐風》毛傳本之。《爾雅》疏引陸璣《疏》云：「杻、檍可為弓弩幹」，故《攷工記・弓人》「取幹，檍次之。」是「杻」即「檍」也。此賦「杻檍」兼舉，而注內引兩處郭注分屬，殊未晰。《說文》本無「杻」字，其「楮」字云：「梓屬，大者可作棺槨，小者可為弓材。」前又有「檍」字云：「杶也。」近姚氏文田、嚴氏可均合箸《說文校議》謂：「此文傳寫誤倒。舊本當是『杻，楮也。』檍，即楮之俗。杻形近杶，復誤為杶，遂以為杶之重文耳段氏謂杶篆側書之，則為杻。」此說是也。然則「楮」、「檍」無別，即「杻」、「檍」非二，平子分言之，殆所傳各異與？

又案：桂氏《札樸》從今本《說文》謂：「檍、楮二字同音不同物。杶，古文作杻。」此於賦分舉可通，知本有異義，竝存之。

23. 橿

注引《山海經》郭注曰：「橿，中車材。」

案：此所引見《西山經》「英山」下。《說文》「橿」字云：「枋也。」「枋」字云：「木可作車。」蓋一木而二名，正郭所本。《考工記》注云：「今世轂用雜榆，輻以檀，牙以橿」，故言「中車材」。若《唐韻》云：「橿，一名檍。」殆因《爾雅》「杻，檍。」郭注「一名土橿」，遂誤以「橿」為「檍」耳。

24. 櫨

注引《上林賦》郭注曰：「櫨，橐櫨。」

案：《說文》「櫨」字下「一曰宅櫨木，出弘農山也。」「宅」音度，與「橐」音相近。段氏謂「鄭注說染草之屬有橐盧」，未知是否？考《爾雅》「欔，烏階。」郭注以為「染草」，又云：「欔，橐含。」邵氏《正義》疑鄭注所云「染草之橐盧」，當是。其所見《爾雅》本「橐含」作「橐盧」，即「烏階」也。郝氏亦從之。又《說文》:「桴木，出橐山。」蓋即《中山經》「橐山，其木多樗。」「樗」乃「桴」之誤段、郝說同。段氏又謂:「《廣韻·十一模》曰:『黃桴木，可染。』《十姥》曰:『桴，木名，可染繒。』《周禮》注之『橐盧』，豈即『黃桴』與?」

余謂草屬之「橐盧」，與木屬之「橐櫨」，殆同名而異物。鄭所說「橐盧」為草屬，當即「烏階」也。郭所說「橐櫨」為木屬，當即「黃桴」也。「黃桴」，即「黃櫨」。「櫨」與「桴」，疊韻字。《本草拾遺》有黃櫨，生商洛山谷。商洛屬弘農，與《說文》合。《山海經》之橐山，橐水出焉，北流注于河。《水經·河水篇》注云:「橐水出橐山，西逕陜縣故城南。」陜亦弘農所屬，揆之於地，無不相符。然則「橐櫨」之為「黃櫨」，宜可信。故《上林賦》之「櫨」，《漢書》顏注即以「黃櫨」釋之也。

又案:《唐本草》有楊櫨，又名空疏，所在皆有，生籬垣間，其子為莢。郝氏箋《中山經》謂:「陶注《本草》引李當之，曰『溲疏，一名楊櫨』，《別錄》云『生熊耳川谷』，《說文》『宅櫨，出弘農山』，或即此。」

25. 櫪

注云:「櫪與櫟同。」

案:《說文》「櫟」字云:「櫟木也。」《詩·秦風》「山有苞櫟」，孔疏引《爾雅》云:「櫟，其實梂。」孫炎曰:「橡也。」陸璣《疏》:「秦人謂柞櫟為櫟。」《水經·河水》注引周處《風土記》云:「舜所耕田於山下多柞樹。」吳越之間名柞為歷，是歷即櫟也。《說文》「櫪」字云:「櫪撕，椑指也」，乃桎梏之屬。此蓋以同音，借櫪為櫟。其作歷者，省偏旁耳。《韻會》引韓愈《山石》詩「時見松櫪皆十圍」，則亦以櫪為櫟矣。

又案:陸《疏》云:「河內人謂木蓼為櫟，椒榝之屬。其子房生，為梂。木蓼子亦房生。」段氏謂陸所稱即《說文》之「櫟」也。又謂:「《說文》栩、柔、樣音橡、草同皁為一物。是名柞櫟，亦名櫟，而非柞也。柞與棫為類，櫟似椒榝。鄭箋《大雅》云『柞，櫟也』，則以柞與柞櫟合為一。」

余謂嚴氏《詩緝》言「《詩》有二柞櫟，《爾雅》『栩，杼』，《唐風》之『苞栩』是也。《爾雅》『櫟，其實梂』，《秦風》之『苞櫟』是也。《稽古編》韙之，則兩木俱可稱柞櫟矣。」

26. 帝女之桑

注引《山海經》曰：「宣山有桑焉，其枝四衢，名帝女之桑。」

案：此見《中山經》。宣山在雉、衡二山之間，則亦為南陽之山。故《水經·瀙水篇》注云：「瀙水又東，淪水注之，水出宣山也。」《經》又云「其桑大五十丈」，郭注：「圍五丈也。其葉大尺餘，赤理，黃華，青柎。」

27. 楈枒

注引《上林賦》郭注：「楈枒似栟櫚，皮可作索。」

案：彼賦及注「楈枒」作「胥邪」。《史記》作「胥餘」。「餘」、『邪』，以雙聲通用。是「楈枒」為一木也。《說文》：「楈，楈木也。」「枒，枒木也。」劃分異處。則似二木，未知孰是。若《蜀都賦》「椶枒楔樅」四木並列，固可單呼「枒」也。「枒」，《南方草木狀》又作「椰」。《吳都賦》「椰葉無陰」，劉注「椰樹似檳榔」，下言其形狀甚悉，并云「核作飲器」。段氏謂「今俗用椰瓢」是也。因木葉在顛，又其皮與椶皮俱可作索，故郭云「似栟櫚」矣。

28. 柍

注云：「未詳。」

案：《說文》「柍」字云：「柍梅也。」《玉篇》作「楧梅」，即《爾雅》之「時，英梅」也。「央」、「英」，通用字。《爾雅》作「英」，又省偏旁耳。此賦「柍」與「柘檍檀」連言，蓋非果類。今本《說文》「梅」上脫「柍」字，則疑「柍」之為「枏」矣。段氏補之，是也。

29. 豰

注引《說文》曰：「豰，類犬，腰以上黃，以下黑。」

案：《說文·豕部》「豰」字云：「小豚也。」與《爾雅·釋獸》之「貔，白狐，其子豰」者，蓋異物而同名。若此注所引，則在《犬部》。「黑」下尚有「食母猴」三字，而字作「㺉」，從犬，㱿聲，讀若構，即《豸部》之「㺉玃也。」乃此處既誤，後《上林賦》及見諸《史記》《漢書》所載者，并《廣韻·一屋》皆作「豰」，從豕。又《廣韻·十八藥》引《說文》「㺉玃」作「豰玃」，傳寫譌亂，校者亦俱未之及。蓋久不知此二字之有別矣。

30. 玃

注引《爾雅》曰：「玃父喜顧。」郭璞曰：「似獼猴而大，蒼黑色。」

案：今《爾雅》作「貜」，郭注云：「貑貜也。能攫持人，好顧眄。」此注善所未引。《說文》「玃」字在《犬部》，正《爾雅》。《雅》此文與《豸部》之「貜」異，則作「玃」者是也。《呂覽・察傳篇》：「狗似玃，玃似母猴，母猴似人。」高誘注：「玃，猳玃，獸名。」《博物志》：「其長七尺，人行，健走，名曰猴玃，或曰猳玃」，此郭注所本。而《上林賦》注引張揖亦云：「似獼猴而大也。」後《江賦》云：「狐貜登危而雍容」，蓋言其登高顧眄之狀。

31. 猱

注引《禮記》鄭注曰：「猱，獼猴也。」

案：此注見《樂記》。彼處字作「獿」，即《說文・夊部》「夒」字之隸變也。《說文》云：「夒，貪獸也。一曰母猴，似人。」《犬部》：「猴，夒也。」諸家皆作「猱」，以為即猴。而《說文》「夒」字無「猱」之重文。《漢書》載《上林賦》顏注：「猱，音乃高反。又音柔。即今所謂戎皮為鞌褥者也。戎音柔，聲之轉耳。非獼猴也。」其所箸《匡謬正俗》亦云：「或問戎何獸？答曰：李登《聲類》：『夒或作猱。』《吳都賦》注：『猱似猴而長尾。』驗其形狀，或即戎也。猱有柔音，俗語變轉，謂之戎耳。」又《集韻》有「狨」字云：「獸名，禺屬，其毛柔長。」可藉通作「戎」。《本草》：「狨似猴而大，毛黃赤色，生廣南山谷間，皮作鞍褥。」是不以為即「猴」也。

余謂「獼猴」字本作「夒」，以同音借作「猱」，「猱」行而「夒」幾廢。且本相類之物，遂混而為一矣。

32. 㹢

注引張載《吳都賦》注曰張載當作劉逵：「㹢，猨屬。」

案：《說文》無「㹢」字。惟《廣韻》云：「猱、㹢，猿屬也。」《集韻》或作「猚」。

33. 騰猨

案：《爾雅》「猱猨，善援。」《說文》「蝯」字云：「善援，禺屬。」是字當「从虫」也。大徐以為今俗別作「猨」，非是。或又作「猿」，《干祿字書》曰：「猿俗，猨通，蝯正。」段氏謂《甶部》曰：「禺，母猴屬，蝯即其屬，屬而別也。」《山海經》郭注：「蝯似獼猴而大，臂腳長，便捷，色有黑，有黃，其鳴聲哀。」柳子厚言：「猴性躁而蝯性緩，二者迥異矣。」《說文》蓋以蝯善攀援，故稱蝯。然「猱」亦善援，古多並舉。《爾雅》外，如《管子·形勢篇》云：「墜岸三仞，人之所大難也，而猱蝯飲焉」是也。

34. 飛蠝

注引《上林賦》：「蜼玃飛蠝。」張揖曰：「蠝，飛鼠也。」

案：《說文》「鸓」字云：「鼠形，飛走，且乳之鳥也。」《廣雅》云：「鼯鴨，飛鸓也。」《史記》載《上林賦》作「鸓」字，皆从鳥。此賦及《漢書》載《上林賦》作「蠝」，从虫本書《上林賦》又加「土」作「壘」。或亦作「猵」，从犬。此處善注：「蠝與猵同。」《本草》又作「鼺」，从鼠。蓋以此物似鳥，似獸，似蟲，似鼠，故偏旁不同。本書《上林賦》注引郭璞曰：「蠝鼯，鼠也。」《爾雅》：『鼯鼠，夷由。』郭注云：「狀如小狐，似蝙蝠，肉翅飛且乳，亦謂之飛生，能從高赴下，不能從下上高。」前《西京賦》「攆飛鼯」，善注引《爾雅》并郭注。後《吳都賦》「狖鼯猓然」，劉注：「鼯，大如猿，一名飛生。」又「追飛生」，注云：「鼯也。」《本草》陶注云：「鼺是鼯鼠，一名飛生。」是蠝與鼯為一，諸說皆同。郝氏乃謂《廣雅》及《說文》不言「鸓，即鼯鼠，當為別物」，非是。段氏謂諸家皆云「以肉翼飛」，而張揖云：「狀如兔而鼠首，以其頯飛。」此本《北山經》「有獸狀如兔而鼠首，以其背飛，名曰飛鼠。」惟張所據「背」作「頯」耳，不若諸說可信也。又陶注云「鼯鼠闇夜行」，蓋往往夜出飛鳴。故《長笛賦》以為「猿蜼晝鳴，鼯鼠夜叫」矣。

35. 篁

注引戴凱之《竹譜》曰：「篁，皮白如霜，大者宜為篙。」

案：《本草》云：「篁竹，中實而促節，體圓質勁，皮白如霜，大者宜刺船，細者可為笛。取瀝竝根葉，皆入藥。」可與戴《譜》相發。《集韻》云：「篁，竹名，通作斤。」謝靈運有《從斤竹澗越嶺谿行》詩，「斤竹」，即「篁竹」也。

36. 篾

注引孔安國曰：「篾，桃枝也。」

案：《說文》無从竹之「篾」。孫氏星衍謂「篾，俗字當為蔑，即篾之假音字。」《說文》：「篾，筡也。」「筡，析竹笢也。」「笢，竹膚也。」「笢」、「篾」聲相近。據此，則不以篾為竹名。此注所引，本之《書》孔傳，見前《東京賦》「次席」下。

又案：「桃枝」見他書者，《爾雅》：「桃枝，四寸，有節。」《廣雅》：「篙籔、篘、篪，桃支也。」「支」與「枝」同。《竹譜》云：「桃枝，皮赤，編之滑勁，可為席。」《吳都賦》「桃笙象簟」，劉注：「桃笙，桃枝簟也。」《蜀都賦》「靈壽桃枝」，劉注：「桃枝，竹屬也。出墊江縣，可以為杖。」餘如《西山經》「嶓冢之山」，《中山經》「驕山」、「高梁之山」、「龍山」等竝云「多桃枝、鉤端」，皆是也，但不謂有「篾」之名耳。

37. 簳

注云：「小竹也。」引宋玉《笛賦》「奇簳」。

案：《拾遺記》：「蓬萊有浮筠之簳，葉青莖紫，有青鸞集其上，風至葉條翻起，聲如鐘磬。」若《山海經》：「休與之山有草焉，狀如蓍，赤葉而叢生，名曰夙條，可以為簳。」《廣韻》「簳」同「笴」。然則《山海經》所言與《列子·殷湯篇》「燕角之弧，朔蓬之簳」，皆謂此竹可為「笴」，非竹之本名也。

38. 篠箠

注云：「二竹名，其形未詳。」

案：《竹譜》云：「篠筙竹生於漢陽，時獻以為輅馬策。」《說文》：「筙，箠也。」是「篠筙」即「篠箠」，以其可為馬策，故云「箠」。《說文》：「箠，所以擊馬。」《左傳》「繞朝贈之以策」，杜注：「馬檛也。」「筙」、「檛」，古今字。

39. 滍

注引《水經》曰：「滍水出南陽縣西堯山。」

案：今《水經》「南陽」下有「魯陽」字，「堯山」下又云：「東北過潁川定陵縣西北，東入於汝。」《說文》亦云：「滍水出南陽魯陽、堯山，東北入汝。」「堯山」，即此賦後文所謂「立唐祀乎堯山」者也。而《漢志》魯陽下則云：「魯山，滍水所出。」攷魯陽為今之魯山縣，魯山在縣東，堯山在縣西。《水經注》云：「堯山在太和川太和城東北，滍水出焉。」下文云：「柏樹溪水出魯山北峽谷中，東南逕魯山南，注於滍。」是滍水實出堯山，而魯山乃其所經。《續漢志》但云「魯陽有魯山」，劉昭注引此賦注有「堯山」，其亦以為滍水所出可知。然則《漢志》之「魯山」，或因二山同在一縣，遂誤「堯」為「魯」。故錢氏《斠注》直說從《說文》改之也。滍水，蓋即今之沙河。段氏謂：「河源出魯山縣西境之堯山，東經寶豐縣、葉縣、舞陽縣。汝水西北自襄城來會，俗曰沙河，即古滍水也。」齊氏召南《水道提綱》及洪氏《圖志》竝同。洪云「源出吳大嶺」，齊云「堯山，即伊陽南界山，曰沒大嶺」，則嶺特其俗名耳。惟《方輿紀要》分滍水與沙河為二，滍水出堯山，沙河出吳大嶺，東流至葉縣界，合于滍水。要之，同出一山，雖分而仍合，實祗一水矣。滍水，又即泜水，泜、滍音相近。段氏謂：「《左傳・僖三十三年》『楚人與晉師夾泜水而軍』，杜云：『泜水出魯陽縣，東經襄城、定陵入汝。』是杜謂泜即滍也。又《襄十八年》『楚伐鄭，涉於魚齒之下』，杜、酈皆云所涉即滍水也。」

余謂《續漢志》襄城有魚齒山，《紀要》言在今汝州東南五十里。又《光武紀》「昆陽之戰，滍川盛溢」，章懷注引《水經》：「滍水東南經昆陽城北，東入汝。」蓋先經昆陽而後經定陵入汝也。酈注亦引此事。昆陽與定陵，兩《志》皆屬潁川郡。

40. 澧

注引《山海經》：「澧水出雅山。」郭璞曰：「今出南陽。」

案：《說文》：「澧水出南陽雉衡山，東入汝。」《漢志》雉縣下云：「衡山，澧水所出，東至郾，入汝。」而《續志》於「雉下」但引《博物記》曰：「澧水出今本澧誤作滍」，不言山名。《水經・汝水篇》注云：「汝水又東南流逕郾縣故城北。又東得醴口水，水出南陽雉山，亦云導源雉衡山，即《山海經》云衡山也。馬融《廣成頌》曰：『面據衡陰』，指謂是山。在雉縣界，故世謂之雉衡山。」下又云：「醴水東南流，逕葉縣故城北，又東注葉陂，又東逕郾縣故城南，左入汝。」今攷《馬融傳》注引《山海經》：「雉山，澧水出焉，東曰衡山。」酈氏所云雉衡山者，乃合言之，分之則為雉、衡二山。故或曰雉山，或曰衡山。據章懷所引《山海經》作雉山，則此注「雅山」，「雅」或「雉」之譌。但章懷又云：「衡山在今鄧州向城縣北。」段氏謂：「杜佑曰『北重山，在向城縣北，即是三鵶之第一鵶。又北分嶺山，嶺北即三鵶之第二鵶也。其第三鵶入臨汝郡魯山縣界。』杜之『三鵶』，蓋即古衡山也。」

余謂古「烏鴉」字本作「雅」，俗亦作「鵶」。衡山既有三鵶之名，遂相傳以衡山為雅山。李善所據《山海經》本作「雅山」耳。至此，衡山非南岳，澧水非入洞庭之澧水。段氏又謂：「入洞庭之水，《水經》別為篇，其字本作醴。《禹貢》『江又東，至于醴』，衞包始改為『澧』。鄭注醴為陵，云『今長沙有醴陵縣』。馬融、王肅『醴為水名。』《夏本紀》《地理志》皆作「醴」。而《水經注》『出雉衡山』者，从酉；『出武陵』者，从水，正互譌是也。」

41. 瀿

注引《字書》曰：「瀿水出泚陽。」

案：《水經・泚水篇》注云：「泚水又西，澳水注之。水北出茈邱山，東流屈而南轉，又南入于泚水。《山海經》云：『澳水又北入視，不注泚水。』按呂忱《字林》及《難字》《爾雅》竝言『瀿水在泚陽』，脈其川流所會，診其水土津注，宜是瀿水也。」〔1〕據此，酈引呂書，則此注所稱字書，殆即《字林》與？郭注「葴山視水」云：「視宜為瀙。」酈於《瀙水》注云「《山海經》謂之視水也。」今攷《中山經》「奧山，奧水出焉。東流注于視水。」即酈注所云：「瀙水又東得奧水口，水西出奧山，東入于瀙水」者也。而於此引《經》乃云「澳水又北入視」，顯與「東流」不合。郝氏謂「此澳似別一水」，當是也。

余謂《水經・灈水》條云：「出汝南吳房縣西北奧山。」注云：「灈水東逕灈陽縣故城西，東流如瀙水。」是其所出、所入，與《中山經》之「奧水」悉符。疑《水經》之「灈水」，即《山海經》之「奧水」，或灈水為奧水之殊稱。或今本《山海經》「奧」為「灈」之譌，皆未可知。要之，非澳水也。酈氏因澳字从奧，遂以奧為澳。而「北入」與「東流」又異，皆誤。至以入泚者為瀿水，則不誤。但不知澳與瀿音形竝相似，澳水當即瀿水，評者有轉聲而字遂異耳。《廣韻》云：「瀥，水名，在泚陽。亦作瀿」，是字本作瀥也。《集韻》又云：「瀿，通作濼。」《說文》「濼」字云：「齊魯間水也」，引《春秋傳》「公會齊侯于濼」，則與此瀿水字雖通而地各別。

【校】

〔1〕「泚水」，《水經注校證》作「比水」。

42. 澨

注引《水經注》曰：「澨水出襄鄉縣東北陽中山。」

案：此所引見《沔水中篇》。襄鄉為今棗陽縣地，本後漢蔡陽侯國，分置襄鄉縣，俱屬南陽郡。《方輿紀要》則云：「澨水在棗陽縣南三十里」，引《襄沔記》「源出隨州之澨山」。隨州，今屬德安府，與棗陽亦接壤也。《說文》無「澨」字。《玉篇》作「澨」，云「水名。」《集韻》云「水在襄陽」，當即本之酈注。酈注下又云：「『西逕襄鄉縣之故城北』，『又西逕蔡陽縣故城東，西南流注於白水』，『又西逕其城南』，應劭曰：『蔡水出蔡陽，東入淮。』今於此城南更無別水，唯是水可以當之。川流西注，苦其不東，且淮源阻礙，山河無相入之理，蓋應氏之誤耳。」是酈意以澨水所入之白水當應劭所謂蔡水也。趙氏一清云：「道元誤矣。仲瑗所謂入淮之淮，即下《經》文『東過中廬縣，淮水自房陵縣淮山〔1〕，東流注之』之淮。漢中廬故城，在今南漳縣東五十里。蔡陽故城，在棗陽縣西六十里，相去不遠，自有可達之勢。如注云云，直誤認作出桐柏大復山之淮瀆，故以應說為非也。」

余謂趙駁酈注固然，但又云：「澨水見上卷陽平關下。」「上卷」者，《沔水》上篇也。彼處注云：「沔水又東逕白馬戍南〔2〕，澨水入焉，水北發武都氐中，南逕張魯治東，東對陽平關，南流入沔，謂之澨口。」此則所出既異，且於上流已入沔，明非。此澨水明矣，趙氏似混而一之。

【校】

〔1〕「淮山」，《水經注校證》作「維山」。

〔2〕「白馬戍」，《水經注校證》作「白馬戍」。

43. 鰅

注引《上林賦》郭注云：「鰅魚有文彩。」

案：「鰅」或謂即「鱳」。《說文》：「鰅，魚也。皮有文，出樂浪東暆。」又『鱳，魚也。出樂浪潘國。』二者分列。而《廣雅》云：「鰫，鰅也。」《集韻》：「鰫，或作鱳」，云：「鰫鰊，魚名，皮有文。」據《集韻》言「皮有文」，與《說文》「鰅」訓合，亦與此郭注合。意「鱳」為「鰅」之類，同出樂浪。而在東暆者為「鰅」，在潘國者為「鱳」，實有別也。「鰅」亦謂之「班魚」，《御覽》引魚豢《魏略》云：「濊國出班魚皮」，正《說文》所言矣。

44. 鱅

注又引郭注云：「鱅似鰱而黑。」

案：「鱅」即「鱮」，已見《西京賦》。《史記》載《上林賦》「鰅鱅」連舉，與此處正合。而本書及《漢書》「鱅」俱作「鰫」。段氏謂：「作鰫者非。據《說文》，鰫、鱅，劃然二物。且彼注云『嘗容切』，與鱅字音正同。若鰫字，从容聲，則不得切以『嘗容』矣。」

余謂段說得之。「鰫」者，《說文》云：「鰫魚也。从魚，容聲」，宜為「余封切」，乃《內則》鄭注所稱「今東海鰫魚，有骨名乙，在目旁，狀如篆乙，食之鯁人不可出」者是也，不得與「鱅」混而為一。

45. 鮫

注引《山海經》注曰：「鮫，鰭屬，皮有珠文而堅珠，今本誤作班。」

案：「鮫」與「蛟」多混。後《子虛賦》「其中則有神龜蛟鼉」，彼注引張揖曰：「蛟，狀魚身而蛇尾，皮有珠也。」其云「魚身而蛇尾」者，與《南山經》注「蛟，似蛇，四足」相合。而云「皮有珠」，則又與此注合。據《說文·虫部》，「蛟，龍屬，無角曰蛟。」《魚部》：「鮫，海魚也。皮可飾刀。」本截然兩物，如張說，是合兩物為一物矣。蓋《呂覽》「季夏伐蛟」注云：「蛟，魚屬」，因以蛟為鮫。《淮南·道應訓》注云：「蛟，水居，其皮有珠，世人以為刀劍之口。」而《說山訓》注亦云：「鮫魚之長，其皮有珠，今世以為刀劍之口。」所云「鮫魚之長」，又即《說文》「池魚滿三千六百，蛟來為之長也。」《荀子·禮論》注引徐廣云：「蛟韅，以蛟魚皮為之。」諸文皆「蛟」、「鮫」無別，由於從虫之字，或亦从魚，遂至淆紊。故《中庸》「黿鼉鮫龍」，釋文：「鮫，本又作蛟」也。

又案：段氏謂：「鮫魚，即今之沙魚。《說文》『魦』字，从沙省，蓋即此魚。陳藏器曰：『沙魚狀皃非一，皆皮上有沙，堪揩木，如木賊。』蘇頌曰：『其皮可飾刀靶。』」

余謂段氏不以「魦」為「鯊」，而轉以「魦」為「鮫」。《說文》「魦」、「鮫」不相厠，未見其然也。

46. 於其陂澤，則有鉗盧玉池

注引杜預《表》曰：「所領部曲，皆居南鄉界，所近鉗盧大陂，下有良田。」

案：《元和志》於穰縣云：「六門堰在縣西三里，漢元帝建昭中，召信臣為南陽太守，復于穰縣南六十里造鉗盧陂，累石為隄，傍開六石門，以節水勢，澤中有鉗盧玉池，因以為名。用廣溉灌，歲歲增多至三萬頃，人得其利。後漢杜詩為太守，復修其陂，百姓歌之曰：『前有召父，後有杜母。』」據此知鉗盧陂與六門堰，蓋二處。故洪氏《圖志》亦云：「鉗盧陂在鄧州東南五十里，一名玉池陂，今名廸陂。南北八里，東西三里。接唐堵堰，引刀河水，又接栟渠、賈家堰諸水入陂。內有東、西、中三渠，《南都賦》所稱是也。」又六門陂在州西，亦召信臣所造。《方輿紀要》言二陂略同。《水經・湍水篇》注云：「湍水逕穰縣為六門陂。漢召信臣以建昭五年斷湍水，立穰西石堨。至元始五年，更開三門為六石門，故號六門堨也。溉穰、新野、昆陽三縣五千餘頃，漢末毀廢。晉太康三年，鎮南將軍杜預復更開廣，利加於民。」《淯水篇》注又云：「昔在晉世，杜預繼信臣之業，復六門之陂，遏六門之水，下結二十九陂。六門既陂，諸陂遂斷。」趙氏一清云：「信臣立堨，在元帝之世。平帝元始四年，祀百辟卿士有益於民者，九江以召父，其時信臣已卒。至五年，更開三門為六門堨，又別是一事。而酈注直以六門皆信臣所開，誤也。」

余謂《元和志》亦承其誤。酈注未及鉗盧陂，則杜預所開廣者，祇六門陂耳。觀其《表》語，殆晉時鉗盧陂舊蹟如故，無須修治也。陂在鄧州，而《元和志》以為穰縣者，穰為漢縣，其故城在今鄧州東南二里。善注又引舊說「玉池在宛」者，漢宛縣為南陽郡治，穰其所屬矣。

又案：《續漢志》朝陽下引此賦語并注云：「在縣是善注，以前已有注，不知誰作。」《紀要》言「朝陽城，在今新野縣西，朝水之陽。」《水經注》說六門陂以為「諸陂散流，咸入朝水。」「朝水」，亦在鄧州西南。

47. 赭陽東陂

注未及。

案：《水經・淯水篇》注云：「赭水出棘陽縣北山，數源竝發，南流逕小赭鄉，謂之小赭水。東源方七八步，騰湧若沸，故世名之騰沸水。南流逕于赭鄉，謂之赭水。以水氏縣，故有赭陽之名。」「赭水於縣，堨以為陂，東西夾岡，水相去五六里，右合斷岡兩舌〔1〕，都水潭漲，南北一十餘里，水決南瀆〔2〕，下注為灣，灣分為二，西為赭水，東為滎源。赭水參差，流結兩湖。故有東陂、西陂之名。二陂所導，其水枝分，東南至會口入泚〔3〕。」

余謂赭陽，兩《漢志》俱作「堵陽」，屬南陽郡。前《志》注引韋昭曰：「堵音者」，蓋「赭」與「堵」字通用耳。《方輿紀要》云：「堵陽城在今裕州東六里。堵水亦曰赭水，源出方城山。」杜預曰：「方城在葉縣南，今裕州境，本葉地，東陂在縣東。」《志》云：「楚葉尹、沈諸梁所鑿，東西十里，南北七里。又有西陂，方二里。」據此，則今葉縣之葉陂，當即此也。但善注不應無引證，豈有脫與？

【校】

〔1〕「右合」，《水經註校證》作「古今」。

〔2〕「瀆」，《水經註校證》作「潰」。

〔3〕「沘」，《水經註校證》作「比」。

48. 藨

注引《說文》曰：「藨，蒯之屬。」

案：《爾雅》：「蔨，鹿藿。」郭注：「今鹿豆也。」《說文》則云：「藨，鹿藿也。讀若剽。」是「藨」為「蔨」之異名耳。徐氏《繫傳》以《爾雅》別有「藨，麃」，注云：「即莓也。」字與「鹿豆」相近，疑《說文》誤。郝氏謂：「《廣雅》亦云：『藨，鹿藿也。』無妨與麃、莓同名。徐鍇便以為誤，非也。王氏《疏證》說同。」

余謂《說文》下有「一曰蔽之屬。」「蔽」，即蒯字。善注單引此語，蓋不以賦中所列為「鹿藿」矣。《玉篇》《廣韻》皆云：「藨，可為席。」

又案：後《子虛賦》「葴析苞荔」，注引張揖曰：「苞，藨也。」《說文》：「苞，草也。南陽以為麤履。」段氏謂：「《曲禮》『苞屨不入公門』，注：『苞，藨也。齊衰，藨蔽之菲也。』當是『苞』為『藨』之假借。故喪服之『藨』，《曲禮》作『苞』。」據此知《子虛賦》之「苞」，即此賦之「藨」矣。若《廣雅》云：「苞，稀也」，則與此「苞」同異未審。

49. 苧

注引《說文》曰：「苧可以為索。」

案：今《說文》無「苧」字。惟「茅」字云「可以為繩。」「茅」音同「苧」。後《上林賦》「蔣苧青薠」，「苧」皆當作「茅」，彼注引張揖曰：「茅，三棱也。」郭璞音杼。段氏謂「三棱者，蘇頌《圖經》所謂『葉似莎草，極長，莖三棱，如削，高五六尺，莖端開花』是也。」若《詩·陳風》「東門之池，可以漚紵。」釋文：「紵，亦作苧。」則《說文》云：「紵，緑屬。細者為絟，白而細曰紵。」疏引陸《疏》云：「紵亦麻也」，與此異。故此賦下文又云「麻苧」矣。

50. 蘋

注引《山海經》郭注：「青蘋，似莎而大。」

案：《說文》「蘋」字云：「青蘋，似莎者。」後《子虛賦》「薛莎青蘋」，注引張揖曰：「青蘋似莎而大，生江湖，鴈所食。」段氏謂：「高誘注《淮南》曰：『蘋，狀如葴』，與張說不同。《楚辭》有『白蘋』，殆與『青蘋』一種色少異耳。」

51. 莞

注引《詩》鄭箋曰：「莞，小蒲也。」

案：此所引見《斯干篇》，本云「小蒲之席也。」蓋「莞」有二：一似蒲，一似藺，皆可為席。似蒲者，《爾雅》：「莞，苻蘺。」郭注：「今西方人呼蒲為莞蒲。」「莞」，《說文》作「蒢」，云：「夫離也。」「苻」、「夫」音同。郝氏謂：「此乃蒲之別種，細小於蒲，為形纖弱，故名蒲蒻。作席甚平，故曰蒲苹，即鄭箋所云矣。釋文猶以莞草莖圓非蒲為疑，不知此乃似蒲之莞，非似藺之莞也。」

余謂《廣雅》「蔥、蒲，莞也。」當亦謂此似藺者。《說文》：「莞，草也。可以作席。」下接「藺」字云：「莞屬，可為席。」《廣雅》：「莞，藺也。」王氏《疏證》謂《玉篇》云：「莞似藺而圓，藺似莞而細。莞與藺異，但二者形狀相似，為用又同，故得通名是也。」惟王說與《爾雅》之「莞」混合為一，疑非。觀《廣雅》「蔥」、「蒲」別列，下文蓋不以為一物矣。段氏又謂：「《說文》莞草有作席之文，復出蒢字，則《爾雅》之蒢，非可以作席之莞也。」然郭注明云「用之為席」，《說文》：「蒻，蒲子，可以為平席，世謂蒲蒻」，似段說亦未的。竊意郝義為近之。至經傳多言莞席，不知究係何種。據《周官·司几筵》「諸侯祭祀席，蒲筵繢純，加莞席紛純。」「蒲」、「莞」竝言，當為似藺之莞。而鄭箋又異此賦所稱，亦未審誰屬。善注引鄭箋，固以為「似蒲之莞」耳。

52. 蔣

注引《說文》曰：「蔣，菰蔣也。」

案：「菰」，《說文》作「苽」。又「苽」字云：「雕苽，一名蔣。」《廣雅》：「菰，蔣也。其米謂之雕胡。」「苽」、「胡」，聲相近。後《上林賦》「蔣芧青薠」，注引張揖曰：「蔣，菰也。」於《子虛賦》「雕胡」云：「菰米也。」王氏謂：「《楚詞・大招》『設菰粱只』，王逸注：『菰粱，蔣實，謂雕葫也。』《淮南・原道訓》高誘注：『菰者，蔣實也。其米曰䧘胡。』是菰即蔣草之米，可以作飯。故先鄭注《周官・膳夫》以為六穀之一。後鄭注《大宰・九穀》亦云有菰粱也。」

余謂宋玉《諷賦》云「為臣炊雕胡之飯」，枚乘《七發》則以為「安胡之飯」，名異實同。此其上所結實也，其枝為菰菜。蘇頌《本草圖經》所云：「茭白是也。而根有菌，為菰首首，一作手。」《西京雜記》謂之「綠節」，即《爾雅》之「出隧，蘧蔬也。」郭注：「蘧蔬，似土菌，生菰草中。」《蜀本草》注亦云：「其根生小菌，非即茭白。」郝氏渾言之，尚未晰。

53. 茆

注引《爾雅》曰：「茆，鳧葵。」

案：今《爾雅》有「莕，莃葵。」「芹，楚葵。」而脫此文。《魯頌》「薄采其茆」，毛傳：「茆，鳧葵也。」當本《爾雅》。《說文》「茆」作「茚」，正用此訓。又「𦳝」字訓，亦同。故《廣雅》以𦳝、茚竝釋為「鳧葵」。𦳝，今作蓴，又作蒓。《詩正義》引陸《疏》云：「茚與荇菜相似，江南人謂之蓴菜，或謂之水葵。」釋文引干寶云：「茚，今之鼅鼊草，堪為菹。」《楚詞・招魂》「紫莖屏風，文緣波些」，王逸注：「屏風，水葵也。」此又「茚」之別名矣。《廣雅疏證》云：「《關雎》稱荇，《泮水》稱茚。陸氏分釋之，則是二物。《唐本草》言鳧葵即荇菜，失之。」

余謂《爾雅》「莕，接余，其葉苻。」《說文》「莕」，重文為「荇」，亦或作「荇」，「接余」作「萎餘」。《詩・關雎》毛傳正用《爾雅》之文，而《本草》乃以水葵、鳧葵之名屬之於荇者，蓋以兩者皆水中之菜，其形狀或易混耳。然蓴與荇，有大小之異。李時珍謂：「葉似馬蹄而圓者，蓴也；葉似蓴而微尖長者，荇也。」

54. 鶟鶘

注引《說文》曰：「鶟鶘，鳧屬。」

案：今《說文》作「鶟鸛」。而「鶘」則別為一鳥，非此也。此「鶘」字乃「鸛」之誤。《集韻》：「鶟，或作�。」

55. 鷿鷈

注引《方言》曰：「野鳧，甚小而好沒水中者。南楚之外，謂之鷿鷈。」

案：《方言》本作「鷿鷉」，又云：「大者謂之鶻蹏。」「蹏」與「鷉」通。《說文》作「鷿鷈」，此處作「鷿鷈」，或又作「鸊鵜」，竝字異而音同。《爾雅》：「鷉，須蠃。」蓋單呼之則曰鷉也。郭注：「鷉，鷿鷉，似鳧而小，膏中瑩刀。」陳藏器云：「其腳連尾，不能陸行，常在水中，人至即沈。或擊之便起，以其膏塗刀劍，令不鏽。」

56. 夏穱

注引《楚辭》曰：「稻粢穱麥挐黃粱。」

案：此所引見《招魂》，王逸注：「擇麥中先熟者也。」「穱」，即《說文》之「糕」，云：「早取穀也。」段氏謂「古爵與焦，同音通用。」「糕」，亦從禾，《內則》「稰穛」，注云：「熟穫曰稰，生穫曰穛。」後《吳都賦》「穱秀菰穗」，二者同時，其早可知。《廣韻》既列「穛」、「糕」字，復有「穱」字，云「稻處種麥」，亦與「早取」之義合。《七發》云：「穱麥服處，躁中煩外」，彼注謂「以穱麥分劑而食馬，馬肥」，則未必獨用「早取」。至《集韻》云：「穱，穄也。」據《說文》「穄，糜也。」乃黍之不粘者。此殆以「穱」、「穄」雙聲字而誤合之。若《說文》之「蘥，爵麥」，即《爾雅》之「雀麥」。「爵」、「雀」字同，郭注：「燕麥也。」《御覽》引《古歌》云：「道邊燕麥，何嘗可穫」，尤非其類矣。

57. 葴

注引《風土記》曰：「蕊，香菜，根似茆根，蜀人所謂葙香。」

案：《說文》：「葙，菜也。」別無「葴」字。「葙」，即「葴」也。《玉篇》：「葴，菜也。」《廣雅》：「葙，葴也。」後《蜀都賦》「樊以葙圃」下，善注引《埤蒼》同。崔豹《古今注》「荊揚人謂葙為葴。」段公路《北戶錄》：「蕺，秦人謂之菹子。」「蕺」與「葴」同。段氏謂此注「蕊」字，蓋「蕺」之誤，是也。《齊民要術》又云：「菹菜，紫色，有藤。」《廣雅疏證》謂「葅、蒩、菹、蒩字竝通。」又見《蜀都賦》劉注云：「亦名土茄。」

58. 蘘荷

注引《說文》曰：「蘘荷，葍蒩也。」

案：今《說文》「蘘」字云：「蘘荷也。一名葍蒩。」段氏謂：「《史記．子虛賦》作『猼且』，《漢書》作『巴且』，王逸注《楚詞》作『蓴音曾各反菹』，顏師古作『蓴苴』，《名醫別錄》作『覆葅』，皆字異音近。景瑳《大招》則倒之曰『苴蓴』，一也。」《廣雅》亦云：「蘘荷，蓴苴也。」王氏《疏證》謂：「或作蘠苴。《古今注》：『蘘荷，似蘠苴而白』是也。或單謂之荷，《七諫》云：『列樹芋荷』，蓋謂芋渠與蘘荷。《後漢書．馬融傳》：『蘘荷芋渠』是也。又謂之嘉草，《周官》：『庶氏掌除毒蠱，以嘉草功之。』《御覽》引干寶《搜神記》云：『今世功蠱多用蘘荷根，往往有驗。』蘘荷，或謂嘉草，此即干氏《周官》注說，又於此言之耳。」至《漢書》之「巴且」，注引張氏云：「蓴苴，蘘荷也。」文穎云：「巴且，一名巴蕉。」師古曰：「文說是也。」「蓴苴」，自「蘘荷」耳，非「巴且」也。然「巴」、「蓴」，古同聲。「蓴苴」，正可通作「巴且」。且如張注，蓋一本有作「蓴苴」者，故《史記索隱》引《子虛賦》郭注云：「巴且，蘘荷屬。」則亦以「巴且」為「蓴苴」也。師古之言，殆不通假借之例矣。

余謂巴蕉，即今之甘蕉。蕉與苴，一聲之轉，是甘蕉亦有巴苴之稱，與蘘荷異種而形性略同，故或通言之。郝氏釋《山海經》謂：「《本草》有蘘荷與巴蕉同類。干寶所云嘉草，即《中山經》之嘉榮草也。」據彼《經》云「其高丈餘，赤葉赤華，華而不實。」今甘蕉非赤葉，而《呂覽．本味篇》云：「有嘉樹，其色若碧」，則正甘蕉之狀也。

又案：阮宮保《定香亭筆談》云：「芭蕉，始見長卿賦，於古無聞。《說文》『蕉』字，即樵採之『樵』。《列子》『以蕉覆鹿』，即所樵之草木，非芭蕉也。」

余謂《列子》之「蕉」，以同音為「樵」之假借，此說是已。但「蕉」非即「樵」。《說文》：「樵，散木也。」「蕉，生枲也。」生枲者，麻之未漚治者也，二字本各別。至「芭苴」，今俗作「芭蕉」。蓋「苴」、「蕉」為雙聲字，故亦可通用耳。《吳都賦》有「蕉葛」，段氏謂正是「芭蕉」，非「生枲」，則晉時已以「蕉」為「苴」矣。

59. 諸蔗

注引《漢書音義》曰：「甘柘也。」

案：《說文》「藷」字云：「藷蔗也。」段氏謂：「或作『諸蔗』，或『都蔗』，二字疊韻也。或作『竿蔗』，或『干蔗』，象其形。或作『甘蔗』，謂其味也。或作『邯賭』，服虔《通俗文》曰：『荊州竿蔗』是也。」

余謂《子虛賦》作「諸柘」，注引張揖曰：「甘柘也。」與此注「柘」字，蓋以同音借用，當云：「蔗與柘通。」

60. 䪯

注引《字書》曰：「小蒜也。」

案：《說文・韭部》「䪯」字云：「小蒜。」此注則別稱《字書》。《玉篇》《廣韻》皆云：「百合蒜。」段氏謂「即《齊民要術》所云百子蒜也」，此自是蒜之異種。而《正字通》乃云：「䪯似蒜，亦名蒜腦，非蒜也。《說文》及《文選》注皆誤」，非是。

附案：《爾雅翼》：「百合蒜，根小者如蒜，大者如椀，味極甘，非葷辛類，但以根似大蒜，故名蒜耳。」

61. 菥蓂

注引《爾雅》曰：「菥蓂，大薺。」

案：「菥」，《說文》作「析」，其訓「大薺」則同。《爾雅》郭注云：「俗呼之曰老薺。」郝氏謂：「《易通卦驗》：『立冬，薺菜生。』《月令》鄭注以薺為靡草之屬。《廣雅》：『菥蓂，馬辛也。』《本草》：『菥蓂，一名蔑析，一名大蕺，一名馬辛。生川澤及道旁。』《呂覽・任地篇》云：『孟夏之昔，殺三葉而穫大麥。』高誘注：『昔，終也。三葉，薺、亭歷、菥蓂也。』」此分「薺」與「菥蓂」為二，失之。

62. 侯桃

注引曹毗《魏都賦》注曰：「侯桃，山桃，子如麻子。」

案：此注亦見《御覽》所引。《爾雅》：「榹桃，山桃。」郭注云：「實如桃而小，不解核。亦作杝桃。」《夏小正》：「杝桃也者，山桃也。」「杝」與「榹」，古音同。但他書無以山桃為侯桃者，據宋《開寶本草》有獼猴桃。李時珍曰：「其形如梨，其色如桃，猴喜食之，故名。閩人呼為陽桃，亦多生於山」，疑即謂此。侯為猴之省，則同音可通用耳。若陳藏器云：「辛夷花未發時，苞如小桃子，有毛，名侯桃。」是以花為果之狀，蓋非其本名矣。

63. 楟棗

注引《說文》曰：「楟棗，似梗。」

案：今《說文》「楟棗也，似柹。」本書《子虛賦》注引《說文》：「楟棗，似柹而小，名曰梗。」《一切經音義》：「梗，棗」，亦引《說文》「似柹而小。」《古今注》云：「梗棗，實似柹而小，味亦甘美。」顏師古曰：「楟棗，即今之梗棗也。」據此知善於《子虛賦》注所引「似柹」下五字，當為今本《說文》之佚脫。郝氏謂：「輭棗，其樹、葉、實，皆頗似柹。」《齊民要術》所謂「可於根上插柹者也。」今人亦依其法，雖冒棗名，其實柹類。段氏謂：「《內則》『芝栭』，賀氏云：『栭，軟棗。』釋文：『栭，本又作檽。』檽者，梗之誤也。」又《廣雅》：「楟棗，樗也。」王氏《疏證》謂：「楟棗，名梗棗。梗又作輭。蘇頌《本草圖經》云：『小柹謂之輭棗是也。一名樗棘。』《士喪禮》：『決用正，王棘若樗棘』」，是也。

64. 薜荔

注引王逸《楚詞》注曰：「薜荔，香草也。」

案：《楚詞》云：「貫薜荔之落蕊」，或謂即《爾雅》《說文》所稱之「薜，牡贊也贊，今《爾雅》作蘾」，諸家俱未能定。

余謂《山海經．西山經》「小華之山，其草有萆荔，狀如烏韭，而生於石上。」「萆」、「薜」，音同，疑即「薜荔」也。《廣雅》云：「昔邪，烏韭也。在屋曰昔邪，在牆曰垣衣。」今人家多有，藤本緣牆壁而生，俗亦謂之薜荔。是即以烏韭為薜荔也，實則薜荔似烏韭，而非即烏韭。桂氏《札樸》云：「《說文》：『萆，雨衣，一曰萆藨，似烏韭。』徐鍇本作『萆歷』，蓋即『萆荔』。《山海經》言『亦緣木而生，食之已心痛。』郭注：『萆荔，香草也。』或作薜荔，《楚詞》『令薜荔以為理兮，憚舉趾而緣木。』『緣木』與《山海經》同，王注『香草』與郭同。若《名醫別錄》『垣衣，主治心煩。』柳子厚詩『密雨斜侵薜荔牆』竝不合。」據此知「薜荔」、「烏韭」非二物，因其相似，故人多混之。

65. 葴

注云：「葴楚也。」《爾雅》曰：「葴楚，銚弋也。」

案：彼郭注云：「今羊桃也。或曰鬼桃，葉似桃，華白，子如小麥，亦似桃。」《詩・隰有萇楚》毛傳正本《雅》訓。箋云：「銚弋之性，始生正直，及長大，則其枝猗儺而柔順，不妄尋蔓草木。」正義引陸璣《疏》云：「葉長而狹，華紫赤色，其枝莖弱，過一尺，引蔓於草上。」《廣雅》亦云：「鬼桃、銚弋，羊桃也。」王氏《疏證》謂陸說「華紫赤」，郭說「華白」，則有二種也。郝氏以為即「夾竹桃」，未知是否？此賦列之香草，今「夾竹桃」所在有之，匙香氣。

66. 重秬

注引毛萇《詩傳》曰：「秬，黑黍。又云：一稃二米，若曰重也。」

案：今毛傳云：「秬，黑黍也。秠，一稃二米也。」此注殆因《說文》「秬」字亦有「一稃二米」之語，故不引毛「秠」字訓，而但為釋之之詞，詳見余所著《經義拾瀋》。然其釋「重」字，亦未的。蓋既以「一稃二米」屬秬，則言秬，而「一稃二米」已見，不必更言「重」以明之也。竊謂此「重」字，當即《豳風》「黍稷重穋」之「重」。毛傳：「後熟曰重。」凡物後熟者，精氣必足，故以為美矣。

67. 香秔

注引《廣雅》曰：「秔，秈也。」

案：今《廣雅》：「秈，稉也。」《說文》：「秔，稻屬。」重文為「稉」，云：「俗秔。」是「稉」，即「秔」也。《一切經音義》四引《聲類》云：「江南呼秔為秈」，與《廣雅》合。《說文》《玉篇》皆無「秈」字而有「稴」字，云「稻不黏者。」段氏謂：「稴即秈，音變而字異耳，二者分列為異。」然《御覽》引《廣志》云：「稉有烏稉、黑穬、青幽、白夏之名。」是稉非一種，秈正稉之類也。

余鄉多種稉，而亦不一其稍黏者，直呼為稉。有硬而不黏者程易田《九穀考》曰：「稉之為言硬也」呼為秈，亦呼為稉。又金陵、句容山中多紅秈，余鄉亦有之，殆即《說文》「穬」字下所云「稻紫莖不黏者」與？

68. 鳴鶡

注引《爾雅》曰：「鶡鳩，寇雉。」

案：彼郭注云：「鶡，大如鴿，似鵪雉，鼠腳，無後指，歧尾。為鳥憨急，羣飛，出北方沙漠地」，此處引未全。《爾雅》又有「寇雉」、「泆泆」，郭以為同物。《說文》：「䳺，䳺鳩也」，則不言是「寇雉」。《玉篇》「一名冠雉」，蓋字形之誤。《舊唐書》謂之「突厥雀」，云：「鳴䳺羣飛入塞，突厥必入寇。」此殆因「寇雉」之名而傅會之。郝氏謂：「《方言》云：『凡物盛多謂之寇。』郭注以『寇㲋』為釋，『寇雉』之名，亦當因此」，是也。此鳥肉甚美，故「歸鴈鳴䳺」，以標珍味。若《莊子》逸篇云：「青䳺愛子忘親」，段氏謂「必別一物矣」。

69. 以為芍藥

注引《子虛賦》曰：「芍藥之和具而後進也。」文穎曰：「五味之和」。

案：「芍」，亦作「勺」，此非謂名可離之草也。善於《子虛賦》注剖析已得。《廣雅疏證》又引「楊雄《蜀都賦》云：『有伊之徒，調夫五味，甘甛之和，勺藥之羹。』《七命》云：『味重九沸，和兼勺藥。』《論衡・譴告篇》云：『釀酒於罌，烹肉於鼎，皆欲其氣味調得也。時或鹹苦酸淡不應口者，由人勺藥失其和也。』嵇康《聲無哀樂論》云：『大羹不和，不極勺藥之味。』皆其證也。」而陸璣《詩疏》乃引《子虛》《蜀都》二賦以證勺藥之草，誤矣。至善引「或說今之煮馬肝，猶加芍藥」者，顏師古語，尤為牽強。

70. 秋韭冬菁

注引《廣雅》曰：「韭，其華謂之菁。」

案：《說文》：「菁，韭華也。」《一切經音義》引《三倉》云：「韭之英曰菁。」《周禮》「菁菹」，先鄭注云：「韭菹是也。」然《廣雅》又云：「蘴蕘，蕪菁也。」《爾雅》：「須，葑蓯。」《齊民要術》引舊注云：「江東呼為蕪菁，或為菘。」「菘」、「須」，音相近。《詩・谷風》毛傳：「葑，須也。」釋文：「葑，字書作蘴。」《草木疏》云：「蔓菁也。」郭璞云：「今菘菜，蓋江南有菘，江北有蔓菁，相似而異。」王氏謂《呂氏春秋・本味篇》：「菜之美者，具區之菁，是江南之菘，亦得稱菁。」郭說不誤。後鄭注《醢人》云：「菁，蔓菁也。」徐邈：「蔓音蠻，聲轉而為蕪。」鄭注《公食大夫禮》云：「菁蕪，菁菹也。」史遊《急就篇》「老菁蘘荷冬日藏」，《齊民要術》引崔寔《四民月令》亦云：「蕪菁，十月可收」，故《南都賦》云『秋韭冬菁』。

余謂菁果即韭華，不應收轉後於韭。段氏亦以二者分列，非一物。善注未免誤認，即先鄭釋「菁菹」為「韭菹」。則上文已有「韭菹」，何以複舉，義不如後鄭為長矣。

71. 蘇

注引《爾雅》曰：「蘇，桂荏。」

案：彼郭注云：「蘇，荏類，故名桂荏。」《說文》正用《雅》訓。徐氏《繫傳》曰：「荏，白蘇也。」「桂荏，紫蘇也。」陶注《本草》云：「蘇葉下紫而氣甚香，其無紫色不香者，名野蘇。生池中者為水蘇，一名雞蘇，皆荏類也」，似二者有別。然《方言》：「蘇，荏也」，《廣雅》：「荏，蘇也」，亦得通名。《內則》「薌無蓼」，鄭注：「薌，蘇荏之屬也。」蓋古人用以和味，故《七發》言「食品有秋黃之蘇，白露之茹」，而此賦亦云「蘇蔱紫薑，拂徹羶腥」也。「蔱」，見後《離騷經》。

72. 巾㡆鮮明

注引字書曰：「㡆，上衣。」

案：「㡆」，《說文》作「韝」，云：「臂衣也。」《集韻》：「褠，單衣，或从巾作㡆。」《釋名》曰：「褠，襌衣之無胡者也。言袖夾直形如溝也。」《詩》「衣錦褧衣」，鄭箋：「褧，襌也。尚之以襌衣，尚與上通。」《說文》：「表，上衣也。」然則上衣乃襌衣之著於外者，非禮服之上衣也。上文言「侍者蠱媚」，蓋近侍之服。《古今注》「乘輿進食者服攘衣」，段氏謂「攘衣即韝也。」「攘」、「上」音同，「上衣」當為「攘衣」。《後漢書．明德馬皇后紀》「倉頭衣綠褠，領袖正白」，即此所謂「巾㡆鮮明」矣。

73. 寡婦悲吟

注：「寡婦曲，未詳。」

案：「寡婦」，不定謂曲名。據《列女傳》：「陶嬰夫死守義，魯人欲求之，作《黃鵠歌》，有曰：『夜半悲鳴兮，想其故雄。嗟此寡婦兮，泣下數行。』」又《琴操》云：「魯漆室女倚柱悲吟，作女貞之辭。」二事略同，賦語或即本此與。

74. 憚夔龍怖蛟螭

注引《說文》曰：「蛟螭，若龍而黃。」

案：今《說文》：「螭，若龍而黃。」上無「蛟」字。段氏以為「李注蛟字誤衍。」觀本賦前有「潛龍伏螭」句，注亦引《說文》此語，無「蛟」字可見。後《蜀都賦》「或藏蛟螭」，劉注：「有鱗曰蛟螭。蛟螭，水神也，一曰雌龍，一曰龍子。」段氏謂：「如劉說，似以蛟、螭為一。然《上林賦》『蛟龍赤螭』，文穎曰：『龍子為螭』，張揖曰：『赤螭，雌龍也』，皆劉所本。張、左之賦，皆不謂蛟、螭一物也。」

余謂螭為龍屬，或稱螭龍，《後漢書・張衡傳》注「無角曰螭龍」是也。蛟，亦龍屬，或稱蛟龍，《楚辭・天問》注「有鱗曰蛟龍」，《淮南子・墬形訓》注「蛟龍，有鱗甲之龍」是也。又或稱蛟螭，劉注《蜀都賦》及注《吳都賦》「蛟螭與對」云「蛟螭，龍子」是也。析言之，則《說文・虫部》分列「蛟」與「螭」，固別矣，諸家以許為正。又《上林賦》言「赤螭」，後《解嘲》云「翠虯絳螭之登乎天」，不謂其色黃，亦與《說文》異。

75. 詠南音以顧懷

注云：「顧懷，謂光武過章陵祠園廟之時也。」《左氏傳》「楚鍾儀囚於晉，與之琴，操南音。」

案：孫氏《補正》引「許云：『當引《呂子・音初篇》禹始制為南音。』上句言帝王，決不用鍾儀囚晉事也。」

余謂此言光武過舊宅，則本《左傳》「取樂，操土風」之意。南陽為楚地，尤合，非以鍾儀比光武也。若作禹事，轉泛；許說太泥，似當仍舊注。

76. 方今天地之睢剌，帝亂其政，豺虎肆虐，真人革命之秋也

注訓「方」為「向」，謂高祖時。今謂光武亂理也。

案：「方今」，即當今，固常語耳，二字分屬，無此文法。以亂為治，亦未免牽強。如所說，合數語讀之，殊嫌窒礙。此宜統指王莽擾亂時，一氣直下。「帝」謂天帝，即《詩》所云「昊天不平」，《書》所云「惟天不畀，允罔固亂也」，語勢較順。下文「高祖階其塗」，乃始追溯前事，非應此處也。

又案：孫氏《補正》引劉良注云：「方，向也。向今，猶向時也。言向時秦、莽失政，正是高祖革命之秋也。」竝言二祖，意同善注。而以「方今」為「向時」，尤不合。且「帝」字兼指秦、莽，非也。葉氏樹藩引朱超之說，以「帝」為成帝，謂趙氏亂內，外家擅朝，所謂「帝亂其政」，亦未免太遠。惟孫月峰云：「帝是上帝，亂是紊亂」，似為得之。

77. 視人用遷

注云：「謂觀人所安而設教。」

案：孫氏《補正》云：「此用盤庚『視民利用遷』語，『人』字，蓋李氏避唐諱改」，此說是也。上言「蹔蹈咸陽」，謂破滅王莽；「視人用遷」，當謂定都洛陽耳。下言「周召之儔，據鼎足焉。」張氏《膠言》引方氏《集成》云：「鼎足，謂西都、東都、南都並建，形如鼎足。」注訓為「三公之位」，未是。張氏謂「若以為三都，則上下文義不貫。」

余謂「周召之儔」，正用《尚書》周公、召公營洛邑事，如此於文義有何不貫乎？方氏說似可從。